国家社科基金重点项目(14AGL001)、国家自然科学基金项目(71771161)、
江苏高校哲学社会科学研究重点项目(2018SJZDI053)基金资助项目

产学研合作知识协同演化博弈研究

吴 洁 著

上海大学出版社
·上海·

图书在版编目(CIP)数据

产学研合作知识协同演化博弈研究/吴洁著.—上海：上海大学出版社,2018.12
ISBN 978-7-5671-3379-2

Ⅰ.①产… Ⅱ.①吴… Ⅲ.①产学研一体化-研究 Ⅳ.①G640

中国版本图书馆 CIP 数据核字(2018)第 299818 号

责任编辑　吴领叶
封面设计　柯国富
技术编辑　金　鑫　钱宇坤

产学研合作知识协同演化博弈研究
吴　洁　著
上海大学出版社出版发行
(上海市上大路 99 号　邮政编码 200444)
(http://www.shupress.cn　发行热线 021-66135112)
出版人　戴骏豪

*

南京展望文化发展有限公司排版
江苏凤凰数码印务有限公司印刷　各地新华书店经销
开本 890mm×1240mm　1/32　印张 8.25　字数 207 千
2018 年 12 月第 1 版　2018 年 12 月第 1 次印刷
ISBN 978-7-5671-3379-2/G·3004　定价　48.00 元

前言 | Forewords

产学研合作创新的实质在于通过对市场、技术等需求分析,实现相关产业、人才、资源集聚,核心是产学研合作知识协同。从目前态势来看,我国企业的创新能力持续提高,但与发达国家相比,企业整体创新能力仍有较大差距,只通过规模扩张来取得低成本优势,往往会不断陷入"扩张—落后"的境地,应该以市场需求为导向、以跨界视野进行创新,进行产学研合作知识的有效协同、融合。高校作为新技术创造的活跃群体,在提升国家创新能力方面表现出重要的作用,为充分发挥高校的学科优势,政府也通过实施"2011计划"引导高校和企业进行跨界合作。因此,产学研合作知识协同,所获得的协同效应不仅可以提升企业的核心竞争力,也可以推动高校的学科建设。

从知识转移的过程与结果来看,产学研合作的知识转移行为实际上是高校通过一定的渠道转移给企业,是高校和企业之间的一种伙伴选择关系。众多学者对联盟知识转移主体伙伴选择进行了分析,但对于知识转移主体自身决策行为,以及知识特性、转移情境等多因素作用于知识转移主体,会对主体选择行为产生什么影响等问题需要深入的研究。

本书在产学研协同创新主体间的知识流分析、基于知识流的产学研协同创新主体利益博弈模型构建、企业激励作用下产学研协同演化博弈及优化、产学研合作知识协同主体伙伴选择匹配模式与方法、不同心理下产学研合作知识协同主体伙伴选择分析、不确定信息下产学研合作知识协同主体伙伴选择分析、基于双边匹配的产学研合作知识协同主体伙伴选择、基于演化博弈的产学研合作知识协同、产学研合作知识协同效应提升策略等方面研究了产学研合作知识协同演化博弈问题。

  本书撰写过程中,许多专家、学者给予了帮助和指导,以及张裕稳、车晓静、彭星星等三位研究生的参与研究,使得本书涉及的研究工作能顺利进行并最终完成,在这里一并表示感谢!本书涉及的研究工作得到了国家社科基金重点项目(14AGL001)、国家自然科学基金项目(71771161)、江苏高校哲学社会科学研究重点项目(2018SJZDI053)等科研项目基金的资助。此外,还要感谢上海大学出版社对本书出版的大力支持和责任编辑的辛勤劳动!

  本书可供管理学和教育学领域的研究人员、管理人员、高校教师与研究生等阅读参考。

目录 | Contents

第1章 绪论 / 1
   1.1 研究背景与意义 / 1
   1.2 国内外研究现状 / 4
      1.2.1 知识转移研究现状 / 4
      1.2.2 产学研合作知识转移研究现状 / 5
      1.2.3 产学研合作伙伴选择研究现状 / 6
      1.2.4 双边匹配研究现状 / 7
      1.2.5 知识协同研究现状 / 9
      1.2.6 演化博弈研究现状 / 16

第2章 理论基础 / 19
   2.1 产学研合作知识协同理论 / 19
      2.1.1 知识协同理论 / 19
      2.1.2 产学研合作知识协同系统构成和协同主体 / 20
   2.2 双边匹配理论 / 21
      2.2.1 双边匹配的概念 / 21
      2.2.2 双边匹配的应用 / 23
   2.3 博弈理论 / 25
      2.3.1 经典博弈论 / 25
      2.3.2 演化博弈论 / 27
   2.4 累积前景理论概述 / 28
      2.4.1 累积前景理论的产生及主要观点 / 28

2.4.2　累积前景函数的构成 / 29
　2.5　灰色系统理论概述 / 30
　　　2.5.1　灰色关联分析 / 31
　　　2.5.2　灰靶决策 / 31
　2.6　流体力学理论概述 / 32
　　　2.6.1　流体力学的基本原理 / 32
　　　2.6.2　流体力学的动力学方程 / 33
　　　2.6.3　流体力学的分析步骤 / 35
　2.7　本章小结 / 36

第3章　产学研协同创新主体间的知识流分析 / 37
　3.1　知识流的流动机理分析 / 37
　　　3.1.1　知识流的流动过程 / 37
　　　3.1.2　知识流的流动特性 / 38
　　　3.1.3　知识流的流体属性 / 39
　3.2　知识流模型构建 / 40
　　　3.2.1　知识流的动力学方程 / 40
　　　3.2.2　知识流的动力学模型 / 42
　3.3　知识流模型的仿真分析 / 44
　　　3.3.1　知识压力对知识流态的影响 / 44
　　　3.3.2　知识黏性对知识流态的影响 / 45
　　　3.3.3　知识分流对知识流态的影响 / 46
　3.4　本章小结 / 48

第4章　基于知识流的产学研协同创新主体利益博弈模型 / 49
　4.1　博弈机制分析 / 49
　　　4.1.1　博弈规则 / 49
　　　4.1.2　博弈策略 / 50
　　　4.1.3　博弈支付 / 50
　4.2　知识流与主体利益的关系分析 / 51

  4.2.1 主体利益分析 / 51
  4.2.2 知识流与主体利益的关系 / 52
4.3 基于知识流的主体利益博弈模型 / 53
  4.3.1 基本假设 / 53
  4.3.2 模型构建 / 54
  4.3.3 追求个体利益最大化的竞争博弈 / 57
  4.3.4 追求整体利益最大化的合作博弈 / 60
4.4 博弈模型的仿真分析 / 62
  4.4.1 合作博弈的仿真分析 / 62
  4.4.2 竞争与合作博弈的对比仿真分析 / 68
4.5 本章小结 / 75

第 5 章 企业激励作用下产学研协同演化博弈及优化研究 / 76

5.1 问题描述与假设 / 76
  5.1.1 问题描述 / 76
  5.1.2 模型假设 / 78
5.2 演化博弈模型构建 / 79
  5.2.1 企业与高校协同博弈模型 / 79
  5.2.2 企业激励下企业与高校协同博弈模型 / 81
  5.2.3 演化相图 / 84
5.3 数值分析与结果讨论 / 85
  5.3.1 两系统演化结果对比 / 86
  5.3.2 企业激励系数 δ 变化对演化结果的影响 / 87
  5.3.3 结果讨论 / 88
5.4 本章小结 / 89

第 6 章 产学研合作知识协同主体伙伴选择匹配模式与方法 / 90

6.1 产学研合作知识协同主体伙伴选择模式 / 90
  6.1.1 主体伙伴选择匹配方式 / 90

6.1.2　主体伙伴选择过程模型构建 / 92
　6.2　产学研合作知识协同主体伙伴选择问题描述 / 93
　　　6.2.1　主体评价信息与期望信息的表述 / 93
　　　6.2.2　主体评价指标权重的设计 / 94
　　　6.2.3　主体伙伴选择匹配目标的确定 / 96
　6.3　产学研合作知识协同主体伙伴选择匹配模型的构建与分析 / 98
　　　6.3.1　主体决策矩阵的构建 / 98
　　　6.3.2　基于匹配目标建立主体匹配模型 / 99
　　　6.3.3　模型的求解与主体伙伴选择分析 / 101
　6.4　本章小结 / 102

第7章　不同心理下产学研合作知识协同主体伙伴选择分析 / 104
　7.1　产学研合作知识协同主体心理行为分析 / 104
　　　7.1.1　主体有限理性行为特征描述 / 104
　　　7.1.2　主体心理行为量化表示方式 / 107
　　　7.1.3　主体心理期望与匹配目标关系分析 / 108
　7.2　不同心理下主体匹配模型构建 / 109
　　　7.2.1　基于0-1匹配度的主体选择匹配模型构建 / 110
　　　7.2.2　基于累积前景理论的主体选择匹配模型构建 / 115
　7.3　不同心理下主体伙伴选择数值算例 / 120
　　　7.3.1　0-1匹配度下主体伙伴选择数值算例 / 120
　　　7.3.2　基于累积前景理论的主体伙伴选择数值算例 / 124
　　　7.3.3　基于累积前景理论的前景值矩阵和匹配方案 / 129
　7.4　本章小结 / 131

第8章 不确定信息下产学研合作知识协同主体伙伴选择分析 / 132

8.1 主体不确定信息的表述与处理 / 132
8.1.1 产学研合作知识协同不确定分析 / 132
8.1.2 主体不确定信息的表述 / 134
8.1.3 主体不确定信息的规范化处理 / 136

8.2 不确定下主体匹配模型构建 / 137
8.2.1 基于灰色关联的不确定信息主体匹配模型构建 / 138
8.2.2 基于灰靶决策的不确定信息主体匹配模型构建 / 145

8.3 不确定下主体伙伴选择数值算例 / 153
8.4 本章小结 / 165

第9章 基于双边匹配的产学研合作知识协同主体伙伴选择研究 / 167

9.1 产学研合作知识协同主体伙伴选择模式 / 167
9.1.1 问题提出及匹配模式选择 / 167
9.1.2 产学研合作知识协同合作伙伴选择流程 / 169

9.2 产学研合作知识协同主体伙伴选择指标体系的构建 / 170
9.2.1 高校对企业评价指标体系的构建 / 170
9.2.2 企业对高校评价指标体系的构建 / 171

9.3 产学研合作知识协同主体伙伴选择的模型构建及求解 / 172
9.3.1 双边匹配效用函数的构建 / 172
9.3.2 双边匹配模型的构建 / 175
9.3.3 模型求解 / 177

9.4 算例分析及结果讨论 / 178
9.4.1 算例分析 / 178
9.4.2 结果讨论 / 181

9.5　本章小结 / 182

第 10 章　基于演化博弈的产学研合作知识协同研究 / 184

10.1　演化博弈问题描述 / 184
　　10.1.1　问题提出 / 184
　　10.1.2　主体之间的博弈关系 / 186
10.2　产学研合作知识协同主体演化博弈模型构建 / 187
　　10.2.1　模型假设 / 187
　　10.2.2　模型构建 / 189
10.3　模型求解及稳定性分析 / 190
　　10.3.1　演化稳定策略求解 / 190
　　10.3.2　均衡点的稳定性分析 / 193
10.4　产学研合作知识协同条件分析 / 196
　　10.4.1　数值分析 / 196
　　10.4.2　结果讨论 / 207
10.5　本章小结 / 208

第 11 章　产学研合作知识协同效应提升策略研究 / 210

11.1　问题描述与数据处理 / 210
　　11.1.1　问题描述 / 210
　　11.1.2　样本选择与数据处理 / 212
11.2　产学研合作知识协同效应分析 / 213
　　11.2.1　产学研合作专利数据分析 / 213
　　11.2.2　产学研合作技术领域分析 / 217
　　11.2.3　结果讨论 / 230
11.3　产学研合作知识协同效应提升策略 / 232
11.4　本章小结 / 234

参考文献 / 236

第1章
绪　论

1.1　研究背景与意义

21世纪以来,技术创新不断加速,大量新技术竞相涌现,并与各种商业模式创新、产业发展新业态相融合,共同推动着产业发展技术路线的更替和相关领域的变革。目前国内外高科技企业以消费者需求为导向进行产学研合作创新引领产业变革,主导行业快速发展。苹果公司的每一次产学研合作都为产业界带来巨大的变革;小米公司用互联网思维颠覆传统手机产业的商业模式,实现互联网与制造业的产学研合作融合。然而,也有部分企业没有把握住市场与技术产学研合作的时机,如柯达公司是数码相机技术的最早发明者,最终在数码芯片对传统胶片替代所带来的产业变革中走向没落;作为过去数次成功转型的移动通信企业诺基亚却在技术和应用平台不断革新的智能手机市场中节节败退,产学研合作创新所产生的协同效应演绎着一个又一个传奇。

产学研合作创新往往带来的是一种颠覆性创新而非渐进性创新,其动机是改变市场格局、促进产业转型升级、创造新的经济增长方式,主要是基于新概念或技术的新应用,以新产品或新服务替代传统产品或服务,并在相关领域产生革命性变革,谋求先发效应,获取后发优势,实现跨越式发展。产学研合作创新的主要手段就是产学研合作知识协同,实质在于通过对市场、技术等需求分析,实现相关产业、人才、资源集聚,形成积极的协同效应以促进自身发展。

从美国硅谷到德国制造再到杭州城西科创大走廊,创新驱动在全球各地掀起新一轮的发展浪潮,成为开创全球经济发展的新动力。知识是连接创新与市场的桥梁,知识的运用是创新实现价值的主要方式,更是创新支撑产业发展的主要路径,已成为各国创新驱动发展的关键。知识资源已经成为企业的一种重要的战略性资源,是企业获取核心竞争力的关键所在。从目前态势来看,虽然我国企业的整体创新能力在持续提高,但与发达国家相比,企业整体创新能力仍表现出较大差距。我国的企业和产业往往过于强调通过规模扩张来取得低成本优势,往往也在产业变革面前,不断陷入"扩张—落后"的境地,而非以市场需求为导向、以产学研合作视野进行协同创新,进行产学研合作知识的有效协同、融合。这种只强调规模扩张以降低成本的经营模式会导致企业的竞争力得不到提升甚至下降,最终会被市场淘汰,要想提升自身的技术能力和创新能力,企业就必须有效进行产学研合作知识协同,实现知识交互和技术转移,以获取更好的协同效应,这是当前企业发展的灵魂。

组织处于竞争激烈的市场环境中,需要提高对知识的"敏感性",积极主动地向外界学习先进的知识和技术来提高市场竞争力。而最便捷地帮助组织获取知识资源的途径是知识转移,通过高质量的知识转移活动能培育组织新的竞争力,实现组织在技术上质的飞跃。而且在知识经济时代,高校作为新技术创造的活跃群体,在提升国家创新能力方面表现出重要的作用。为充分发挥高校的学科优势,政府也通过实施"2011计划"引导高校和企业进行产学研合作,主要通过高校牵头,广泛协同企业进行合作创新的方式将创新资源和要素有效集合,实现高校和企业的产学研合作知识协同。在这一过程中,高校通常是知识的发送方,企业是知识的接收方,高校拥有着创新知识,希望通过知识的传播实现科研学术成果的推广和应用,企业通过高校获取产业发展的具有战略性的前瞻性知识,作为其创新产出新产品和服务的基础,从而增强企业的市场竞争力,实现高校知识的价值增值。

然而,现实中存在大量的"有知识转移行为,无知识转移效果"的现象,高校和企业虽积极寻求知识转移,但往往知识转移的成功率和满意度都较低。究其原因,从知识转移的结构来看,知识特性、知识转移主体、知识转移媒介和知识转移情境是影响知识转移效果的重要因素。高校和企业开展的知识转移活动,从形式上看可以认为是知识转移主体的一种伙伴选择行为,即知识发送方通过选择合理的路径、方式根据现实的情境将先进的知识传输给知识接收方,两者根据主观意愿开展知识转移合作匹配行动。在这一过程中,知识特性、知识转移媒介以及知识转移情境,如知识的显隐性特点、知识转移信息的沟通、组织文化与外部环境,都会作用于知识转移主体对其选择行为产生影响。同时,知识转移主体本身的知识结构差异、知识水平高低和情绪心理变化等因素也会影响着知识转移选择行为。作为知识转移主体的高校和企业如何根据自身的合作意愿,正确处理知识转移过程中不同因素对主体选择行为的影响,提高产学研知识转移的成功率和满意度,增强组织竞争力,实现高校和企业的互利共赢,是一个值得研究的议题。因此,以企业和高校为知识协同主体进行产学研合作知识协同,不仅可以提升企业的核心竞争力,也可以推动高校的学科建设。产学研合作知识协同效应的提升对协同主体的发展和创新能力的提升具有正向作用。

1.2 国内外研究现状

1.2.1 知识转移研究现状

美国学者 Teece(1997)[1]首次提出了知识转移的概念,他认为企业通过知识技术的国际化转移能够为企业自身积累大量有应用价值的跨国界的知识并能促进知识技术的扩散,不断地缩小地区之间存在的技术差距。此后,知识转移逐渐成为学术界研究的热点,学者们不断地完善知识转移的理论架构,研究的内容主要集中于知识转移的概念、过程、影响因素和绩效等方面。

Zhuge(2002)[2]将知识转移定义为不同主体之间的知识传递或者是知识处理的一种机制;Fang 等(2002)[3]认为知识转移的目的在于对知识进行扩散和共享,是一个组织将自身独立创造出来的知识与经验与其他组织进行分享与交流的过程;Edward 等(2008)[4]认为知识转移是知识资源在知识发送方和知识接收方之间的一种互动的动态过程;王建刚等(2011)[5]认为知识转移是动态的过程,知识在组织之间经历积累、转移、共享、应用、创新等阶段;吴洁等(2014)[6]从知识特性、转移主体、知识转移情境、转移主体规模等四个因素对知识转移的影响进行了实证分析;王欣等(2016)[7]对产学研协同创新合作进行分析,认为知识位势、知识特性、知识源、知识接受方和知识转移路径等五个方面对知识转移具有显著的影响;张向先等(2016)[8]从知识生态的视角分析认为,知识主体的转移意愿和能力、信任、文化氛围等对员工隐性知识转移产生影响;Caldera 等(2010)[9]研究认为技术转移管理度的成熟对高校的技术转移效果影响显著;李柏洲等(2014)[10]研究在知识网络下团队知识转移风险对知识转移绩效的作用路径;张红兵等

(2015)[11]以战略柔性为中介,研究知识转移对企业创新绩效的作用机理等。

1.2.2 产学研合作知识转移研究现状

产学研合作作为组织协同发展的一种新型战略模式,以共同开发、利益共享、风险分担等为原则。相关学者对产学研合作知识转移开展了大量研究,主要集中于分析产学研合作知识转移的作用、影响因素与转移效果。

Carayannopoulos(2010)[12]认为技术创新产学研合作中知识转移是产学研合作组织获得外部知识的主要途径;Carolin 等(2012)[13]认为组织通过产学研合作来进行知识资源的获取,可以最大程度上减低风险获得利益;曹兴等(2011)[14]通过实地访谈和问卷调查,运用结构方程模型对国内 251 家企业的问卷数据进行分析,探讨产学研合作企业间知识转移的行为,深入分析了知识的隐性、接收方学习动机、产学研合作伙伴间的知识差距、关系距离等因素对产学研合作知识转移的影响;刁丽琳等(2015)[15]从产学研合作治理机制的角度研究产学研合作中契约和信任对知识转移的影响,探究大学和科研机构的知识如何向企业成功转移;龙勇等(2016)[16]研究了目标企业学习意图对产学研合作知识转移的影响机制,探寻知识理解、知识保护等在产学研合作知识转移中所发挥的关键作用;Lee 等(2010)[17]的研究表明,知识转移所导致的接收方的创新结果是测量知识转移有效性的关键;张睿等(2011)[18]在组织行为的视角上,分析组织行为对技术产学研合作知识转移效果的影响关系;孙卫等(2012)[19]研究了学研方的知识输出能力、产方的组织学习能力、成员互动性、产学研合作自组织性等四个因素对产学研合作知识转移绩效的影响;张红兵等(2013)[20]从知识、产学研合作企业和情境三个层次出发,构建技术产学研合作知识转移有效性影响因素的理论模型;赵炎等(2016)[21]以中国生物制药行业的战略产学研合作为例,分析网络邻近性、地理邻近性等因素对知识转移绩效的影响关系,等等。

1.2.3　产学研合作伙伴选择研究现状

产学研合作知识转移是产学研合作内的知识主体即高校和企业所开展的一次知识对接合作,从结果来看是一次伙伴选择的过程。有关产学研合作伙伴的选择研究,学者主要从产学研合作的角度分析伙伴选择的标准、影响因素、方法模型以及从高校或企业的视角分别研究主体的伙伴选择策略。

1. 产学研合作整体的角度

Keith 等(1998)[22]提出能力互补性、目标兼容性等产学研合作盟友选择准则;郭军灵(2003)[23]提出产学研合作成员的互补性、产学研合作成员内部适当的力量平衡和文化相类似等产学研合作伙伴选择的标准;王道平等(2015)[24]从产学研合作整体目标出发,以 TD 技术标准研发为例,提出合作伙伴的选择要符合相应的技术标准;徐小三等(2010)[25]从知识基础的互补性角度出发研究产学研合作的伙伴选择问题;Buchmann 等(2013)[26]研究发现,组织更倾向于和合作经验丰富、地理距离近、拥有相似技术及知识基础的对象合作;喻金田等(2015)[27]通过对产学研合作协同创新的研究发现,知识共享、相互兼容性、主体的能力、承诺等是合作伙伴选择的关键要素;殷群等(2015)[28]提出从政策引导、产学研合作协调和主体和谐等三个方面来促进产学研合作主体合作伙伴选择行为的顺利开展;林向义等(2008)[29]采用一种 VIKOR 的多属性群决策方法分析合作伙伴的选择;Wu 等(2010)[30]基于 DS 思想,建立合作伙伴选择标准的三阶段模型,研究灵活供应链的伙伴选择;薛伟贤等(2010)[31]利用杂合遗传算法构建产学研合作伙伴选择模型,筛选出有助于实现产学研合作互惠共生的伙伴;曹兴等(2011)[32]应用信号传递理论博弈模型,针对信息完全与信息不完全的情形考虑产学研合作伙伴的选择机制,等等。

2. 知识转移主体的角度

Fauckner[33]认为企业伙伴选择存在硬性因素和软性因素,包括协同优势、信任和关系等多方面;杨斌等(2010)[34]针对当前中国高校的发展需求,构建了一套产学研合作伙伴选择指标体系,为高校选择合作伙伴提供参考;薛伟贤等(2010)[31]通过构建高技术企业合作伙伴选择模型分析得出,知识资源互补性、文化相容性、相互信任持久性等是企业选择互惠共生伙伴的重要因素;袁文榜(2012)[35]针对伙伴选择存在着契约执行不力等问题,基于高校提出产学研合作伙伴选择评估机制等对策;王进富等(2012)[36]认为核心能力、技术兼容性和管理者才能是企业寻求研发伙伴的重要影响因素;Wassmer等(2012)[37]提出市场导向的企业认为资源和信息是搜寻合作伙伴的最主要动因;武艳君(2015)[38]分析了高校协同创新合作伙伴选择的几大特征,为高校选择协同创新伙伴提供指导;邓渝(2016)[39]提出市场导向和关系导向伙伴选择对焦点企业的基础创新水平会有不一样的影响;王发明等(2016)[40]利用Shapley值法对合作收益进行分配,帮助企业建立合作共生的伙伴选择机制;郑景丽等(2016)[41]从企业知识保护能力的角度,结合资源基础理论、交易成本理论和组织学习理论采用逻辑回归分析方法研究不同产学研合作动机对伙伴选择的影响,等等。

1.2.4 双边匹配研究现状

美国学者 Gale 和 Shapley(1962)[42]研究了学生的入学匹配和男女的婚姻匹配问题,该项研究被视为双边匹配的研究起源,是其决策思想的萌芽。与 Shapley 教授共同分享 2012 年诺贝尔经济学奖的另一个学者——现任美国哈佛大学经济学教授 Roth(1985)[43]则根据 Gale 和 Shapley 对婚姻匹配问题的提炼和分析,最早明确公开提出双边匹配的概念。随后,双边匹配决策问题引起了学术界的广泛关注,在 Gale 和 Shapley 等人研究的基础上,根据现实生活中存在着不同的匹配情境以及不同的参与主体,学者们根据不同领域的匹配问题开展了深入的探讨分析,研究的视角呈现出多样化的趋势,集中体现在人力资源管理领域、金融经济领域和电子商务领域等。

1. 人力资源管理领域的双边匹配决策问题

在组织内部,人力资源管理人员根据组织发展的特点和需要,把合适的人安排在合适的岗位上,构成了人和岗位的双边匹配。Goodman 等(2009)[44]从组织绩效和员工任务的角度分析了人岗匹配,侧重考虑了组织的文化在其中起到的重要的调节作用;邵祖峰等(2009)[45]基于因果关系图建立了能力与岗位匹配的模拟模型,分析了动态环境下的匹配问题;Yashiv(2012)[46]考虑了工资议价、资源配置有效性等因素构建了员工与组织优化的经济学匹配模型;Korkmaz(2013)[47]基于层次分析法构建了军队人员与军队职位的双边匹配算法,考虑了主体不同指标下的偏好行为。邹树梁等(2016)[48]引用了区间 Vague 集来表示人岗匹配问题中的信息模糊性,构建了人岗匹配的指标评价体系。

2. 金融经济领域的双边匹配决策问题

在经济管理领域中,风险投资商与风险投资项目(或投资企业等)的匹配一直是学者关注的重点模块。曹国华等(2009)[49]利用 Gale 和 Shapley 的学院录取模型,探讨风险投资商与创业者的双向选择关系;Sorensen(2009)[50]定量地分析两者的匹配结构模型及其效应,通过实例分析,解释了双边匹配对风险投资商所投资的项目的价值增强的影响作用;陈希等(2010)等[51]构建了风险投资商和风险企业双方互评的评价指标体系,给出了基于公理设计的匹配方法并进行了验证分析;樊治平等(2014)[52]针对风险投资商与投资企业的匹配问题,设计了主体给出完全偏好序信息下的严格匹配方法;万树平等(2014)[53]设计了五种不同形式的信息形式表述主体的评价信息,利用前景理论基于 TODIM 方法得到投资企业与风险投资商的总体感知价值求解匹配方案;吴凤平等(2016)[54]根据互联网金融背景下的风险投资匹配问题,基于前景理论构建匹配模型,并通过实例进行了验证分析。

3. 电子商务领域的双边匹配决策问题

电子商务环境下基于电子中介的买卖双方的交易匹配问题,是学者们关注的双边匹配问题之一。张振华等(2008)[55]以满意度为目标,构建了电子中介下买卖双方商品交易的满意度模型并采用优先贪婪算法求解匹配问题;Janssen 等(2011)[56]基于互联网的供需实时匹配问题,建立了中介支持下的供需匹配系统;蒋忠中等(2011)[57]以 B2C 型电子中介中买卖双方商品交易为实际背景,研究了模糊信息且需求不可分情形下多属性商品交易的优化匹配问题。盛莹等(2011)[58]以电子中介中买卖双方单数量同类商品交易为实际应用背景,研究了具有模糊信息的多属性商品交易优化匹配方法。梁海明等(2013)[59]研究了考虑不同中介交易态度的买卖双边匹配决策问题。Sarne 等(2014)[60]建立了面向多代理的分布式双边匹配机制,解决买卖双方的匹配需求。刘章发(2016)[61]构建了产学研合作电商与大数据相匹配的信用评价模型,减低贸易的风险。朱镇等(2016)[62]研究中国传统企业在"互联网+"战略下的两阶段匹配问题,促进企业的转型升级。

1.2.5 知识协同研究现状

1. 知识协同的概念

Karlenzig 等(2002)[63]首次提出知识协同的概念,将知识协同视为组织的战略方法,可以动态集结内部和外部系统、商业过程、技术和关系,以实现组织绩效的最大化。Anklam(2002)[64]指出协同是知识管理的发展趋势,企业通过协同的方式进行知识创新,弥补知识缺口,消除"知识孤岛",获得"1+1>2"的知识协同效应。

Nielsen(2005)[65]发现知识协同是促进技术创新、提升组织产学研合作中各产学研合作主体业务能力和绩效水平的有效方式。Faraj 等(2011)[66]认为知识协同是知识的共享、传递、积累和转化的过程,这个过程不仅涉及协同主体向他人提供知识,也涉及将所接受到的知识进行重组、修改和整合。Wang Jun 等(2017)[67]认为知识协同是组织在知识创造、获取、分享和重组的制度化过程中创造价值,即组织成员搜集分布式知识资源,补充并分享他们的知识。Ivan 等(2017)[68]认为创新的实现需要探索和利用一系列高度专业化的知识,而知识协同可以为协同主体降低获取、利用互补知识来源的成本。

樊治平等(2007)[69]指出知识协同的目标是知识创新,协同就是由行为主体将其拥有的知识资源进行协同整合的过程,是一种新的组织管理模式。吴绍波等(2008)[70]认为知识协同在知识链组织之间表现为各组织相互合作与配合,通过不断整合合作伙伴间的知识资源,将知识要素变为从无序到有序的一个知识流动过程。陈建斌等(2014)[71]认为知识协同是通过协同主体知识转化即知识共享、知识转移、知识内化和知识外化,实现知识创造的目标的过程。

徐少同(2015)[72]认为知识协同是基于协同理论和知识管理,由组织、个人、团体等多主体通过优化和整合相关资源,共同参与完成协同创新,以提升组织绩效的一种新的管理模式。佟泽华(2012)[73]、李全喜等(2015)[74]认为知识协同是一个动态变化的过程,是知识协同主体之间对知识进行"单向""双向"或者"多向"的流动,知识协同的内容和方式是不断随时间和空间变化的。崔蕊等(2016)[75]指出在知识协同的过程中,协同创新主体之间通过不断交互和合作建立了某种关系,形成知识协同创新网络,创新网络的形成在一定程度上促进了知识在集群内的扩散,有助于组织之间的知识协同。

杨坤等(2016)[76]认为知识协同是协同主体(个体、组织或产学研合作)通过整合内外部的信息和知识资源,以实现技术创新和提升组织竞争力目标的动态过程,是一个独立完整的系统。储节旺等(2017)[77]认为知识协同是基于社会网络下的开放式创新,是组织内部从外部获取知识资源,通过内外部知识结合实现叠加效应。何郁冰等(2017)[78]以网络视角研究了主体行为和知识搜索为中介变量下的网络嵌入型与协同绩效之间的关系,发现网络嵌入对协同绩效具有积极影响。余维新等(2017)[79]提出知识协同不是简单地将异质性知识进行静态叠加,而是将异质性知识进行互动耦合,是不同的知识协同主体将资源进行互动协作的行为。

总之,关于知识协同概念的研究已受到国内外学者的广泛关注,学者通过自己对知识协同的理解和认识定义知识协同的概念,如部分学者对知识协同的认识侧重于将知识协同与业务绩效结合,还有部分学者强调知识管理和创新活动。总体来说,现有研究对知识协同的内涵阐述不统一,未有一致性的解读,对概念内涵缺少系统性研究,缺乏基于产学研合作创新背景下知识协同的概念研究,也尚未对隐性知识协同开展相应的研究。

2. 知识协同的关键要素及模型

关于知识协同要素的研究,沈丽宁(2007)[80]提出知识协同要素包括人力要素、技术要素、资源要素和流程要素,这四个要素共同为知识协同提供了支撑,推动企业的知识管理,实现战略目标。常玉等(2011)[81]通过建立知识协同要素模型,发现影响知识协同的因素包含外部环境(社会环境和社会连接水平)、战略因素(总体战略和内容)、个体因素(意愿、能力和信任)、资源配置(知识资源和其他资源)、组织结构(机制和文化)和技术网络平台(设施和信息技术)。魏想明等(2012)[82]指出影响知识协同的因素包含主体因素(主体意愿、拥有知识的丰富程度、主体吸收能力和主体创新能力)、客体因素(知识的隐含性和嵌入性)和环境因素(文化背景、知识距离和地理距离)。徐少同(2015)[72]认为知识协同是一个包含主体(人员和组织机构)、过程(科研管理过程、知识管理过程和资源流等)和客体(科研项目和资金、知识资源等)多要素的结构。

Gao Shuli 等(2016)[83]认为知识协同是提高知识管理水平的一项重要战略措施,它不仅注重知识协同的效率,还重视智力资本和社会资本的价值增加,为此通过协同有效性和协同效率两方面衡量协同效应,发现虚拟团队的网络特性、个体属性和团队属性对知识协同有显著影响。罗琳等(2017)[84]通过结构方程模型对影响知识协同的要素进行了实证分析,研究发现影响知识协同的关键要素包含知识协同主体的意愿和接受知识的能力、知识的异质性以及知识协同所处的环境,其中知识协同所处的环境对知识协同起负向作用,其余的正向影响知识协同。倪渊等(2017)[85]认为影响跨组织知识协同的关键要素是协同知识管理实践,要想知识协同取得明显的知识协同效应,需要与之相匹配的协同知识管理实践。顾美玲等(2017)[86]基于知识生态视角,通过 DEMATEL 方法对影响开放式创新下知识协同的因素进行了评价分析,发现知识的数量和质量,知识协同主体的贡献动机、经验和满足程度,知识协同主体之间的信任和创新文化的氛围都会影响知识协同。Qiu Shumin 等(2017)[87]指出地理邻近性是影响知识协同的重要因素,地理上相近的协同主体的知识传播更加迎合当地企业的需求,更容易被企业消化和吸收,造成知识溢出。Muthu De Silva 等(2018)[88]通过考察企业关系能力对其与从高校获取知识的影响,发现企业与高校目标和惯例一致只对知识协同有影响,而交流能力不仅对知识协同有影响,还对其直接获取知识有影响,且程度更大。Wei Wei 等(2018)[89]认为知识协同不可避免地会受到虚拟社区合作者的心理因素的影响,于是利用博弈模型研究了这些心理因素对其知识协同会产生怎样的影响。

关于知识协同过程模型的研究,Jessica Rubart[90]通过改进

ABC模型中B、C级知识协同的改进管理,建立了一个协同超媒体模型,并指出了该模型的适用范围。John等(2004)[91]基于对等网络构建、映射协同知识空间,描述知识管理从形式化到任务和社会导向的转变。Samaddar等(2006)[92]指出知识创新是一项高成本活动,通过协同可以更好地实现知识创新,并对主从关系的知识协同进行了数量建模和分析。Nagurney等(2010)[93]认为最初的知识协同模型假设协同主体只在一个领域或学科中进行协作,而在现实中,协同主体不仅限于单个领域或学科,因此在原有模型的基础上构造了协同主体的产学研合作知识协同的网络模型。Thomas Clauss等(2017)[94]提出知识协同是知识协同主体提供或接受知识和信息,且通过应用和内化这些知识和信息来进行反馈的过程。

佟泽华(2011)[95]首先构建了知识协同模型结构,沿着知识协同需求、确定知识协同主题、知识协同活动和知识协同成果的路径,构建了包含时间、空间和知识三个维度的知识协同三维模式,并衍生出从知识网络视角出发的二维运行模式。吴悦等(2012)[96]基于知识协同的内涵从知识协同的准备、运行和终止三个阶段构建了产学研知识协同的过程模型。于曦(2015)[97]通过明确知识协同与嵌入式服务之间的逻辑关系,将知识协同概念应用到嵌入式服务中,构建了嵌入式服务的知识协同模型。孟潇等(2016)[98]结合科技项目实践经验和相关文献,明确了跨组织科研合作中知识协同的概念和特征,首先建立了单个"场"的知识协同过程模型,然后通过识别这些"场"之间的相互作用,构建了基于"场系统"的整体知识协同过程模型。杨坤(2017)[99]基于分布式创新网络的内涵构建了知识协同的过程系统,认为知识协同过程系统中的核心过程是知识要素和过程的全面协同,创新则是整个过程的演化结果。

知识协同是知识管理的高级阶段,对知识协同的关键要素和模型的研究已引起众多学者的重视,国内外学者的研究成果主要集中在对知识协同的概念模型、过程模型、算法模型的研究以及对关键要素的分析,但对要素间互动关系的研究,模型形式化、系统化的研究比较少。未来可围绕显隐性知识协同管理模型、产学研合作知识协同创新体系、知识管理的协同效应等方面展开基础性和系统化的研究。

3. 知识协同的应用

McKelvey 等(2003)[100]研究在瑞典生物制药中的知识协同的定位问题,并进行协同设计。Ohira 等(2005)[101]分析跨项目团队的知识协同的社会网络,探索协同关系可视化的工具,并通过案例分析工具的有效性。Adam 等(2005)[102]提出了一个基于全球化知识和本地化知识的公司间的协同网络框架,框架表明跨公司的业务可以被协同地计划、执行和控制。刘勇军等(2006)[103]在知识协同理论和知识管理理论的基础上,阐述了物流知识协同的理念,分析了知识协同应用于物流管理的可行性,并建立了语义网视角下的物流协同模式,以实现物流供应链方面的知识价值增值和协同效应。梁孟华(2009)[104]分析了电子政务在创新型国家的知识协同服务内容,提出了一种适用于该服务内容的系统框架,为其发展提供了理论支撑,并论证了该系统框架实现的关键技术。

邓卫华等(2012)[105]首先理清了虚拟社区知识协同与 Tag 之间的关联性,然后基于这些关联构建了虚拟社区中基于 Tag 的知识协同机制模型,并通过案例分析即豆瓣社区中知识协同的情况对知识协同过程进行了进一步探讨。Liew 等(2012)[106]研究发现在知识协同创新的过程中,协同主体企业和高校需要不断调整自己的协同创新目标,才能促进其协同创新的成功。张少杰等(2013)[107]基于网络环境下产学研合作知识协同存在的问题,对产学研合作内知识协同的内涵进行了分析,提出了网络视角下的知识协同工作平台框架,并对框架进行了验证。涂振洲等(2013)[108]

和魏奇锋等(2013)[109]基于知识共享、知识创造与知识优势的知识流动视角对产学研知识协同创新过程进行了研究。项杨雪等[110]以协同学理论为基础,从自组织视角对高校知识在产学研知识协同系统中的演化机制进行了定量分析,揭示了高校创新能力在知识协同过程中的动态演化机制。

陆克斌等(2015)[111]从知识协同的视角阐述了教师传授学科或专业知识和学生应用性能力提升的教学模式创新点内涵和思路,为解决应用型本科人才培养过程中的突出问题提供参考。陈威莉等(2016)[112]认为京津冀图书馆产学研合作的本质就是知识协同,并基于知识协同理论,对京津冀图书馆和图书馆区域产学研合作的现状进行了知识协同机制分析,对图书馆产学研合作的建设和发展提出了政策建议。王兴鹏等(2016)[113]基于知识协同视角分析了跨区域突发事件的运作模式、运作平台和保障机制,找出了其存在的突出问题,并针对这些问题提出了跨区域突发事件应急协作体系。Ii等(2018)[114]认为应该加强英格兰学术界、工业界和医疗保健领域的专业人士之间的协同关系,才能促进医疗行业中三方的知识转移,以促进对政府政策的提出。Celis Sergio等(2018)[115]基于在国外著名大学接受教育的教师会带来前沿知识和网络,并导致未来的研究合作这一假设,分析了教师聘用网络与知识协同网络之间的关系,为博士培训与未来知识协同之间的积极关系提供了依据。

目前关于知识协同应用的研究比较多而且取得了一定的成果,在物流管理、供应链管理、虚拟社区、企业信息化系统方面的研究体现了知识协同的实际应用价值。由于知识协同的跨学科性,已有的研究领域和应用比较分散,关于知识协同的研究视角也有局限,与创新结合的产学研合作知识协同应用比较少,还未形成比较完善的理论方法体系。

1.2.6 演化博弈研究现状

一切社会关系和管理活动背后的人类行为中包含了丰富的博弈关系，且生物种群内和生物种群间的相互行为关系本质上也是多个生物智能体或生物智能种群间的博弈关系，因此，分析博弈关系能有效揭示人类相互作用的行为规律和生物体间及生物种群间的行为规律。对演化博弈论发展具有突出贡献的是 Magnard[116] 以及 Price[117]，他们提出的演化稳定策略成为演化博弈论的基本概念。

目前，演化博弈被应用于多个领域，在环境治理方面，郭本海等（2012）[118] 运用演化博弈理论的基本思想，对地方政府和高耗能企业是否退出市场的决策行为进行了博弈分析，使我国在解决能源问题上的国家意志和政府决心通过区域高耗能产业退出机制得以实现。高明等（2016）[119] 认为大气污染的治理需要各地政府之间联合行动，为此基于演化博弈理论构建了各政府在治理大气污染时的演化机制，探究了各地政府对于大气污染治理的演化路径和策略选择，以及影响各地政府策略选择的关键因素。Alexeev A[120]、陈真玲等（2017）[121] 在环境治理问题上，构建了政府与污染企业之间在征收环境税背景下的演化博弈模型，通过仿真分析探究各行为主体的策略选择，以设计更加合理的环境税征收机制。Cohen 等[122]、Wu Bin 等[123] 和刘枚莲等[124] 都对环境污染问题进行了不同行为主体和情景下的演化博弈分析。Mahmoudi Reza 等（2018）[125] 首次使用两群体演化博弈方法在不同情景下对政府目标与生产者目标之间的对比进行建模，模拟政府不同政策下供应链成员的绩效，发现政府政策明显影响成员的活动、竞争市场和排放，其中征收关税是最大限度减少环境影响最有效的政府方法。

在公共问题和网络舆情方面，张国兴等（2015）[126] 为研究食品安全问题中第三方监督对政府监管部门的影响，建立了政府监管部门与食品企业的演化博弈模型,通过调整第三方监督的力度分析其对政府在食品安全监管时的行为选择的影响。李燕凌等(2017)[127]为解决公共危机信息在网络舆情的影响下对社会造成的恐慌和社会信任损失的问题,以动物疫情危机为例,建立了关于政府、公众和网络媒体的演化博弈模型,研究其在危机治理中的行为选择和演化路径对信任修复的机理。申亮等(2017)[128]通过演化博弈模型对政府如何外包公众服务项目才能为公众提供良好的公共服务问题进行了研究,并结合系统动力学对政府、公众以及外包商的行为选择进行了仿真分析。Li Yanhui等(2018)[129]认为电子商务中的个性化产品和服务给消费者带来了许多新的体验,也引发了一系列的信息安全问题,考虑到博弈参与者的有限理性,提出了一种基于电子商务的企业与消费者隐私保护演化博弈模型。Babu Sujatha等(2018)[130]将供应链中的环境维度的可持续性以及社会和经济层面的可持续性进行了整合,利用演化博弈理论研究了整合维度下供应链成员的行为,解释和预测了公共健康保险供应链的社会和经济可持续性。

在经济管理方面,龚志文等(2017)[131]将演化博弈理论运用于企业集团内部资本演化博弈分析发现资本分配比例在对于集团分部实力不同的情况下应采取不同的分配措施,以此建立了有效的资本转移激励机制。商淑秀等(2015)[132]建立虚拟企业之间关于知识共享的支付矩阵,通过演化博弈理论对该支付矩阵进行求解,以期获得虚拟企业在知识共享时的演化路径,以及影响虚拟企业行为选择的相关因素。刘旭旺等(2015)[133]将演化博弈理论运用于政府和大型企业采购中的逆向拍卖,建立了技术专家和商务专家多属性指标下的支付矩阵,通过分析两者在逆向拍卖评标中的行为选择,以解决两种专家在评标时出现的对立情绪及不合作行为。Xiao Jun(2018)[134]基于一个买方和多个具有不同议价能力的卖方构建了完全信息的讨价还价博弈模型,讨论了时间范围对结果的影响。

在其他方面,眭纪刚(2013)[135]认为技术和制度是一种协同演化的关系,为此在演化理论的基础上引入了协同演化的含义,探究了产业发展中技术创新和制度变革的协同演化机制。Xiao Liu 等(2016)[136]在博弈论的基础上,研究了群体感知网络的演化过程,提出了一种刻画群体感知网络中合作博弈现象的演化博弈模型,并根据参与者的合作率修正博弈模型的惩罚函数,以建立有效的激励机制。

目前演化博弈算法已广泛应用于多个领域,如环境治理、网络舆情、拍卖机制设计、交通运输规划、经济管理、生物信息学和工程设计优化等。但是绝大多数研究均以复制动态方程作为博弈的演化机制,且多数研究只是针对单群体的对称演化博弈进行演化稳定策略分析,忽略了不同演化机制下的双群体非对称演化博弈的研究以及多主体的演化博弈研究。

第2章 理论基础

本章阐述了知识协同的内涵,构建了产学研合作知识协同过程模型,明确了产学研合作知识协同的主体。在所形成的产学研合作知识协同系统的基础上,对本书所运用的双边匹配方法、演化博弈方法进行了方法介绍和理论阐述,为后续章节的研究提供理论和方法指导。

2.1 产学研合作知识协同理论

2.1.1 知识协同理论

现阶段关于知识协同的概念尚未达成一致观点,但总体来说,知识协同包含知识主体、知识客体、环境和时间四个要素,知识主体和知识客体在不同时间的状态是不同的,具有"动态性",实现知识的"单向""双向"或"多向"流动,进而达成"1+1>2"的知识协同效应。

产学研合作知识协同作为知识管理的最高阶段,贯穿于跨行业、跨领域、跨文化、跨时空等产学研合作知识的转移、共享与创新活动之中,用协同的方式来获取、共享、创新与应用多时点、多类型的知识，为行为主体提供有效的知识信息服务，以提高行为主体创新能力，发挥知识服务的整体作用，进而形成知识的集聚和溢出效应，实现知识价值增值。产学研合作知识协同的发生是由于组织知识协同需求，然后拥有协同需求的组织去选择协同主体、明确协同资源和营造协同环境进行知识流动与集聚，知识协同主体之间再进行知识共享与交互，最后完成知识创造，达到知识协同目标。

整个产学研合作知识协同过程可以分为准备、运行和终止三个阶段，其中准备阶段分为酝酿和形成两个阶段，具体流程如图 2.1 所示。

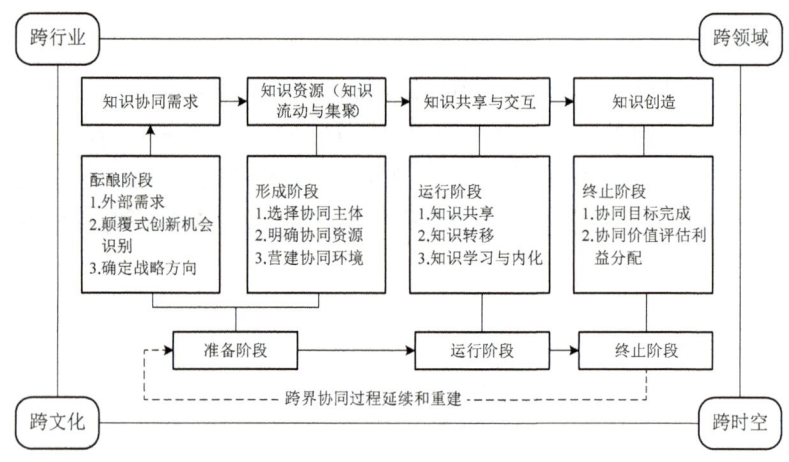

图 2.1　产学研合作知识协同过程

2.1.2　产学研合作知识协同系统构成和协同主体

跨组织的知识协同是以知识增值为核心，是企业、政府、高校等为实现重大科技创新而开展的大跨度整合的创新组织模式[84]。知识经济时代，企业单纯依靠内部资源的传统创新模式已难以适应技术快速变革的市场环境，国家实施"2011 计划"以来，以高校牵头的产学研合作创新逐渐成为激烈市场竞争的有效创新模式[137]。产学研知识协同创新作为提升国家和地区自主创新能力的一种全新组织模式,成为当今国际科技创新活动的新趋势和创新理论研究的新焦点,能够实现从知识生产到知识商业化各个环节的相互耦合,是解决教育、科技与经济社会发展联系不紧密问题的首要选择[138]。

因此,本书产学研合作知识协同的主体是政府、企业和高校,其中企业和高校是主要的知识协同主体,在政府的支持和监督下,共同进行产学研合作知识协同。政府为企业和高校的知识协同提供支持条件,如资金支持和政策支持,同时也在一定程度上对高校和企业之间的知识协同起监督作用。整个产学研合作知识协同系统如图 2.2 所示。

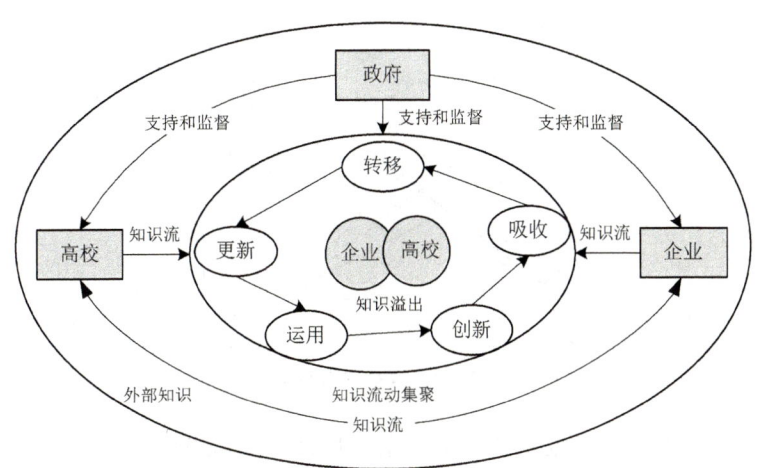

图 2.2　产学研合作知识协同系统

2.2　双边匹配理论

2.2.1　双边匹配的概念

双边匹配研究起源于古典的婚姻匹配问题,最早研究双边匹配概念的是美国布朗大学的学者 Gale 和美国著名的经济学家 Shapley(1962)[42],他们根据实际问题提炼出了婚姻匹配和学生入学匹配的决策问题,该研究被视为双边匹配决策思想的萌芽。与 Shapley 教授同时分享 2012 年诺贝尔经济学奖的另一个学者是现任美国哈佛大学经济学教授 Roth(1985)[43],他根据 Gale 和 Shapley 对婚姻匹配问题的提炼和分析,明确提出双边匹配的概念,如图 2.3 所示。

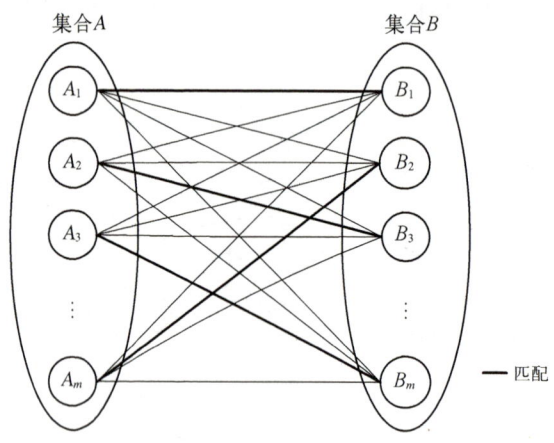

图 2.3 双边匹配问题

为更加明确地给出双边匹配的概念,假设甲方主体集合为 $A=\{A_1,A_2,\cdots,A_m\}$,$m \geqslant 2$,其中 A_i 表示第 i 个甲方主体,$i=1,2,\cdots,m$;乙方主体集合为 $B=\{B_1,B_2,\cdots,B_n\}$,其中 B_j 表示第 j 个乙方主体,$j=1,2,\cdots,n$。则根据已有文献,双边匹配的定义如下:

定义 2.1[139] 双边匹配是一种映射关系,设对应关系为 μ,μ:$A \cup B \to A \cup B$,且 $\forall A_i \in A$,$\forall B_j \in B$,满足:(1) $\mu(A_i) \in B$;(2) $\mu(B_j) \in A \cup B_j$;(3) $\mu(A_i) = B_j$ 当且仅当 $\mu(B_j) = A_i$;(4) 若 $\mu(A_i) = B_j$,则 $\mu(A_i) \neq B_k$,$\forall k \in I$,$k \neq j$;其中

$\mu(A_i)=B_j$ 表示高校 A_i 与企业 B_j 在 μ 中匹配，$\mu(B_j)=B_j$ 表示企业 B_j 在 μ 单身。因此，可将双边匹配 μ 记为 $\mu=\mu_M \bigcup \mu_S$，其中 μ_M 表示为匹配主体对集合，μ_S 为单身主体对集合。

由定义 2.1 所得到的匹配结果可能存在不稳定的情况，即存在两个未匹配的主体，它们相互之间的偏好程度均优于目前所匹配到的主体，出现放弃现有匹配主体、它们之间相互匹配的结果。为此，基于定义 2.1 给出的双边匹配概念，得到稳定双边匹配的定义如下：

定义 2.2[140]　若 μ 为一个基于偏好序值的稳定双边匹配，则 μ 满足下列条件之一：

(1) $\exists A_i, A_l \in A, B_j, B_k \in B, \mu(A_i)=B_k, \mu(A_l)=B_j$，满足 $r_{ij} \leqslant r_{ik}$ 且 $t_{ij} \leqslant t_{lj}$；

(2) $\exists A_i, A_l \in A, B_j \in B, \mu(A_i)=B_k, \mu(B_j)=B_j$，满足 $r_{ij} \leqslant r_{ik}$。

反之，μ 为基于偏好序值的不稳定双边匹配。

2.2.2　双边匹配的应用

目前学者们对双边匹配决策问题进行了一系列深入的研究，主要集中于方法的拓展和改进以及方法的应用。

1. 在方法的拓展和改进方面

陈希等[141]在现有双边匹配模型的基础上，考虑到了指标之间的关联性，通过分析指标之间关联性的特征，使用 Choquet 积分计算匹配主体的满意度，以此解决指标之间关联性存在的问题。Qi Yue[142]认为在对双边匹配指标进行评价时，匹配主体存在不确定性，可用语言评价信息进行评价，基于此构建了将语言评价信息转换为实数的双边匹配模型。朱江洪等[143]将一种可以解决不确定语言评价信息的 Bonferroni 算子加入到了双边匹配模型中。Wu Qingyun 等[144]通过 Tarski 算子分析了一个多对一的匹配模型，发现在该算子下具有一组稳定匹配作为其固定点。孔德财等[145]针对群体中存在一对多的匹配情况,在考虑双边匹配时加入了同群效应,并使用贪婪随机自适应算法对该模型进行求解。

陈晔等[146]考虑到现实生活中匹配主体的差异性,存在个性化评价指标,提出了基于双边个性化指标的双边匹配模型,并通过对指标的差异度设计了指标的权重算法来求解双边匹配结果。段歆玮等[147]针对婚姻匹配问题中只能求解最优稳定解和无法用序数满意值衡量偏好强度的问题,提出了一种用基数衡量满意值的多属性双边匹配模型,并通过算例对该方法与已有的算法进行比较,证明该方法的优越性。刘勇等[148]将灰色关联方法加入双边匹配模型中,以解决匹配过程中的公平性问题。乐琦等[139,149-151]认为双边匹配主体在给出偏好序信息时具有不确定性,构建了基于不确定偏好序信息的双边匹配模型,然后将累积前景理论加入匹配模型中,在此基础上,又考虑到了匹配主体在选择合作伙伴的心理行为,并认为匹配主体的心理行为也是不确定的。

2. 在方法的应用方面

在已有研究工作的基础上,双边匹配方法已被应用于电子商务、人力资源管理、金融经济活动等各个领域中。

梁海明等[59]、Sarne 等[60]、张振华等[152]、刘学鹏等[153]、Han Jing 等[154]都将双边匹配模型应用于电子商务环境下电子中介视角下买卖双方的交易问题,如刘学鹏等通过建立卖方的两个参照点:卖方可接受的最低销售价格和中介所提供的市场客观估价,以及买方的两个参照点:买方可接受的最高购买价格和中介估价,依据买方和卖方的两个参照点建立双边匹配模型,为买方和卖方进行匹配。

Yashiv[155]、Huang[156]、Korkmaz[47]、陈希等[141]将双边匹配模型应用于人力资源管理中的人岗匹配选择,如 Yashiv 建立了员工个体优化与组织优化的经济学模型,考虑了工资议价、稳定均衡解、一般均衡解和资源配置的有效性等因素。

阮拥英等[157]、赵道致等[158]、丁敩等[159]、Li Ken 等[160]将双边匹配模型应用于金融经济活动中，如丁敩等发现相对于需进行多次独立的传统投标模式，采用双边匹配方法的投标模式可以提高系统效用，更好地进行资源配置。

还有许多学者将双边匹配模型应用于其他领域，如 Liu Feng 等[161]采用双边匹配方法，建立了基于煤种、煤质、运输条件等因素的适当指标体系的优化模型，为优化中国未来煤炭流量提供了方法，还可以显著减少运输过程中灰烬造成的二氧化碳排放量。Janssen 和 Verbraeck[162]研究了基于 Internet 的供给与需求的实时匹配机制，建立了中介支持的供需匹配系统。

2.3 博弈理论

2.3.1 经典博弈论

在经典博弈中，假设参与人具有使自己支付最大化的主观意识与对于对手策略的最优反应能力，即参与人是理性的，目前囚徒困境模型、公共物品提供模型、斗鸡博弈模型、智猪博弈模型、雪堆模型等许多比较典型的博弈模型已被建立。下面简单介绍一下囚徒困境模型和公共物品提供模型。

1. 囚徒困境模型

警察怀疑 A、B 两人合伙犯有重罪，但尚无确凿证据，只能另罪逮捕。在对 A、B 两人定罪时，主要依据 A、B 的口供。此时，若 A、B 两人都不坦白他们的罪行，只能依据所查明的真相，对 A、B 各判 1 年徒刑；若 A 坦白他们的罪行，B 不坦白罪行，由于 A 认罪良好，无罪释放，而 B 则判 8 年有期徒刑；若 A 不坦白他们的罪行，B 坦白罪行，由于 B 认罪良好，无罪释放，而 A 则判 8 年有期徒刑;若 A、B 两人都坦白他们的罪行,对 A、B 各判 5 年徒刑。综上,A、B 的策略选择如表 2.1 所示。

表 2.1　囚徒困境模型中所采取的博弈策略

A \ B	坦　白	不 坦 白
坦　白	(−5, −5)	(0, −8)
不坦白	(−8, 0)	(−1, −1)

从表 2.1 可以看出,A 选择坦白策略所判的量刑都小于选择不坦白策略所判的量刑,则对于 A 来说,坦白策略严格占优不坦白策略;同样 B 选择坦白策略所判的量刑都小于选择不坦白策略所判的量刑,则对于 B 来说,坦白策略也严格占优不坦白策略。因此,囚徒困境问题存在一个纯策略纳什均衡(坦白,坦白)。

2. 公共物品提供模型

在两个参与人的公共物品提供博弈中,参与人 A 和 B 可从公共物品中收益 1,而付出的成本分别为 $0 < c_i < 1, i = 1, 2$。在此情景下,如果两人都选择提供公共物品,则参与人 A 的收益为 $1 - c_1$,参与人 B 的收益为 $1 - c_2$;如果参与人 A 选择提供公共物品,参与人 B 选择不提供公共物品,则参与人 A 的收益为 $1 - c_1$,参与人 B 的收益为 1;如果参与人 A 选择不提供公共物品,参与人 B 选择提供公共物品,则参与人 A 的收益为 1,参与人 B 的收益为 $1 - c_2$;如果两人都选择不提供公共物品,则两人产生的成本为 0,但是所能获得的收益也为 0。综上,两个参与人的策略选择如表 2.2 所示。

表 2.2　公共物品提供模型中所采取的博弈策略

A \ B	提　供	不 提 供
提　供	$(1 - c_1, 1 - c_2)$	$(1 - c_1, 1)$
不提供	$(1, 1 - c_2)$	$(0, 0)$

从表 2.2 可以看出,参与人 A 和 B 的支付矩阵分别为:

$$A = \begin{bmatrix} 1-c_1 & 1-c_1 \\ 1 & 0 \end{bmatrix}, B = \begin{bmatrix} 1-c_2 & 1 \\ 1-c_2 & 0 \end{bmatrix}$$

对其作局部变换,变换后仍记为 A 和 B。可得:

$$A = \begin{bmatrix} -c_1 & 0 \\ 0 & c_1-1 \end{bmatrix}, B = \begin{bmatrix} -c_2 & 0 \\ 0 & c_2-1 \end{bmatrix}$$

$$\lambda = 1-c_2, \mu = 1-c_1$$

则该博弈模型的纳什均衡为(提供,不提供)和(不提供,提供),混合策略纳什均衡为 $X=(1-c_2, c_2)$,$Y=(1-c_1, c_1)$。该博弈模型刻画了公共物品提供问题中的参与人之间的"搭便车"行为。

2.3.2 演化博弈论

在实际中,参与人是理性的假设可能是不现实的,譬如在下象棋时,棋手不可能在每一步都能采取最优的反应行动。因而有必要将参与人的完全理性行为推广为不完全理性行为的假设。1973 年,Maynard Smith[116]和 Price[117]首先将生物进化的思想引入到博弈中,形成了演化博弈这一学科分支。在演化博弈中,认为参与人的选择行为可以依据前人的经验、学习和模仿他人行为、受遗传因素的决定等,参与人不会一开始就获得最优策略,需要参与人之间不断地学习和试错,最终找到最优策略。

1. 复制动态方程

设一个种群有 n 个个体,每个个体都选择一个纯策略 $s(s=1, 2, \cdots, m)$,收益矩阵记为 $[d_{ij}]_{m \times m}$,其中选择策略 i 的个体数量为 n_i,所占比例为 y_i。假设选择 i 策略的个体适应度为:

$$W_i = W_0 + \sum_{j=1}^{m} y_j d_{ij}$$

种群的平均适应度为：

$$\overline{W} = \sum_{i=1}^{m} y_i W_i$$

则 $\dfrac{\mathrm{d}y_i}{\mathrm{d}t} = y_i(W_i - \overline{W})$ 为选择策略 i 的个体比例随时间变化情况的复制动态方程。当系统处于稳定时，$\dfrac{\mathrm{d}y_i}{\mathrm{d}t} = y_i(W_i - \overline{W}) = 0$。

2. 演化稳定策略

设在单总体的总体内，每个成员都采用一个混合策略 $X \in \Delta$。这里 Δ 是有限个纯策略 $e_1, e_2, \cdots, e_m$ 的凸组合，此处 $e_i = (0, \cdots, \underset{(i)}{1}, \cdots, 0)$，$\Delta = \{(x_1, x_2, \cdots, x_m) \in \mathbb{R}_+^m \mid \sum_{i=1}^{m} x_i = 1\}$。如果由于某种原因，总体中 ε 部分个体发生了变异，采用另一个策略 $Y \in \Delta$，其余 $1-\varepsilon$ 部分个体仍采用原策略 X，这时一个个体所面对的对手将以 ε 的概率使用 Y，以 $1-\varepsilon$ 的概率使用 X。如果个体使用 X 所获的支付大于使用 Y 所获的支付，则 X 是演化稳定策略，记为 ESS。

2.4 累积前景理论概述

2.4.1 累积前景理论的产生及主要观点

学者 Kahneman 和 Tversky 在 1979 年否定了期望效用理论，认为在现实的决策生活中，决策者不可能获得所需的信息去做出完全理性的决策,人们在心理决策的过程中难免会受到一些不确定条件和风险的影响,提出了前景理论[163]。累积前景理论[164]是在 1992 年 Kahneman 和 Tversky 对前景理论进行改进而提出的,扩大了前景理论的应用范围。

累积前景理论是在期望效用等理论的基础上提出的,在基本保留原先的期望效应论的基础上形成了以下几个核心观点[165]:

(1) 主体决策者在做出选择决策时,往往会选择参考系进行比较,当所获得的决策结果优于参考系时,心理感受的是收益;当所获得的决策结果劣于参考系时,心理感受的是损失;

(2) 主体决策者在面对收益和损失时,心理感知的程度是不同的。在等量的收益与损失面前,人们对待损失比对待收益更加敏感,在面对收益时对风险是厌恶的,在面对损失时是具有风险偏好特性的。

(3) 主体决策者是趋利避害的,在最大限度降低损失程度的基础上努力心理感知收益的最大化。

2.4.2 累积前景函数的构成

累积前景理论中,其前景函数由价值函数和权重函数构成,价值函数 $g(x)$ 是以期望效用函数为原型的,而权重函数 w 的原型是期望效用理论的概率 p。

1. 价值函数

价值函数的变化可以选取当前收益水平作为参考点。由于主体决策者的风险规避、对待损失比对待收益更加敏感等特性决定价值函数的形状如图 2.4 所示,损失曲线的斜率更大,价

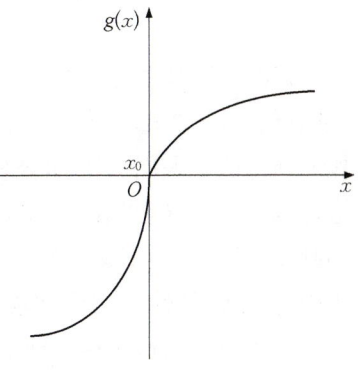

图 2.4　价值函数曲线

值函数的取值显得更为陡峭。

2. 权重函数

决策权重 w 实际上是一种主体决策者的主观心理状态,针对不同指标下的评价信息和期望信息,例如对于指标权重 w_k,主体决策者在面对收益与损失时会有着不同的决策权重:

主体决策者在面对收益时的决策权重:

$$\pi^+(w_k)=\frac{(w_k)^\gamma}{((w_k)^\gamma+(1-(w_k)^\gamma)^\gamma)^{\frac{1}{\gamma}}}$$

主体决策者在面对损失时的决策权重:

$$\pi^-(w_k)=\frac{(w_k)^\delta}{((w_k)^\delta+(1-(w_k)^\delta)^\delta)^{\frac{1}{\delta}}}$$

根据 Krohling 的研究[166],当 $\gamma=0.61$,$\delta=0.69$ 时与经验数据较为一致。

2.5 灰色系统理论概述

1982年,邓聚龙教授创立灰色系统理论[167],它是一种研究"部分信息已知,部分信息未知"的"小样本""贫信息"的不确定问题的新方法。人们在社会经济活动中经常会遇到信息不完全的情形,例如人们在生产活动中,无法对气候条件和市场行情给予准确的判断,需要采用不确定信息来表示。在产学研合作知识转移过程中,受知识特性、知识转移媒介和情境等多重因素的影响,主体决策者难以对知识转移活动给出准确的期望信息,需要采用不确定信息,而灰色系统理论能很好地处理不确定信息数据,集结主体的匹配满意度信息。本书从灰色关联分析方法、灰靶决策方法视角对灰色系统理论进行阐述。

2.5.1　灰色关联分析

灰色关联分析通过研究系统序列曲线的几何接近程度来体现系统序列之间关系的密切程度，即曲线的几何接近程度越高，则它们之间的关联度就越大。传统的数理统计方法要求有大量的样本，并且服从某个典型的概率分布。灰色关联分析方法弥补了数理统计方法的缺憾。它对样本多少和有无规律都同样适用，而且计算量小，十分方便[168]。灰色关联分析方法通过设定参考序列和比较序列，对两者之间的接近进行判断，若两者的距离远，证明关联度低，反之，则证明关联度高。因此，对于产学研合作知识转移过程中的不确定信息，可以通过比较主体评价信息与期望信息的距离远近程度判断主体的匹配关联度，以关联度高低为匹配目标求解知识转移主体伙伴选择方案。

2.5.2　灰靶决策

灰靶实际上是主体决策者满意效果所在的区域，通常，根据主体合作对象的评价值是否落在主体期望值的范围内，即此时主体的心理期望值就是靶心区域，来判断是否"中靶"还是"脱靶"。进一步地，所有满足"中靶"的合作对象根据其与靶心的关系来判断优劣[169]。通过比较主体的评价信息与期望信息差值，能得到优劣关系，但与灰色关联分析的处理方法不同，灰靶决策往往与其他方法相结合来判断主体的满意度，例如累积前景理论方法和TODIM方法，能够从主体心理益损状态和程度判断主体总体感知情况，以匹配满意度为目标求解产学研合作知识转移主体选择匹配方案。

2.6 流体力学理论概述

2.6.1 流体力学的基本原理

流体力学(Fluid Dynamics)运用现代的理论方法、计算和实验技术,研究与人类社会生产活动和生存条件息息相关的流动问题。其解决问题的实质是希望用数学的方法计算出问题的定量结果,但是由于流体问题的极端复杂性,流体力学的理论分析很少能够算出这种结果,而计算流体力学弥补了这一不足。计算流体力学改变了人们研究流体现象的方式,它建立起流体力学的各类数学表达,如控制方程等,并利用数值计算的方法对其进行求解,使得对流体现象的描述和定量分析成为可能。运用计算流体力学解决现实中的流体问题时应当遵循以下原理:

(1) 连续性假设。流体力学中的流体是由分子构成的,分子之间存在间隙,并做无规则的热运动,从微观层面看,流体并非是连续分布的物质。但理论研究和实验都表明,在极小范围内,流体分子微团做热运动时的统计平均值是稳定的。因此可以不去考虑流体中分子之间存在的间隙及各个流体分子的运动情况,而把流体看作无数连续分布的流体微团所组成的连续介质[170]。

(2) 质量守恒定律。流体力学遵循质量守恒定律,即质量是不灭的,不会因为其形式的变化减少或增加,不管发生何种运动,其物质的总质量是一定的。该定律也可以表达为:流体微元体在单位时间内增加的质量,等于同一时间间隔内流入该微元体的净质[171]。设物体占有体积 V,密度为 ρ。其表达式如下[172]:

$$\frac{D}{Dt}\int_V \rho \mathrm{d}V = 0 \tag{2.1}$$

(3) 动量守恒规律。根据牛顿第二定律和运动学公式可以推导出流体力学中的动量守恒规律,它的定义是物体动量的增量等于它所受合外力的冲量,即 $F_t = m\Delta v$。动量守恒定律的适用具有普遍性,不管是宏观物体还是微观粒子同样适用,同时也适用于以任何速度运动的物体。其表达式为[172]:

$$\frac{D}{Dt}\int_V \rho V \mathrm{d}V = \int_V \rho f \mathrm{d}V + \int_S t(N)V \mathrm{d}S \qquad (2.2)$$

式中,f 表示作用在单位质量上的体积力,$t(N)$ 表示法向为 N 的单位面积上的接触面力,S 表示体积 V 的表面。

(4) 黏性假设。流体力学的研究范畴包括理想流体和实际流体。两者最重要的区别之一就是理想流体不考虑黏性。但是,实际生活中流体通常都具有黏性,它是分子热运动和分子间作用力造成的动量传递的宏观表现。流体的黏性一般用黏度或表观黏度来衡量。

2.6.2 流体力学的动力学方程

1. 连续性方程

连续性方程可以通过质量守恒定律推导而来。其基本含义是,在流体的连续性假设前提下,当流体经过流场中任意空间封闭曲面时,如果在某时间内流出的流体质量和流入的流体质量不相同,则可以推断该封闭曲面内的流体密度必然发生了变化,使得流体充满整个封闭曲面的空间;如果流体是不可压缩的,那么可以推断流出的流体质量与流入的流体质量一定是相等的[173]。连续性方程有如下几种描述[174]:

Euler 描述下的连续方程为

$$\frac{D\rho}{Dt} + \rho \mathrm{div} V = 0 \qquad (2.3)$$

Lagrange 将连续方程描述为:

$$\rho J = \rho_0 \tag{2.4}$$

式中,ρ_0 表示初始构形中密度。

ALE 描述的连续方程为:

$$\frac{\partial \rho(x, t)}{\partial t} + c \cdot \Delta \rho \operatorname{div} \vec{v} = 0 \tag{2.5}$$

式中,x 表示流体质点的相对位置矢径,c 表示流体的对流速度。

2. 运动微分方程

质量力和表面力是引起流体运动的两种作用力。实际流体的表面力包括法向力和切向力,即压力和黏滞力。理想流体与实际流体最大的区别就是不考虑黏滞力,其与静止流体在运动时的应力状态完全相同,即流体中只存在压应力。理想流体运动微分方程的基本原理遵从牛顿第二定律,其表达式为 $F=ma$。理想流体的简化模型可以表达为:

$$\vec{f} - \frac{1}{\rho} \nabla p = \frac{\partial \vec{u}}{\partial t} + (\vec{u} \cdot \nabla) \vec{u} \tag{2.6}$$

式中,$\vec{f}$ 的表达式为:

$$\vec{f} = \frac{\vec{F}}{m} \tag{2.7}$$

表示单位质量力,$\vec{F}$ 表示质量力,$\vec{u}$ 表示速度,ρ 表示密度,p 表示压力。该式反映了作用在单位质量流体上的力与流体运动加速度之间的关系。等号左边第一项表示作用于单位质量流体上的质量力,即单位质量力;第二项表示的是作用于单位质量流体上的压力;等号右边整体表示的是流体运动的加速度,即作用于单位质量流体上的惯性力。

现实生活中的流体运动形态及其规律远比理想流体复杂,其具有黏性，因此实际流体也被称为黏性流体。黏性流体在运动的过程中，其表面力不仅有压力，还具有黏滞力。黏性流体运动微分方程的向量表达式为：

$$\vec{f} - \frac{1}{\rho}\nabla p + \vec{f}_n = \frac{\partial \vec{u}}{\partial t} + (\vec{u} \cdot \nabla)\vec{u} \qquad (2.8)$$

式中，$\vec{f}_n$ 表示流体的黏滞力。黏性流体的运动微分方程表达了作用于单位质量流体上的压力、黏滞力、质量力和惯性力之间的平衡关系。

2.6.3 流体力学的分析步骤

流体与人们生活息息相关，水流、气流、交通流等具有流体的性质，因此可以用流体力学理论来解决诸多现实中的问题。可以根据如质量守恒、能量守恒等流体运动的普遍规律，采用数学分析的手段，研究流体的运动情况，解释现实生活中的现象，并对可能发生的结果进行预测。用流体力学分析现实流体问题的理论分析步骤大致如下：

1. 建立力学模型

发现问题是解决问题的前提。在解决流体运动问题时，首先针对实际流体的运动问题，分析流体现象的各种矛盾并能够抓住主要矛盾或者矛盾的主要方面，并且能通过现象看本质对问题进行简化从而提炼出反映问题本质的力学模型。

2. 建立流体运动方程

要定量的分析流体运动问题，必须建立流体运动的控制方程。结合流体运动的特点，给流体力学中质量守恒定律、动量守恒定律等以数学表达，相应的可以得到流体力学的连续性方程、动量方程等方程。此外，还可以加上某些联系流动参量的关系式或者其他方程，对方程中的参数进行进一步的说明。这些方程组合在一起称为流体力学的基本方程组。流体运动常有一定的空间和时间上的限制,因此,应给出边界条件和初始条件。建立控制方程的本质就是要能够反映出各个量之间的关系,并在所限定的条件下能够用数学模型来描述流体现象。

3. 求解方程组

揭示流体运动现象的本质需要分析其中的数量关系,即对所建立的方程组进行求解。在运用数学方法对方程进行求解的过程必须在给定的边界条件和初始条件下进行。考虑到流体力学的方程组多是非线性的偏微分方程组,人工计算难以求得结果,有时需要运用许多数学方法或技巧对其加以简化,并需要编制程序用计算机对其求解。

4. 分析和解释求解结果

求解出方程组的结果之后,需要根据求解结果进行数据分析,并结合具体的流体流动现象,解释这些解的物理含义和流动机理。为了更清晰地显示结果,有时需要把求解的数据结果生成图像或图表,使得对流体流动现象的解释更加直观。

2.7 本章小结

本章首先明确了产学研合作知识协同的主体,并构建了产学研合作知识协同系统。基于此,对本书所用到的知识协同、双边匹配、演化博弈等理论进行了详细的介绍,阐述了双边匹配对产学研合作知识主体合作伙伴选择的适用性,以及演化博弈方法的优势,为下文的研究提供理论支持。

第3章
产学研协同创新主体间的知识流分析

3.1 知识流的流动机理分析

3.1.1 知识流的流动过程

如图 3.1 所示,产学研协同创新中的知识流动不仅表现为知识在组织中各主体内部及其主体之间的流动,还表现在各主体与组织外部发生知识交换。高校和科研机构作为协同创新的主体,通过内部的交流与合作提高知识创新的效率;企业作为技术创新的主体,通过内部的知识转化与应用提高技术创新的效率;高校和科研机构的创新知识转移到企业并被吸收与应用,实现从知识创新向技术创新的转化,即实现了产学研协同创新中主体之间的知识流动。通过知识流动高校和科研机构的创新知识得到利用,企业获取技术创新的知识来源,最终实现科技成果向现实生产力的转化;企业通过向高校和科研机构的信息反馈使其创新知识更具有针对性也更易于企业吸收。协同创新组织通过与外界知识交换获取不同领域的知识从而更易于创新出新知识、新技术以满足市场需求。产学研协同创新中所有的知识流动都要受到知识本身特性、组织内部环境以及外部环境的影响,任何一个因素的变动都可能影响到知识的流动状态。

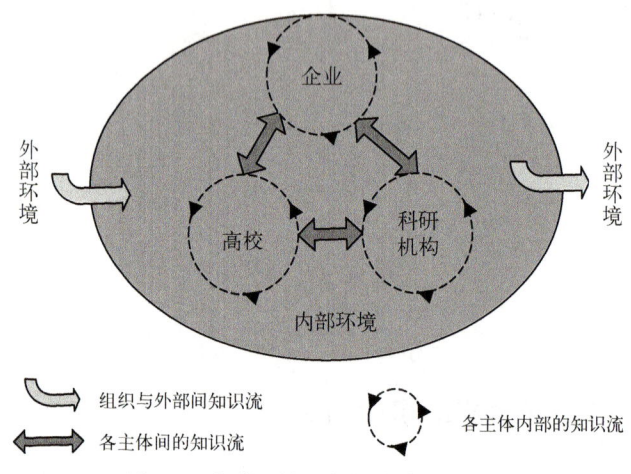

图 3.1　产学研协同创新中的知识流图

3.1.2　知识流的流动特性

达文波特将知识看作是结构性经验、价值观念、关联信息与专家见识的流动组合,认为知识既是结构性的,又是流动的[175]。Holtshouse 认为知识是一种流,其在提供者和需求者之间流动。知识在交流中形成知识流,它决定着知识共享与转换的效果[176]。

首先,知识流是具有动态性的,它强调知识从一个地方、个人向另一个地方、个人的流动,其流动的方向和内容都是非常灵活的,在流动的过程知识的结构和形态都可能发生改变;其次,知识流是以人为载体的,知识流动的主体可能是个人也可能是组织,其流动的动力源自人的需要;再次,知识流具有创新性,知识在流主体之间的交流与传播,可以促进新思想和新观念的产生,促进知识接收者对知识的消化和再吸收,从而促进创新的实现。最后,知识流具有价值增值性,知识从知识源流动到知识接收者的过程也是实现价值增值的过程,可以说如果知识不能流动知识的价值将很难实现。产学研协同创新的实质就是知识在创新主体间的流动。

3.1.3 知识流的流体属性

知识流是由单位知识量构成的,其沿着一定的知识流渠道进行流动,因此每一单位知识量都在流通渠道中占有一定的区域。如果把相邻单位知识量所占区域的中心距离视为知识域,认为知识流是由知识域构成的,则可以认为知识流是连续分布的连续流。

作用于知识流的外部驱动力可视为知识流的压力,产学研协同创新中知识流的压力与产学研协同创新主体转移知识的能力与意愿、组织内外部环境等影响因素有关。在产学研协同创新中,知识本身的特性决定了知识有黏附于知识持有方而难以向知识接收方流动的倾向。知识黏滞力的大小可以从知识的复杂性、内隐性以及专有性等知识特征来测量[177]。

知识流的压力、黏性及其他相关定义界定如表3.1所示。

表3.1 知识流的相关测量值定义

名称	定义
压力 P	推动知识在组织中流动时产生加速度的作用力
知识黏性	知识本身特性产生的黏附倾向
速度 v	知识流动的速度
密度 ρ	单位长度知识流渠道上承载的知识量
知识量 M	知识域内的知识存量
流量 $Q = \rho v$	单位时间内流经知识流渠道某一断面的知识量

3.2 知识流模型构建

3.2.1 知识流的动力学方程

1. 连续性方程

设产学研协同创新中某一段知识流的知识密度为 ρ,知识流量为 Q,x 为沿着知识流渠道的距离坐标,t 为时间,则 ρ、Q 为关于 x、t 的函数 $\rho(x,t)$、$Q(x,t)$,设 x 和 $x+\mathrm{d}x$ 为固定的地点,定义 x 到 $x+\mathrm{d}x$ 之间的知识流渠道为一封闭的控制体,从控制体流出的知识流率为 $\dfrac{\partial Q}{\partial x}\mathrm{d}x$,控制体内包含的知识域的增加率为 $\dfrac{\partial \rho}{\partial t}\mathrm{d}x$(如图 3.2 所示)。

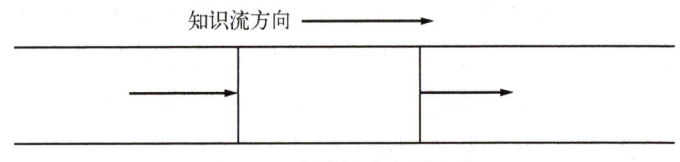

图 3.2 连续性方程原理图

建立知识流密度 $\rho(x,t)$ 和知识流量 $Q(x,t)$ 的守恒方程,即知识流的连续性方程:

$$\frac{\partial \rho}{\partial t}+\frac{\partial Q}{\partial x}=0 \tag{3.1}$$

式(3.1)是最基本的知识流流动连续性方程,其仅适用于知识在单一渠道中流动的情况。而在产学研协同创新知识流动的实际情况中,往往存在知识分流的情况,即知识在甲乙两个主体间的流通渠道中有时可能会出现知识分流出主渠道流向丙主体或者有丁主体的知识汇入主渠道流向乙主体的情况。考虑到知识的可复制性,当流入或流出的知识与渠道中的知识相同时可将其视为单一渠道的知识流,符合式(3.1)的基本知识流流动连续性方程;而当流入或流出的知识与渠道中的不相同时,认为单一的知识流产生了分流,相应的增加一个分流 l(即在式(3.1)右端加上一个流量产生率)。

$$\frac{\partial \rho}{\partial t} + \frac{\partial (\rho v)}{\partial x} = l \quad (3.2)$$

式中,进出或者进出知识与渠道中知识,无不同时,$l=0$;有不同时:知识流入时,$l>0$;知识流出时,$l<0$。

2. 运动微分方程

在某一知识流渠道中取一知识域 Δx,知识量为 $\rho \cdot \Delta x$,它沿知识流渠道方向的长度为 Δx(如图 3.3 所示)。该知识域的受力情况:上游断面压力为 $P+\frac{\partial P}{\partial x} \cdot \Delta x$,指向知识流方向;下游断面压力为 P,指向知识流的反方向;压力推动知识量产生加速度。

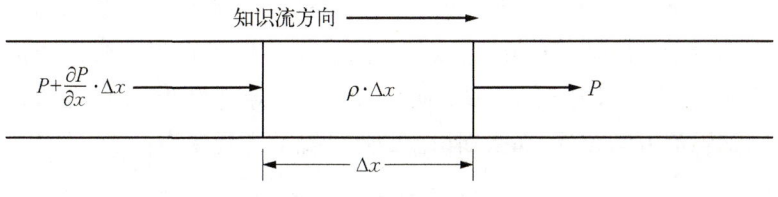

图 3.3 知识域受力分析图

设知识域运动的加速度为 a,根据牛顿第二定律:

$$\left(P+\frac{\partial P}{\partial x} \cdot \Delta x\right) - P = (\rho \cdot \Delta x) \cdot a \quad (3.3)$$

由

$$a = \frac{dv}{dt} = \frac{\partial v}{\partial t} + v\frac{\partial v}{\partial x}$$

得

$$\frac{\partial v}{\partial t} + v\frac{\partial v}{\partial x} = \frac{1}{\rho}\frac{\partial P}{\partial x} \tag{3.4}$$

式(3.4)为知识流的运动微分方程,但是没有考虑知识的黏滞性。

设 w 作为知识黏滞力的黏性系数,则 $w = w(e, u, i)$。其中 e 代表知识复杂度, e 越大,知识复杂度越高,黏滞力越大; u 代表隐性知识占全部知识的比例, u 越大,知识流受到的阻碍越大,黏滞力越大; i 代表知识专有性程度, i 越大,表示知识的专有程度越高,知识传播的困难就越大。知识黏滞力与当前知识流量和黏性阻力系数成正比,当前知识域的黏性阻力为:

$$f = w\frac{\partial(\rho v)}{\partial x}\Delta x \tag{3.5}$$

同理,新流入知识量也会产生黏性阻力影响,因为知识与当前知识流渠道的知识相异,所以其黏性系数也不相同,其黏性阻力记为 $\phi = w'l\Delta x$,根据式(3.3)到式(3.4)的推导过程,同除以 Δx,且与知识流方向相反,那么知识流的运动微分方程变为:

$$\frac{\partial v}{\partial t} + v\frac{\partial v}{\partial x} - \frac{1}{\rho}\frac{\partial P}{\partial x} + w\frac{\partial(\rho v)}{\partial x} + w'l = 0 \tag{3.6}$$

3.2.2 知识流的动力学模型

连续性方程(3.2)和运动微分方程(3.6)构成了联盟知识流的

动力学模型：

$$\begin{cases} \dfrac{\partial \rho}{\partial t} + \dfrac{\partial (\rho v)}{\partial x} = l \\ \dfrac{\partial v}{\partial t} + v\dfrac{\partial v}{\partial x} - \dfrac{1}{\rho}\dfrac{\partial P}{\partial x} + w\dfrac{\partial (\rho v)}{\partial x} + w'l = 0 \end{cases} \quad (3.7)$$

压力 P：$P = c\rho$，其中 c 是与产学研协同创新内外部环境等有关的系数，取值范围为 $[0,3]$，联盟的内外部环境等因素对联盟知识流的推动力度越大，c 的取值越大。

方程变换得：

$$\begin{cases} \dfrac{\partial \rho}{\partial t} + v\dfrac{\partial \rho}{\partial x} + \rho\dfrac{\partial v}{\partial x} = l \\ \dfrac{\partial v}{\partial t} + (v + w\rho)\dfrac{\partial v}{\partial x} + \left(wv - c\dfrac{1}{\rho}\right)\dfrac{\partial \rho}{\partial x} + w'l = 0 \end{cases} \quad (3.8)$$

用差分方程对上式进行离散，得：

$$\begin{cases} \rho_i^{k+1} = \rho_i^k + \dfrac{\Delta t}{\Delta x} v_i^k (\rho_{i-1}^k - \rho_i^k) - \dfrac{\Delta t}{\Delta x} \rho_i^k (v_{i+1}^k - v_i^k) + \Delta t l_i^k \\ v_i^{k+1} = v_i^k + \dfrac{\Delta t}{\Delta x}(v_i^k + w\rho_i^k)(v_{i-1}^k - v_i^k) + \\ \qquad \dfrac{\Delta t}{\Delta x}\left[c\dfrac{1}{\rho_i^k} - wv_i^k\right](\rho_{i+1}^k - \rho_i^k) - \Delta t w' l_i^k \end{cases}$$

$$(3.9)$$

式中，k 表示时间步，i 表示空间步，Δt 是时间步长，Δx 是空间步长。取一段知识流渠道 5 km，如图 3.4 所示，分成 5 个空间步，即 $\Delta x = 1$ km，时间步长为 1 天，假设在第 3 单元有新知识流流入。考虑到知识的抽象性，对知识量、密度等概念不设量纲，以单位计量，只研究其参数之间的关系变化。

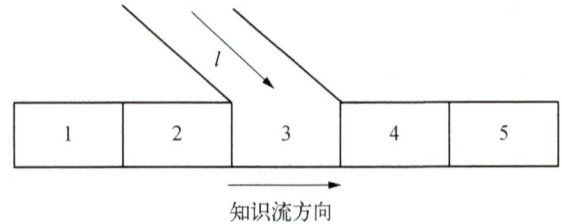

图 3.4 知识流渠道分流示意图

3.3 知识流模型的仿真分析

3.3.1 知识压力对知识流态的影响

假定初始时刻,知识流在此段渠道匀速运动:

$$\rho(i,0)=1, v(i,0)=2, 1\leqslant i\leqslant 5$$

边界条件设为:

$$\begin{cases}\rho(1,k)=1, v(1,k)=2\\ \rho(5,k)=\rho(4,k), v(5,k)=v(4,k)\end{cases} \quad (3.10)$$

时间步长为 1 天,考虑到一周有 5 个连续的工作日,k 取 5,对所构建的模型进行仿真。

图 3.5 中,当 $l=0.3$,$w=w'=0.5$,$c=1$ 时,第 3 单元速度随着时间变化呈上升趋势。由速度曲线的斜率即加速度可知,在当前压力和黏性阻力的共同作用下,联盟知识流获得了一个正向的作用力,从而获得了正向加速度。保持分流量和黏性系数不变,压力系数增大速度也不断增大,且上升趋势也随之加大。这是由于压力系数增大导致联盟知识流的外部驱动力加强,从而使得知识流的正向加速度增大。

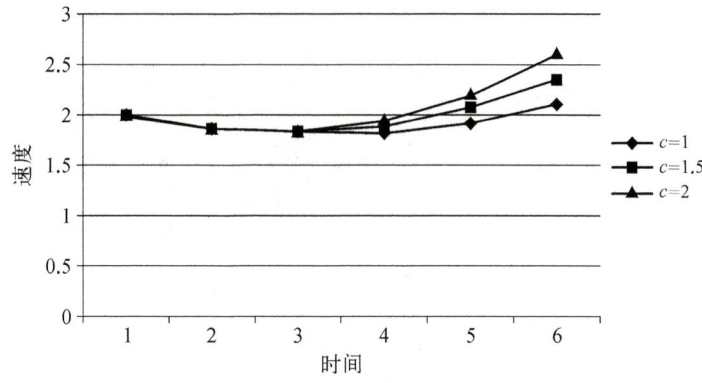

图 3.5　压力系数对第 3 单元速度的影响

模拟结果表明,加强联盟外部驱动力有利于加快联盟知识流动。产学研协同创新中知识流流动的驱动力因素主要来自联盟主体能力、动机及联盟内外部环境等。联盟主体可以加强自身学习以提高吸收和转移知识的能力,通过建立信任机制加强文化交流等形成适宜知识流动的内部环境。政府可以建立激励机制提高各主体的积极性,制定相关的政策法规营造良好的外部环境。

3.3.2　知识黏性对知识流态的影响

图 3.6 中,当 $l=0.3$, $w=w'=0.5$, $c=0.2$ 时,第 3 单元速度随着时间变化呈下降趋势。由速度曲线的斜率即加速度可知,在当前压力和黏性阻力的共同作用下,联盟知识流获得了一个反向的作用力,从而获得了反向加速度。保持分流量、当前渠道的黏性系数及压力系数不变,如图示,随着分流黏性系数减小,速度也不断减小,且下降趋势也随之加大,即反向加速度增大。这说明知识黏滞性对联盟知识流形成阻碍作用,从而给知识流一个反向的作用力。由于分流知识黏性阻力项与当前渠道的黏性阻力项的正负一致性,推知当前知识黏性阻力的增大也将阻碍知识流的运动。

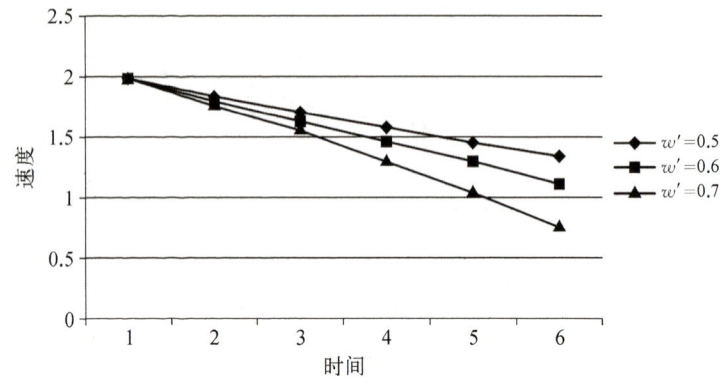

图 3.6 黏性系数对第 3 单元速度的影响

模拟结果表明,为了加快知识流的运动,产学研协同创新应尽可能地降低知识黏性。知识黏滞力是关于知识复杂度、隐性知识所占比例和知识专有性程度的函数。知识复杂度和专有性程度是客观存在的知识属性,联盟主体可以通过利用恰当的知识管理技术、对知识转移主体进行培训提高其对知识的掌握能力等方式来降低知识的黏滞力。隐性知识通常作为经验技巧直觉等根植于人脑中不易表达,因此联盟主体可以通过选择人际转移工具、定期召开经验交流会等方式促进隐性知识向显性知识的转化,以此来降低知识的黏滞力从而使得知识易于流动。

3.3.3 知识分流对知识流态的影响

当压力系数 $c=0.2$,黏性系数 $w=w'=0.5$,分流 $l=0.3$ 时,计算推进 5 个时间步长之后,如图 3.7 所示,发现由于异质知识从支流涌入当前知识流渠道,对当前主渠道产生了明显的挤压。在其他条件相同的情况下,改变分流的大小,对当前知识流渠道的干扰也相应减小。图 3.8 给出了分流 l 不同时第 3 单元的密度随时间的演化情况,分流数值越大,密度越大。

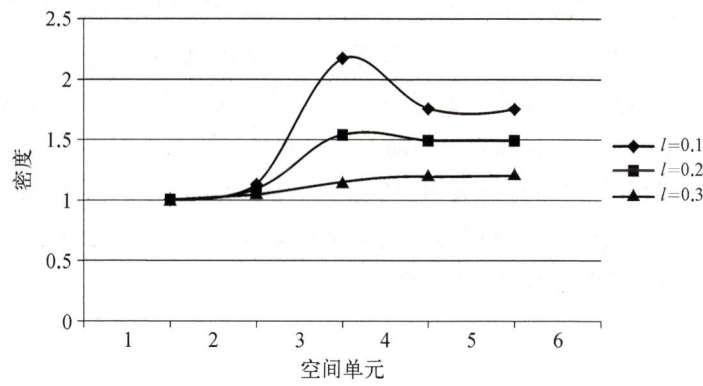

图 3.7　知识分流对各单元的密度影响

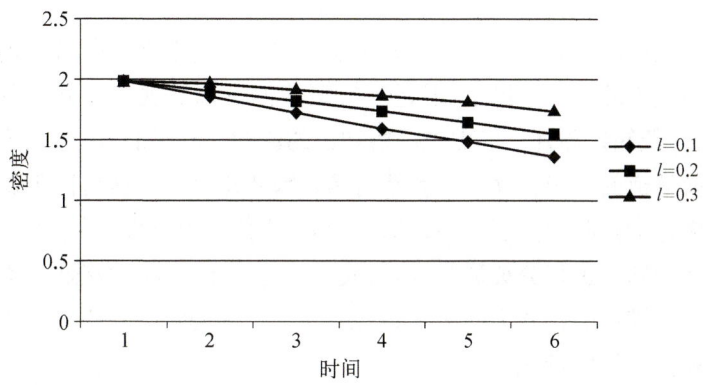

图 3.8　知识分流对第 3 单元速度的影响

从图 3.8 可以看出，在压力、当前知识流渠道的黏性阻力以及分流黏性阻力的共同作用下，第 3 单元的速度呈下降趋势，且随着分流 l 的增大速度下降趋势加剧。这是因为，新知识的流入一方面增大了当前知识流渠道的密度，形成了知识的拥堵状态，另一方面分流的增大导致黏性影响力的增大，知识流的反作用力增大，反向加速度增大，从而导致速度下降趋势加剧。

模拟结果表明，当产学研协同创新中存在异质的知识分流时，其分流会对当前渠道知识流产生挤压和阻力影响,从而不利于知识在联盟中的传播。如在产学研协同创新中,如果当前渠道流通的是市场营销方面的知识,若关于生产方面的知识突然涌入,则由于市场营销的知识相对于当前渠道中的生产知识具有很强的专有性,无疑会阻碍当前渠道知识的流通,增大其黏性阻力。因此,在产学研协同创新中可以考虑将相异性较大的知识进行分渠道流通,以提高知识流动的高效性。

3.4 本章小结

运用流体力学理论结合知识流的特性,构造产学研协同创新中知识流的动力学模型,通过对模型数值模拟发现加强外部驱动力、降低知识黏性能够促进联盟知识的流动,异质知识的流入会对当前渠道的知识流动产生黏性阻碍。因此建议产学研协同创新采取措施加强联盟知识流的外部驱动力,降低知识黏性;对于专有性较强的知识进行分渠道流动,以促进联盟知识的高效流通。本章动力学模型的建立为联盟知识流提出了新的建模方法,有利于联盟知识流的定量化研究。

第4章
基于知识流的产学研协同创新主体利益博弈模型

4.1 博弈机制分析

4.1.1 博弈规则

要考察博弈就必须清楚博弈规则。博弈规则是决策主体在参与博弈的过程中必须遵守的具有约束力的协议或规定。博弈规则一旦确立,每个参与者必须严格遵照规则来进行自己的行动选择。博弈规则的三要素包括参与人、可选择的行动与博弈结果。因此,要明晰产学研协同创新中的博弈规则,就需要知道博弈中的参与人、参与人的行动以及行动可能产生的结果。产学研协同创新中的参与人是高校、科研机构和企业。高校和科研机构作为产学研协同创新的知识输出方,往往有着相同的立场,因此为了使博弈分析简单化,将高校和科研机构看作博弈的一方,即学研方,而将作为知识吸收方的企业看作博弈的另一方。参与人的行动是指参与人在博弈的某个时点的决策变量,一般用 a_i 表示第 i 个参与人的一个特定行动,$A_i = \{a_i\}$ 表示可以供第 i 个参与人选择的所有行动的集合。在产学研协同创新中,博弈规则明确规定所有参与人都清楚自身的行动选择,即学研方和企业对自身选择的行动可能带来的收益是确知的。

4.1.2 博弈策略

博弈策略是指参与人在给定信息集情况下的行动规则,即参与人根据对现有情况的判断做出行动选择。一般用 s_i 来表示第 i 个参与人的一个特定策略,第 i 个参与人的所有策略的集合构成第 i 个参与人的策略集,记为 $S_i = \{s_i\}$,$i \in N$,$N = \{1, 2, \cdots, n\}$。每个参与人都选择一个策略,所有参与人的策略构成一个策略组合 $S = \{s_1, s_2, \cdots, s_n\}$,其中 s_i 表示第 i 个参与人所选择的策略。值得注意的是,这里所说的策略与上面所说的行动只在静态博弈模型中是相同的。获得利益最大化是学研方和企业选择博弈策略的标准,它们都会选择更有利于自身的策略。当它们选择追求自身利益最大化的时候,选择的是不同的策略,当考虑整体利益最大化的时候,则会协商采用同一个策略。

4.1.3 博弈支付

获取收益是参与人参与博弈的主要目的,因此博弈的收益,即支付,是博弈中非常重要的一环。博弈支付是指在一特定策略组合下参与者所能得到的确定效用水平或者期望效用水平。一般来讲,支付是一个函数,是参与人在选择某种策略之后所能获取的收益。这种收益函数不仅受到参与人的控制,同时也受到博弈对方的控制。作为产学研协同创新的博弈双方,学研方和企业的目标收益受到对方行为的影响。产学研协同创新的收益既包括有形的收益,即经济利益,也包括一些无形的收益,如社会形象、荣誉、创新能力的提升等。在构造博弈双方目标收益函数的时候,需要对这些无形的收益进行量化处理,即把它们转化成纯经济利益来考虑。

4.2 知识流与主体利益的关系分析

4.2.1 主体利益分析

1. 利益构成要素

产学研协同创新中涉及的利益是指高校、科研机构和企业作为一个整体,通过共同的合作与协调产生技术创新的协同效应而创造出来的新增收益。利益构成的三个要素包括利益主体、利益客体和利益媒介。利益主体是指利益的所有者,可以是单个的个体,也可以是一个组织,产学研协同创新的利益主体包括所有参与协同创新的组织和个人,主要是高校、科研机构和企业。利益客体是指利益的载体,是满足人的需要的事物或对象。利益客体的范围很广,它可能是一种有形的产品,也可能是一种抽象的劳动成果。对于产学研协同创新而言,各主体为之追求的动力,也就是那些有形或无形的收益,即是利益客体。所谓的利益媒介是指将利益主体与利益客体联系在一起的桥梁或纽带,它是利益主体获得利益客体的渠道。在产学研协同创新中,高校、科研机构和企业通过技术创新获取收益,而技术创新的核心就是实现知识在主体间的有效流动,从这个角度来说,知识流就是产学研协同创新主体获得收益的利益媒介。

2. 各主体的利益诉求

高校和科研院所是国家科技创新的重要力量,是产学研协同创新中的知识源。在市场经济的大潮中,高校和科研机构要想获得发展,不能仅仅依靠政府的财政拨款,其是否具备自力更生从市场中谋取经济利益的能力至关重要。通过与企业的协同创新获得经济收益是高校和科研机构补充教育和科研经费的重要渠道。高校和科研机构担负着培养人才、科学研究和服务社会的重要责任,这决定了高校和科研机构参与产学研协同创新的目的不可能局限于经济利益。对于参与协同创新的高校和科研机构而言，是否有利于职称晋升，是否能够提高自身的科研水平，是否能够达到教育部门的相关考核标准从而提升整体形象与知名度等至关重要。因为这决定了高校和科研机构能否吸引更多优秀的人才，能否得到社会和政府认可及资助。高校和科研机构试图通过这样的良性循环来获得长足的发展，从而不断提升自身的综合竞争力。

企业是以盈利为目的的经济组织，其基本职能是向市场提供能满足人的需要的产品或服务。因此，通过承接高校和科研机构的科技成果进行产业化、商品化从而获取经济利益是企业参与产学研协同创新最直接也是最根本的目的。获得经济利益是企业生存的基础，但是要想获得长远的发展，企业还必须保持持续的竞争优势。这就意味着企业要从产学研协同创新中得到更多。通过对高校和科研机构输送的知识进行消化吸收来提升企业自身的学习经验和技术创新能力，通过对技术的产业化和商品化来提升企业的品牌影响力和社会形象，对于企业来讲也至关重要。

4.2.2　知识流与主体利益的关系

知识流作为产学研协同创新的利益媒介与协同创新主体的利益息息相关。如图 4.1 所示，高校、科研机构和企业在产学研协同创新中所能获得的利益取决于产学研协同创新的效果。而产学研协同创新的本质就是实现知识在各主体间有效流动，因此知识流动的效果决定了协同创新的效果。在产学研协同创新中，最主要的知识流是知识从高校和科研机构流向企业，因此高校和科研机构的知识产出量和企业的知识吸收量是形成知识流的原动力。高校和科研机构的知识产出量和企业的知识吸收量受到多种因素的影响。首先，高校和科研机构和企业在协同创新中的努力程度会影响知识产出量和吸收量，显然，努力越多，知识的产出量和吸收量越多。再者,高校、科研机构和企业之间的协同关系也会对其产生影响,关系越好越密切越有利于知识的产出和吸收。此外,对于高校和科研机构而言,如果产出的知识能够及时有效地转移出去,无疑会激励其继续产出,而对于企业而言,只有保证知识输入渠道顺畅才能促进其吸收更多知识,因此高校、科研机构和企业之间的知识流动速度对高校和科研机构的知识产出量和企业的知识吸收量有正反馈的作用,即促进作用。

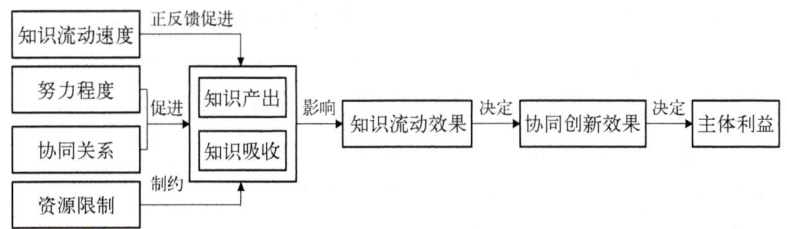

图 4.1　知识流与主体利益的关系图

4.3　基于知识流的主体利益博弈模型

4.3.1　基本假设

假设 1　学研方和企业同属于一个产学研协同创新系统,知识从学研方流向企业,即学研方是知识的输出方,企业是知识的接收方。在 t 时刻,学研方的知识产出量为 $x_1(t)$,企业的知识吸收量为 $x_2(t)$。

假设 2　学研方和企业之间的知识流动速度会对学研方的知识产出量和企业的知识吸收量有正反馈的作用,即促进作用。知识流动速度对学研方知识产出量的影响作用系数为 ϵ_1,简称速度影响系数。其为速度对知识产出量的影响因子 η_1 和速度 v 的乘积,即 $\varepsilon_1 = \eta_1 v$。同理,知识流动速度对企业知识吸收量的速度影响系数为 ε_2,其为速度对知识吸收量的影响因子 η_2 和速度 v 的乘积,即 $\varepsilon_2 = \eta_2 v$。

假设 3 学研方的知识产出量受到知识产出基础设施、知识水平、知识转移能力等资源的制约不可能无限增大,因此假设其受到的资源限制水平为 r_{11}。同理,企业的知识吸收量受到知识吸收基础设施、知识吸收能力等资源的制约,记企业的资源限制水平为 r_{22}。

假设 4 由于同处于一个产学研合作系统,作为知识产出方的学研方和作为知识吸收方的企业组成了知识转移的链条,这种链条形成了学研方和企业间相互补充、相互促进的共生关系。学研方和企业之间合作的契合度、交流的频繁度等都会影响双方的共生关系。记企业对学研方的共生作用系数为 r_{21},学研方对企业的共生作用系数为 r_{12}。

假设 5 学研方可以通过控制对知识产出的投入来控制自身的知识产出量,也可以通过控制对知识转移的投入来影响企业的知识吸收量。记学研方对知识产出的控制投入为 u_1,它是学研方对自身知识产出的控制变量;记学研方对知识转移的控制投入为 u_2,它是学研方对企业知识吸收的控制变量。

假设 6 作为产学研协同创新的主体,学研方产出知识需要企业的资助,所以企业可以通过控制对学研方的投入来控制学研方的知识产出量。同时,企业吸收知识也需要一定的投入,企业可以通过控制对知识吸收的投入来控制自身的知识吸收量。记企业对学研方知识产出的控制投入为 v_1,它是企业对学研方知识产出的控制变量;记企业对知识吸收的控制投入为 v_2,它是企业对自身知识吸收的控制变量。

4.3.2 模型构建

根据以上假设建立基于知识流的产学研协同创新知识产出量

第 4 章 基于知识流的产学研协同创新主体利益博弈模型

和知识吸收量的动态控制模型：

$$\begin{cases} \dfrac{\mathrm{d}x_1}{\mathrm{d}t} = x_1(\varepsilon_1 - r_{11}x_1 + r_{21}x_2) + u_1 + v_1 \\ \dfrac{\mathrm{d}x_2}{\mathrm{d}t} = x_2(\varepsilon_2 - r_{22}x_2 + r_{12}x_1) + u_2 + v_2 \end{cases} \quad (4.1)$$

初始条件为 $x_1(0) = x_1^0$，$x_2(0) = x_2^0$。

模型的基本含义是：学研方知识产出量和企业知识吸收量受到时间、知识流动速度、资源制约水平、双方间的共生关系、产学研协同创新对方的行为以及自身行为的影响。在这个模型中，控制的两主体为学研方和企业，它们试图通过调整对知识转移的控制投入来追求自身经济利益最大化。作为协同创新主体，它们的控制投入不仅影响自身的利润获取能力同时也可能影响对方，因此该模型是一个博弈模型。学研方的知识产出投入 u_1 和学研方的知识转移投入 u_2 组成学研方的控制向量 $u = (u_1, u_2)$；企业的知识产出投入 v_1 和知识吸收投入 v_2 组成企业的控制向量 $v = (v_1, v_2)$。当控制变量为 0 时，系统是不受干扰的平衡状态。系统平衡态有四个，为控制变量为 0 时，即方程

$$\frac{\mathrm{d}x_1}{\mathrm{d}t} = 0, \quad \frac{\mathrm{d}x_2}{\mathrm{d}t} = 0 \quad (4.2)$$

时，方程所求的四个解：

$$\begin{cases} (\bar{x}_1, \bar{x}_2) = (0, 0) \\ (\bar{x}_1, \bar{x}_2) = \left(0, \dfrac{\varepsilon_2}{r_{22}}\right) \\ (\bar{x}_1, \bar{x}_2) = \left(\dfrac{\varepsilon_1}{r_{11}}, 0\right) \\ (\bar{x}_1, \bar{x}_2) = \left(\dfrac{\varepsilon_1 r_{22} + \varepsilon_2 r_{21}}{r_{11} r_{22} - r_{12} r_{21}}, \dfrac{\varepsilon_1 r_{12} + \varepsilon_2 r_{11}}{r_{11} r_{22} - r_{12} r_{21}}\right) \end{cases} \quad (4.3)$$

由解的结果知,当且仅当 $r_{11}r_{22} > r_{12}r_{21}$ 时,即稳定点在第一象限时,知识产出量和知识吸收量的平衡态的解有意义。

设学研方为产出知识单位时间支付固定金额 a_1,企业吸收知识单位时间支付固定金额 a_2,所支付的固定金额包括人员工资以及知识转移工具的购买费等。学研方在控制自身知识产出或者企业的知识吸收时会产生控制花费,分别以正常数 c_{11} 和 c_{12} 与可控变量值的平方对应成正比。同理,企业在控制学研方的知识输出或者自身知识吸收时也会产生控制花费,分别以正常数 c_{21} 和 c_{22} 与可控变量值的平方对应成正比。设学研方每增加一个单位控制投入所能获取的收入为 s_1, s_2,分别对应控制向量中的 u_1, u_2。企业每增加一个单位控制投入所能获取的收入为 h_1, h_2,分别对应控制向量中的 v_1, v_2。同时,设每时刻双方支付费用与系统当前状态和平衡态($\bar{x}_1, \bar{x}_2$)的偏差平方和成正比,此时学研方的费用为 b_1,企业的费用为 b_2。这样如果在时段 $[0, T]$ 期间双方的控制投入为 $u(t), v(t)$,则学研方在此段时间所获取的目标收益合计为:

$$P_1(u, v) = \int_0^T \{s_1 u_1 + s_2 u_2 - b_1[(x_1 - \bar{x}_1)^2 + (x_2 - \bar{x}_2)^2] \\ - a_1 - c_{11} u_1^2 - c_{12} u_2^2\} \mathrm{d}t \qquad (4.4)$$

企业在此段时间所获取的目标收益合计为:

$$P_2(u, v) = \int_0^T \{h_1 v_1 + h_2 v_2 - b_2[(x_1 - \bar{x}_1)^2 + (x_2 - \bar{x}_2)^2] \\ - a_2 - c_{21} v_1^2 - c_{22} v_2^2\} \mathrm{d}t \qquad (4.5)$$

动态控制模型(4.1)和目标收益函数(4.4)和(4.5)构成了产学研协同创新主体的利益博弈模型:

$$\begin{cases} \dfrac{\mathrm{d}x_1}{\mathrm{d}t} = x_1(\varepsilon_1 - r_{11}x_1 + r_{21}x_2) + u_1 + v_1 \\ \dfrac{\mathrm{d}x_2}{\mathrm{d}t} = x_2(\varepsilon_2 - r_{22}x_2 + r_{12}x_1) + u_2 + v_2 \\ P_1(u,v) = \int_0^T \{s_1 u_1 + s_2 u_2 - b_1[(x_1 - \bar{x}_1)^2 + (x_2 - \bar{x}_2)^2] \\ \qquad\qquad - a_1 - c_{11}u_1^2 - c_{12}u_2^2 \} \mathrm{d}t \\ P_2(u,v) = \int_0^T \{h_1 v_1 + h_2 v_2 - b_2[(x_1 - \bar{x}_1)^2 + (x_2 - \bar{x}_2)^2] \\ \qquad\qquad - a_2 - c_{21}v_1^2 - c_{22}v_2^2 \} \mathrm{d}t \end{cases}$$
(4.6)

4.3.3 追求个体利益最大化的竞争博弈

考虑学研方和企业虽同处于一个产学研协同创新系统，但各自所追求的目标并不完全一致，为了寻求经济利益，可能会引发双方的冲突，即追求各自经济利益最大化的竞争博弈（以下简称竞争博弈）。在当产学研双方均认为追求个体利益最大化比追求整体利益最大化对自身更有利时，这种情况将发生。利用纳什均衡作为优化原则，程序控制对$(u^0(t), v^0(t))$称为纳什平衡状态，如果任何允许的双方程序控制$u(t), v(t)$满足不等式：

$$\begin{aligned} P_1(u^0(t), v^0(t)) &\geqslant P_1(u(t), v^0(t)) \\ P_2(u^0(t), v^0(t)) &\geqslant P_2(u^0(t), v(t)) \end{aligned}$$
(4.7)

则学研方和企业各自满足程序控制最优。

设企业所选择的程序控制$v^0(t)$是最优的，即对控制$u^0(t)$形成纳什平衡状态，此时$P_1(u, v^0)$取得极大值。在这种情况下，控制$u^0(t)$应当满足最大值原理的必要条件。根据最大值原理，学研方的哈密顿（Hamilton）函数为

$$H_1 = s_1 u_1 + s_2 u_2 - b_1 [(x_1 - \bar{x}_1)^2 + (x_2 - \bar{x}_2)^2] - a_1$$
$$- c_{11} u_1^2 - c_{12} u_2^2 + \lambda_{11} [x_1(\varepsilon_1 - r_{11} x_1 + r_{21} x_2) + u_1$$
$$+ v_1^0] + \lambda_{12} [x_2(\varepsilon_2 - r_{22} x_2 + r_{12} x_1) + u_2 + v_2^0] \quad (4.8)$$

式中,共轭变量 λ_{11} 和 λ_{12} 满足方程组:

$$\begin{cases} \dfrac{d\lambda_{11}}{dt} = \dfrac{\partial H_1}{\partial x_1} \\ \quad = 2b_1(x_1 - \bar{x}_1) - \lambda_{11}(\varepsilon_1 - 2r_{11} x_1 + r_{21} x_2) - \lambda_{12} r_{12} x_2 \\ \dfrac{d\lambda_{12}}{dt} = \dfrac{\partial H_1}{\partial x_2} \\ \quad = 2b_1(x_2 - \bar{x}_2) - \lambda_{12}(\varepsilon_2 - 2r_{22} x_2 + r_{12} x_1) - \lambda_{11} r_{21} x_1 \end{cases}$$
$$(4.9)$$

边界条件: $\lambda_{11}(T) = \lambda_{12}(T) = 0$

控制 $u(t)$ 的分量值保证对任意 $t \in [0, T]$ 满足条件:

$$\frac{\partial H_1}{\partial u_1} = 0, \quad \frac{\partial H_1}{\partial u_2} = 0$$

或者

$$s_1 - 2c_{11} u_1 + \lambda_{11} = 0, \quad s_2 - 2c_{12} u_2 + \lambda_{12} = 0$$

时,哈密顿函数取得极大值。再考虑到被积函数的凸性,得到学研方程序控制的纳什均衡算式:

$$u_1^0(t) = (s_1 + \lambda_{11})/2c_{11}, \quad u_2^0(t) = (s_2 + \lambda_{12})/2c_{12} \quad (4.10)$$

同理,可以得到企业程序控制的纳什均衡算式:

$$v_1^0(t) = (h_1 + \lambda_{21})/2c_{21}, \quad v_2^0(t) = (h_2 + \lambda_{22})/2c_{22} \quad (4.11)$$

此处 λ_{21} 和 λ_{22} 满足微分方程:

第4章 基于知识流的产学研协同创新主体利益博弈模型 | 59

$$\begin{cases} \dfrac{\mathrm{d}\lambda_{21}}{\mathrm{d}t} = 2b_2(x_1 - \bar{x}_1) - \lambda_{21}(\varepsilon_1 - 2r_{11}x_1 + r_{21}x_2) - \lambda_{22}r_{12}x_2 \\ \dfrac{\mathrm{d}\lambda_{22}}{\mathrm{d}t} = 2b_2(x_2 - \bar{x}_2) - \lambda_{22}(\varepsilon_2 - 2r_{22}x_2 + r_{12}x_1) - \lambda_{21}r_{21}x_1 \end{cases} \quad (4.12)$$

边界条件：$\lambda_{21}(T) = \lambda_{22}(T) = 0$

将均衡算式(4.10)、(4.11)代入模型(4.7)中，得到方程组：

$$\begin{cases} \dfrac{\mathrm{d}x_1}{\mathrm{d}t} = x_1(\varepsilon_1 - r_{11}x_1 + r_{21}x_2) + (s_1 + \lambda_{11})/ \\ \qquad 2c_{11} + (s_2 + \lambda_{21})/2c_{21} \\ \dfrac{\mathrm{d}x_2}{\mathrm{d}t} = x_2(\varepsilon_2 - r_{22}x_2 + r_{12}x_1) + (h_1 + \lambda_{12})/ \\ \qquad 2c_{12} + (h_2 + \lambda_{22})/2c_{22} \end{cases} \quad (4.13)$$

这样，在所研究的动态博弈中，为求得学研方和企业形成的纳什均衡状态的控制投入，需解由方程组(4.9)、(4.12)和(4.13)组成的下列微分方程组：

$$\begin{cases} \dfrac{\mathrm{d}x_1}{\mathrm{d}t} = x_1(\varepsilon_1 - r_{11}x_1 + r_{21}x_2) + (s_1 + \lambda_{11})/2c_{11} + (s_2 + \lambda_{21})/2c_{21} \\ \dfrac{\mathrm{d}x_2}{\mathrm{d}t} = x_2(\varepsilon_2 - r_{22}x_2 + r_{12}x_1) + (h_1 + \lambda_{12})/2c_{12} + (h_2 + \lambda_{22})/2c_{22} \\ \dfrac{\mathrm{d}\lambda_{11}}{\mathrm{d}t} = 2b_1(x_1 - \bar{x}_1) - \lambda_{11}(\varepsilon_1 - 2r_{11}x_1 + r_{21}x_2) - \lambda_{12}r_{12}x_2 \\ \dfrac{\mathrm{d}\lambda_{12}}{\mathrm{d}t} = 2b_1(x_2 - \bar{x}_2) - \lambda_{12}(\varepsilon_2 - 2r_{22}x_2 + r_{12}x_1) - \lambda_{11}r_{21}x_1 \\ \dfrac{\mathrm{d}\lambda_{21}}{\mathrm{d}t} = 2b_2(x_1 - \bar{x}_1) - \lambda_{21}(\varepsilon_1 - 2r_{11}x_1 + r_{21}x_2) - \lambda_{22}r_{12}x_2 \\ \dfrac{\mathrm{d}\lambda_{22}}{\mathrm{d}t} = 2b_2(x_2 - \bar{x}_2) - \lambda_{22}(\varepsilon_2 - 2r_{22}x_2 + r_{12}x_1) - \lambda_{21}r_{21}x_1 \end{cases}$$

$$(4.14)$$

初始边界条件：

$$x_1(0) = x_1^0, \ x_2(0) = x_2^0,$$
$$\lambda_{11}(T) = \lambda_{12}(T) = \lambda_{21}(T) = \lambda_{22}(T) = 0$$

将上述微分方程组求得的解代入公式(4.10)、(4.11)中，算出程序控制 $u^0(t)$，$v^0(t)$ 的纳什均衡值，即为学研方和企业各自获取最大利润时的纳什均衡投入。

4.3.4　追求整体利益最大化的合作博弈

获得经济利益是产学研协同创新各方参与协同的主要动力与目的[178]。为了获得更大利益，学研方和企业可能采取联合的方式，使产学研协同创新系统中的资源得到最优配置，以谋求整体利益最大化，并在整体利益最大化的基础上进行利益分配，从而达到共赢。学研方和企业通过调整各自的知识转移策略实现共赢的过程，也是双方合作博弈的过程。这种追求整体利益最大化的合作博弈以下简称为合作博弈。

这时学研方和企业选择的控制策略可以归结为一个标准：

$$P(u,v) = P_1(u,v) + P_2(u,v)$$
$$\begin{aligned}P(u,v) = \int_0^T \{ & s_1 u_1 + s_2 u_2 + h_1 v_1 + h_2 v_2 - \\ & (b_1 + b_2)[(x_1 - \bar{x}_1)^2 + (x_2 - \bar{x}_2)^2] - \\ & c_{11} u_1^2 - c_{12} u_2^2 - c_{21} v_1^2 - c_{22} v_2^2 - a_1 - a_2 \} \mathrm{d}t \end{aligned}$$
(4.15)

优化控制问题。运用最大值原理解决这一优化问题，哈密顿函数为：

$$\begin{aligned} H = & s_1 u_1 + s_2 u_2 + h_1 v_1 + h_2 v_2 - (b_1 + b_2)[(x_1 - \bar{x}_1)^2 + \\ & (x_2 - \bar{x}_2)^2] - c_{11} u_1^2 - c_{12} u_2^2 - c_{21} v_1^2 - c_{22} v_2^2 - a_1 - a_2 + \\ & \lambda_1 [x_1 (\varepsilon_1 - r_{11} x_1 + r_{21} x_2) + u_1 + v_1] + \lambda_2 [x_2 (\varepsilon_2 - \end{aligned}$$

$$r_{22}x_2 + r_{12}x_1) + u_2 + v_2] \qquad (4.16)$$

式中,共轭变量 λ_1 和 λ_2 满足方程组:

$$\begin{cases} \dfrac{\mathrm{d}\lambda_1}{\mathrm{d}t} = \dfrac{\partial H}{\partial x_1} = 2(b_1+b_2)(x_1-\bar{x}_1) - \lambda_1(\varepsilon_1 - 2r_{11}x_1 \\ \qquad\qquad + r_{21}x_2) - \lambda_2 r_{12}x_2 \\ \dfrac{\mathrm{d}\lambda_2}{\mathrm{d}t} = \dfrac{\partial H}{\partial x_2} = 2(b_1+b_2)(x_2-\bar{x}_2) - \lambda_2(\varepsilon_2 - 2r_{22}x_2 \\ \qquad\qquad + r_{12}x_1) - \lambda_1 r_{21}x_1 \end{cases}$$
$$(4.17)$$

边界条件: $\lambda_1(T) = \lambda_2(T) = 0$

采用极大值原则解决这一问题时,双方优化控制的条件为

$$\frac{\partial H}{\partial u_1} = \frac{\partial H}{\partial u_2} = \frac{\partial H}{\partial v_1} = \frac{\partial H}{\partial v_2} = 0$$

由此得到优化控制的计算公式:

$$u_1^* = (s_1+\lambda_1)/2c_{11}, \ u_2^* = (s_2+\lambda_2)/2c_{12} \qquad (4.18)$$

$$v_1^* = (h_1+\lambda_1)/2c_{21}, \ v_2^* = (h_2+\lambda_2)/2c_{22} \qquad (4.19)$$

将得到优化控制的计算公式(4.18)、(4.19)代入动态控制模型(4.1)得到方程组:

$$\begin{cases} \dfrac{\mathrm{d}x_1}{\mathrm{d}t} = x_1(\varepsilon_1 - r_{11}x_1 + r_{21}x_2) + (s_1+\lambda_1)/2c_{11} + (s_2+\lambda_2)/2c_{21} \\ \dfrac{\mathrm{d}x_2}{\mathrm{d}t} = x_2(\varepsilon_2 - r_{22}x_2 + r_{12}x_1) + (h_1+\lambda_1)/2c_{12} + (h_2+\lambda_2)/2c_{22} \end{cases}$$
$$(4.20)$$

式中,λ_1 和 λ_2 由(4.17)和(4.20)组成的下列微分方程组:

$$\begin{cases} \dfrac{\mathrm{d}x_1}{\mathrm{d}t} = x_1(\varepsilon_1 - r_{11}x_1 + r_{21}x_2) + (s_1 + \lambda_1)/2c_{11} + (s_2 + \lambda_2)/2c_{21} \\ \dfrac{\mathrm{d}x_2}{\mathrm{d}t} = x_2(\varepsilon_2 - r_{22}x_2 + r_{12}x_1) + (h_1 + \lambda_1)/2c_{12} + (h_2 + \lambda_2)/2c_{22} \\ \dfrac{\mathrm{d}\lambda_1}{\mathrm{d}t} = 2(b_1 + b_2)(x_1 - \bar{x}_1) - \lambda_1(\varepsilon_1 - 2r_{11}x_1 + r_{21}x_2) - \lambda_2 r_{12} x_2 \\ \dfrac{\mathrm{d}\lambda_2}{\mathrm{d}t} = 2(b_1 + b_2)(x_2 - \bar{x}_2) - \lambda_2(\varepsilon_2 - 2r_{22}x_2 + r_{12}x_1) - \lambda_1 r_{21} x_1 \end{cases}$$

(4.21)

求得。初始条件和边界条件为

$$x_1(0) = x_1^0, \ x_2(0) = x_2^0; \ \lambda_1(T) = \lambda_2(T) = 0$$

对寻求的最优控制 $u^*(t) = (u_1^*(t), u_2^*(t))$ 和 $v^*(t) = (v_1^*(t), v_2^*(t))$，不等式：

$$P(u^*(t), v^*(t)) \geqslant P(u(t), v(t))$$

对协同双方允许的程序控制成立。所以：

$$P(u^*(t), v^*(t)) = P_1(u^*(t), v^*(t)) + P_2(u^*(t) \\ v^*(t)) \geqslant P_1(u^0(t), v^0(t)) + P_2(u^0(t), v^0(t))$$

式中，$(u^*(t), v^*(t))$ 是纳什均衡状态。将微分方程组(4.21)求得的解代入到(4.18)和(4.19)算出该纳什均衡态的值，即学研方和企业获取最大整体利益时的纳什均衡投入。

4.4 博弈模型的仿真分析

4.4.1 合作博弈的仿真分析

为了探索学研方和企业在合作博弈状态下的纳什均衡投入、

第4章 基于知识流的产学研协同创新主体利益博弈模型

最优获利能力以及速度影响系数、共生作用系数和资源限制水平对其的影响,对所求得的微分方程组进行仿真。相应的参数赋值如下:动态控制模型和目标收益函数中的参数赋值如表 4.1 所示,其中动态控制模型中的速度影响系数、共生作用系数、资源限制水平的取值皆在(0,1)之间;学研方知识产出量和企业知识吸收量的初值 $(x_1^0, x_2^0) = (1, 0)$;平衡态的值 $(\bar{x}_1, \bar{x}_2)$ 由

$$(\bar{x}_1, \bar{x}_2) = \left(\frac{\varepsilon_1 r_{22} + \varepsilon_2 r_{21}}{r_{11} r_{22} - r_{12} r_{21}}, \frac{\varepsilon_1 r_{12} + \varepsilon_2 r_{11}}{r_{11} r_{22} - r_{12} r_{21}} \right)$$

计算所得。为使解的结果有意义,调整参数的取值需满足 $r_{11} r_{22} > r_{12} r_{21}$。

表 4.1 仿真参数赋值表

参数	ε_1	ε_2	r_{11}	r_{22}	r_{12}	r_{21}	a_1	a_2	c_{11}
赋值	0.2	0.3	0.3	0.5	0.25	0.2	3	5	2
参数	s_1	s_2	h_1	h_2	b_1	b_2	c_{21}	c_{12}	c_{22}
赋值	22	35	38	40	4	5	4	3	5

仿真计算学研方和企业在合作博弈状态下的纳什均衡解 $(u^*(t), v^*(t))$。考察知识产出中的纳什均衡投入 $m_1 = u_1^* + v_1^*$ 随知识产出量以及知识转移过程中的纳什均衡总投 $m_2 + u_2^* + v_2^*$ 随知识吸收量的变化关系(见图 4.2)。当各控制投入遵循上述曲线变化时可以获得整体最大收益。从图 4.2 知,纳什均衡投入 m_1 和 m_2 均呈抛物趋势变化,即均衡投入随知识产出量和吸收量先减小再增大。这是因为前期的准备工作需要耗费大量的投入,随着各种条件不断成熟,学研方和企业的产出效率不断增加,需要的均衡投入减少,但是由于需求量、成本等因素,其产出不可能无限增大,因此随着产出增大产出效率逐渐降低,边际成本增加,所需要的均衡投入也就随之增加。注意到 m_1 比 m_2 上升趋势更快,

可能的原因是知识产出的难度比知识转移更大,因此需要的边际投入也更大。

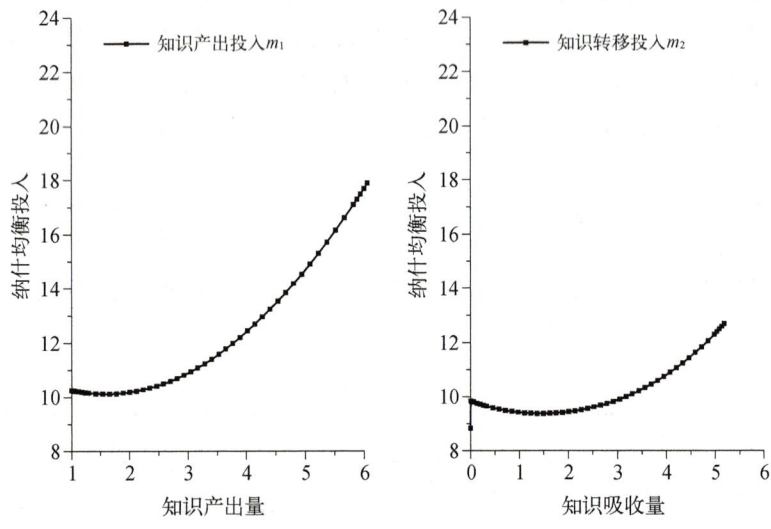

图 4.2　投入随知识量的变化关系

将所求得的纳什均衡解 $(u^*(t), v^*(t))$ 代入目标利润函数,可以得到某一时刻学研方和企业在合作博弈状态下的整体最大收益 $p^*(t)$,那么产学研单位投入可以获取的最大收益,即单位投入的最优获利能力可以表示为

$$y = \frac{p^*}{u_1^* + u_2^* + v_1^* + v_2^*}$$

分析 y 随知识产出量和知识吸收量的变化关系(见图 4.3)。由图 4.3 知,最优获利能力随知识量的变化曲线为抛物线,呈先上升再下降的趋势。这是因为在产学研之初,随着各种条件不断成熟,产学研的最优获利能力随系统内的知识量不断增加,但是由于需求量、资源限制等因素的制约,其获利能力不可能无限增大,因此当

系统内的知识量达到某一个点后最优获利能力逐渐减小。对于学研方而言,当知识产出量增加到一定程度后,可能会因为知识产能过剩而不能即时转移出去,造成知识留滞从而使单位投入的获利能力逐渐减小。对于企业而言,当吸收的知识量大到一定程度后,可能会因为吸收能力、市场需求等限制因素使知识难以即时转化成现实生产力而造成知识资源的浪费,从而拉低单位投入的获利能力。

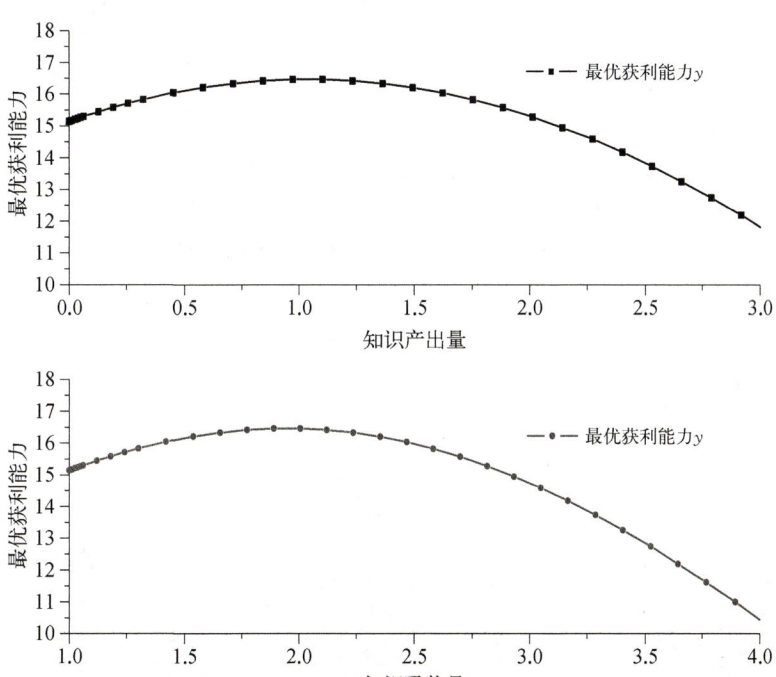

图 4.3　最优获利能力随知识产出量和知识吸收量的变化关系

在满足 $r_{11}r_{22} > r_{12}r_{21}$ 的基础上改变共生作用系数,考察某一时刻其与纳什均衡总投入 $k = u_1^* + u_2^* + v_1^* + v_2^*$ 及最优获利能力 y 之间的关系(见图 4.4)。由图 4.4 知,当提高共生作用系数 r_{12} 和

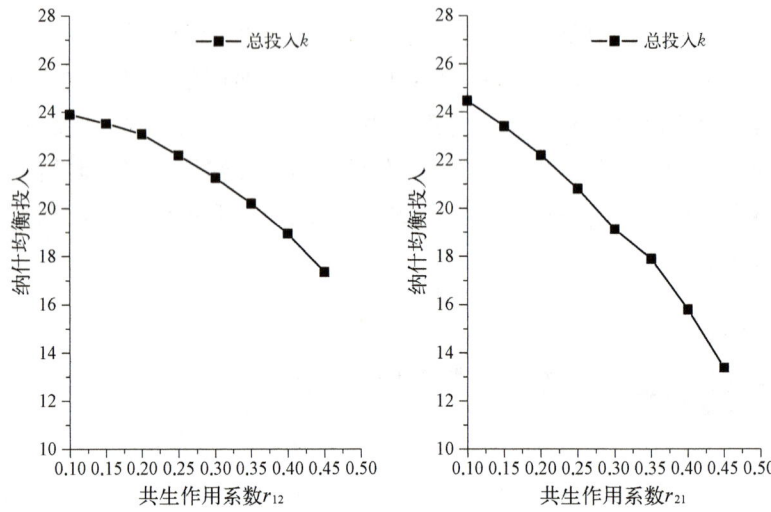

图 4.4(a) 共生作用系数对总投入的影响

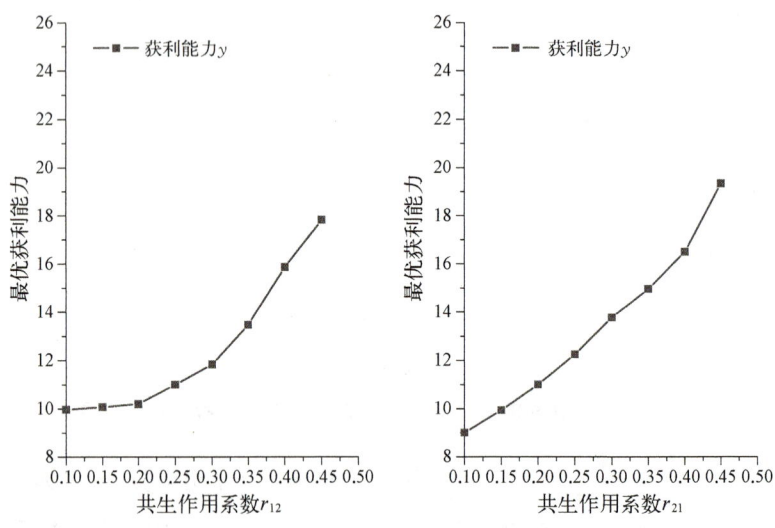

图 4.4(b) 共生作用系数对获利能力的影响

r_{21} 时,纳什均衡总投入随之下降,最优获利能力随之提高。这是因为学研方和企业间的合作关系影响了知识转移效果[179],双方间共生影响作用的提高为获取最大利润节省了投入资本,从而提高了其最优获利能力。因此应加强学研方和企业之间的交流与联系,提高双方间的合作契合度,从而充分利用双方间的共生影响作用。

在满足 $r_{11}r_{22} > r_{12}r_{21}$ 的基础上改变资源限制水平,考察某一时刻其与纳什均衡总投入 $k = u_1^* + u_2^* + v_1^* + v_2^*$、最优获利能力 y 之间的关系(见图 4.5)。由图 4.5 知,当提高资源限制水平 r_{11} 和 r_{22} 时,纳什均衡总投入随之上升,最优获利能力则随之下降。这是因为学研方和企业的知识转移技术、知识转移工具等资源的限制水平加大使得双方的知识转移受到的阻碍增加,从而不利于最大利润的获取。正如 SZ ULANSKIG[180]认为的,在知识转移过程中,知识转移者的转移能力影响着知识转移效率。

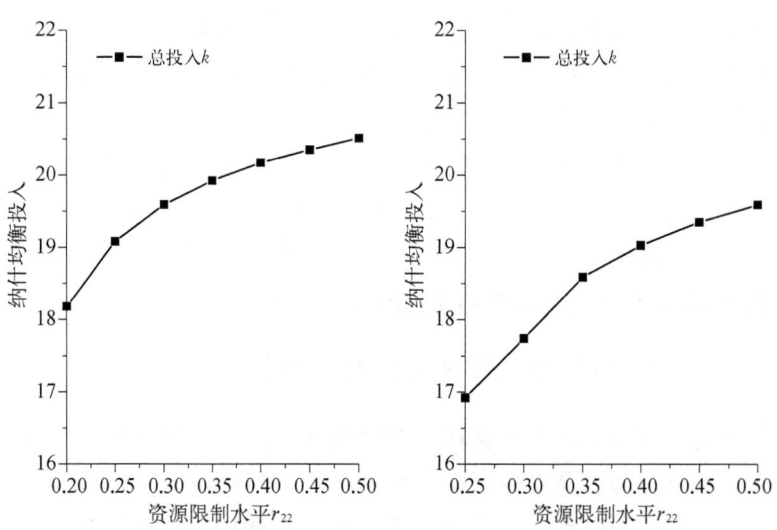

图 4.5(a)　资源限制水平对总投入的影响

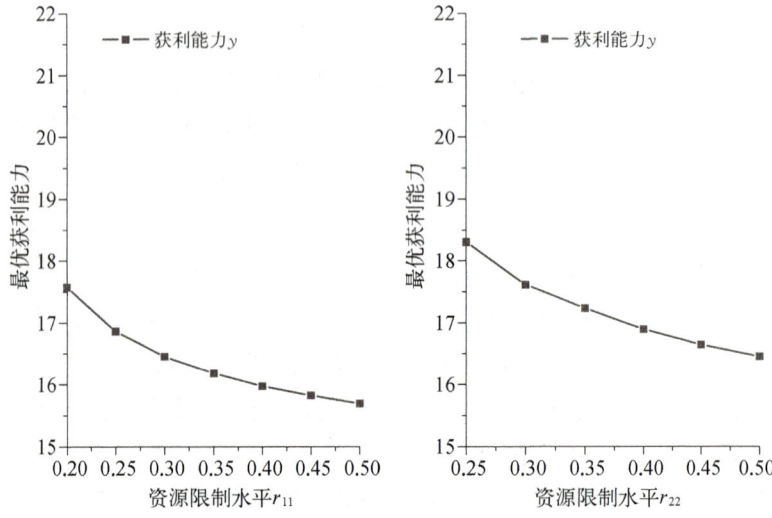

图 4.5(b)　资源限制水平对获利能力的影响

由速度影响系数 $\varepsilon_1 = \eta_1 v$、$\varepsilon_2 = \eta_2 v$ 知,在速度影响因子 η_1,η_2 不变的情况下,知识的流动速度越快,速度影响系数越大,因此可以通过变动速度影响系数来考察产学研协同创新主体间的知识流动速度对其纳什均衡总投入 $k = u_1^* + u_2^* + v_1^* + v_2^*$ 和最优获利能力 y 的影响关系(见图 4.6)。由图 4.6 知,当提高速度影响系数 ε_1 和 ε_2 时,纳什均衡总投入随之下降,最优获利能力则随之上升。可见知识流动速度越快,越顺畅越有利于为产学研协同创新节省投入,越有利于其整体获利能力的提升。

4.4.2　竞争与合作博弈的对比仿真分析

为了探索学研方和企业在竞争博弈状态下的纳什均衡投入、最优获利能力以及参数变动对其的影响,对竞争博弈所求得的微分方程组进行仿真。为了使分析结果不至烦琐,不再单独分析竞争博弈的仿真结果,而将其与合作博弈的仿真结果进行对比分析,

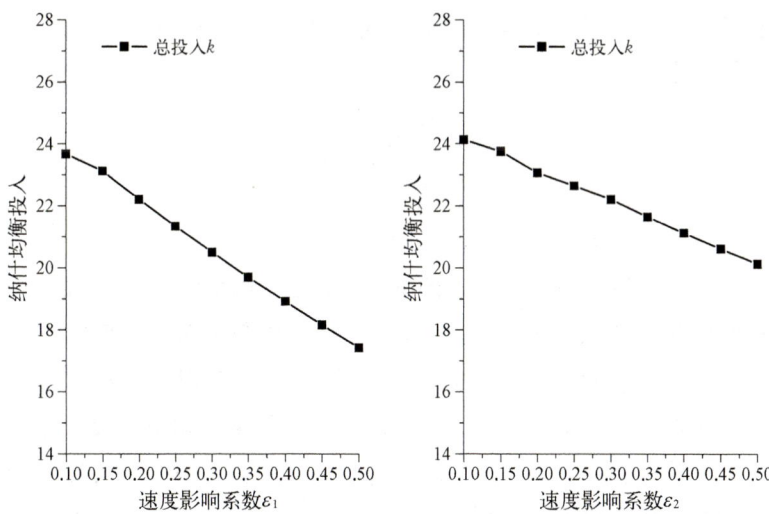

图 4.6(a)　速度影响系数对总投入的影响

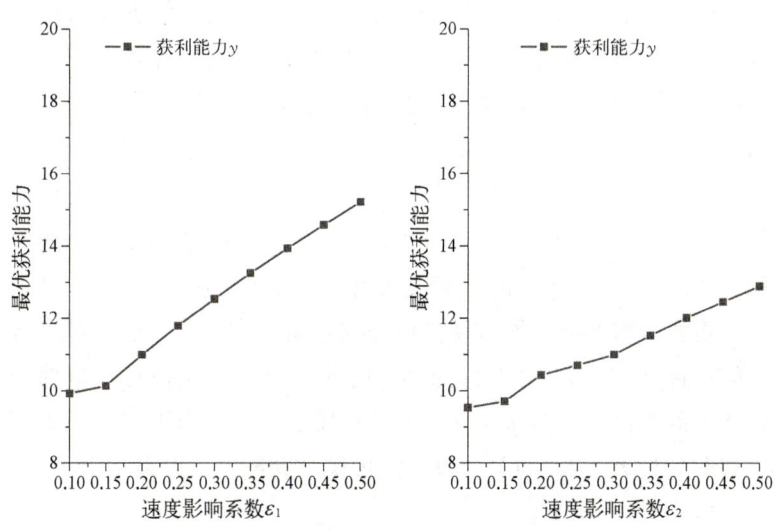

图 4.6(b)　速度影响系数对获利能力的影响

考察两种博弈方式对产学研协同创新主体利益的影响。竞争博弈状态下的参数取值范围与合作博弈时相同,其参数取值如表 5.1 所示。平衡态为

$$(\bar{x}_1, \bar{x}_2) = \left(\frac{\varepsilon_1 r_{22} + \varepsilon_2 r_{21}}{r_{11} r_{22} - r_{12} r_{21}}, \frac{\varepsilon_1 r_{12} + \varepsilon_2 r_{11}}{r_{11} r_{22} - r_{12} r_{21}} \right)$$

调整参数的取值同样需满足 $r_{11} r_{22} > r_{12} r_{21}$。

仿真计算竞争博弈状态的纳什均衡解 $(u^0(t), v^0(t))$ 以及合作博弈状态的 $(u^*(t), v^*(t))$。对竞争和合作两种博弈状态下学研方和企业的知识转移情况进行分析,得到学研方的纳什均衡总投入随知识产出量的变化关系以及企业的纳什均衡总投入随知识吸收量的变化关系(见图 4.7)。其中,学研方在竞争和合作博弈下的纳什均衡总投入分别为 $u^0 = u_1^0 + u_2^0$ 和 $u^* = u_1^* + u_2^*$,企业在竞争和合作博弈下的纳什均衡总投入分别为 $v^0 = v_1^0 + v_2^0$ 和 $v^* = v_2^* + v_2^*$,当学研方和企业的控制投入遵循上述曲线变化时可以获得最大收益。从图 4.7 知,与合作博弈状态一样,竞争状态下的学研方和企业的纳什均衡投入均呈抛物线趋势变化,即均衡投入随知识产出量和吸收量先减小再增大。竞争博弈状态下均衡投入的上升趋势比合作博弈状态下更缓,可能的原因是在产学研协同创新的后期,合作博弈状态下知识的产出和吸收效率比竞争博弈状态下降更快,所需要的均衡投入也就增加的更快。

将竞争博弈状态所求得的纳什均衡解 $(u^0(t), v^0(t))$ 带入各自的目标利润函数,可以得到某一时刻学研方和企业在竞争博弈状态下的总最大收益 $p_1^0(t) + p_2^0(t)$,那么竞争博弈下单位投入可以获取的最大收益,即单位投入的最优获利能力可以表示为

$$y_1 = \frac{p_1^0 + p_2^0}{u_1^0 + u_2^0 + v_1^0 + v_2^0}$$

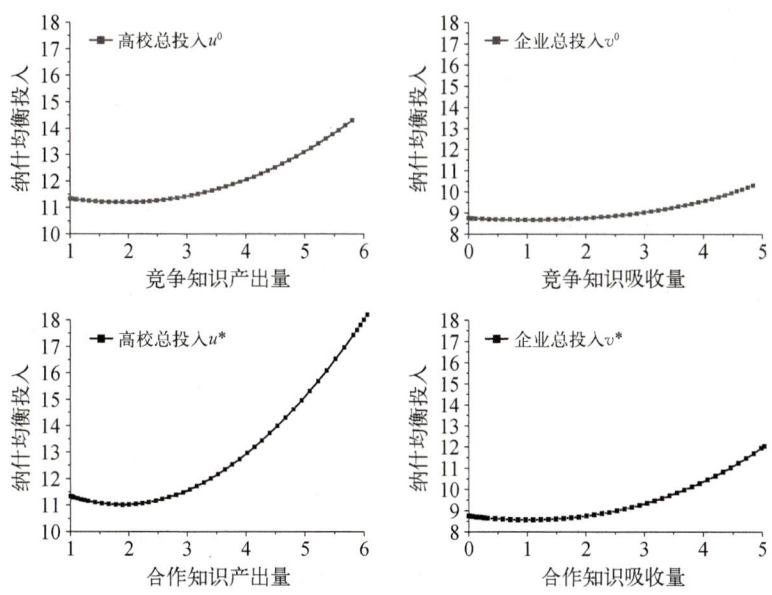

图 4.7 投入随知识量的变化关系

分析 y_1 和 y_2 随知识产出量和知识吸收量的变化关系(见图 4.8)。由图 4.8 知,与合作博弈一样,竞争博弈状态下的最优获利能力随知识量的变化曲线为抛物线,呈先上升再下降的趋势。说明,不管是竞争博弈还是合作博弈,其获利能力都不可能无限增大,都要受到需求量、资源限制等因素的制约。注意到竞争与合作博弈状态下的最优获利能力不同,说明博弈方式会影响产学研的利润获取能力。前期,竞争博弈状态的获利能力要优于合作博弈状态,但是随着系统内的知识量不断增加,合作博弈的获利能力反超竞争博弈,可能是因为学研方与企业间的合作关系日渐紧密提升了整体的获利能力。

在满足 $r_{11}r_{22} > r_{12}r_{21}$ 的基础上改变共生作用系数,对比分析某一时刻两种博弈状态下共生作用系数对总均衡投入、最优获利能力的影响关系(见图 4.9)。其中,竞争博弈的纳什均衡总投入为

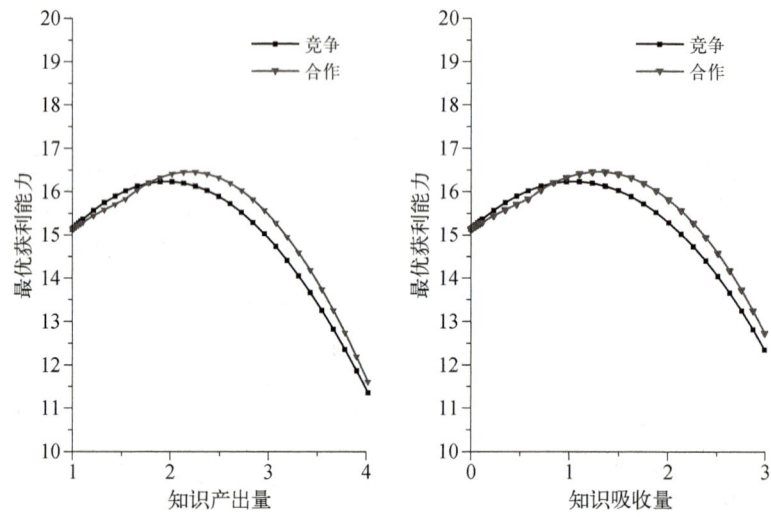

图 4.8 最优获利能力随知识量的变化关系

$k_1 = u_1^0 + u_2^0 + v_1^0 + v_2^0$,合作博弈的纳什均衡总投入为 $k_2 = u_1^* + u_2^* + v_1^* + v_2^*$。由图 4.9 知,当提高共生作用系数 r_{12} 和 r_{21} 时,两种博弈状态的总均衡投入都在下降,最优获利能力都在提高。

另外,由图 4.9 知,共生作用系数提高幅度相同时,合作博弈状态的总投入均衡曲线比竞争博弈状态下降更快,获利能力也上升更快。当共生作用系数超过 0.3 时,合作博弈的最优获利能力超过了竞争博弈。这就意味着相对于竞争博弈而言,合作博弈的纳什均衡投入和最优获利能力对共生作用提高更敏感,加强双方间的共生影响作用对其节省资源更有利。因此,学研方和企业在选择博弈方式时,应充分考虑共生作用对获利能力的影响。当双方间共生作用系数较小时,可以选择追求各自利益的竞争博弈;当共生作用较大时,则可以选择追求整体利润的合作博弈。

改变速度影响系数 ε_1 和 ε_2,考察竞争博弈和合作博弈两种状态下产学研协同创新主体间的知识流动速度对其纳什均衡总投入

第 4 章 基于知识流的产学研协同创新主体利益博弈模型

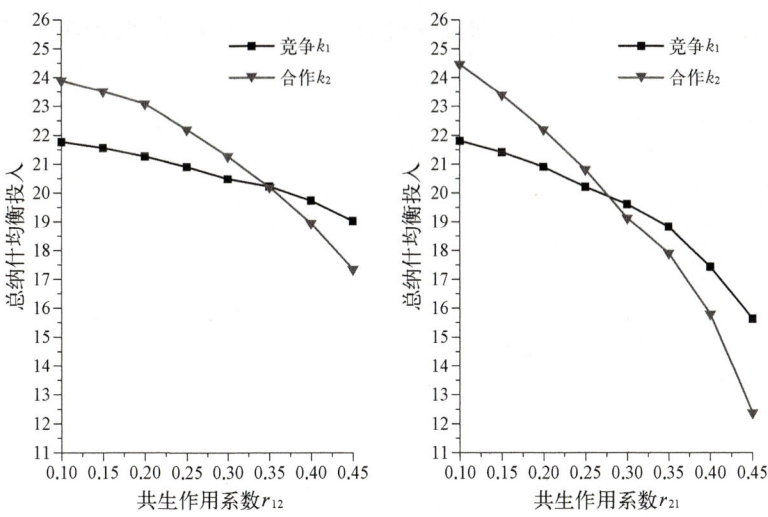

图 4.9(a) 共生作用系数对总投入的影响

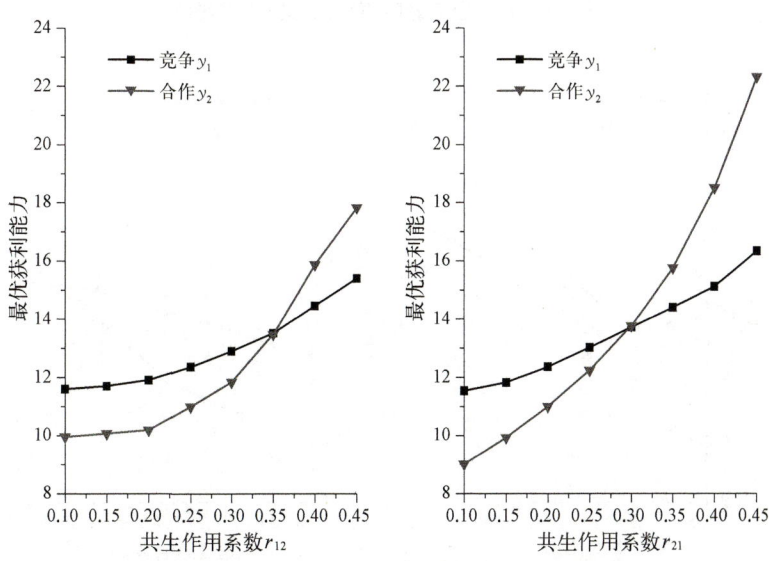

图 4.9(b) 共生作用系数对获利能力的影响

$k=u_1^* + u_2^* + v_1^* + v_2^*$、最优获利能力 y 的影响关系(见图 4.10)。由图 4.10 知,当提高速度影响系数 ε_1 和 ε_2 时,两种博弈状

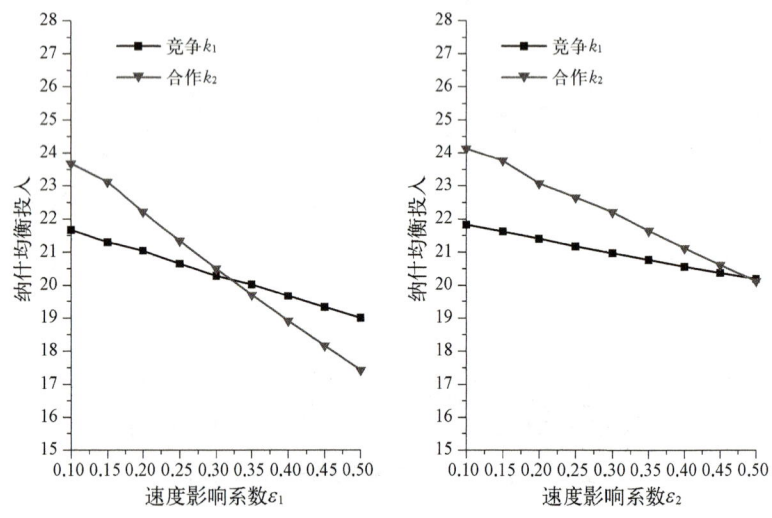

图 4.10(a)　速度影响系数对总投入的影响

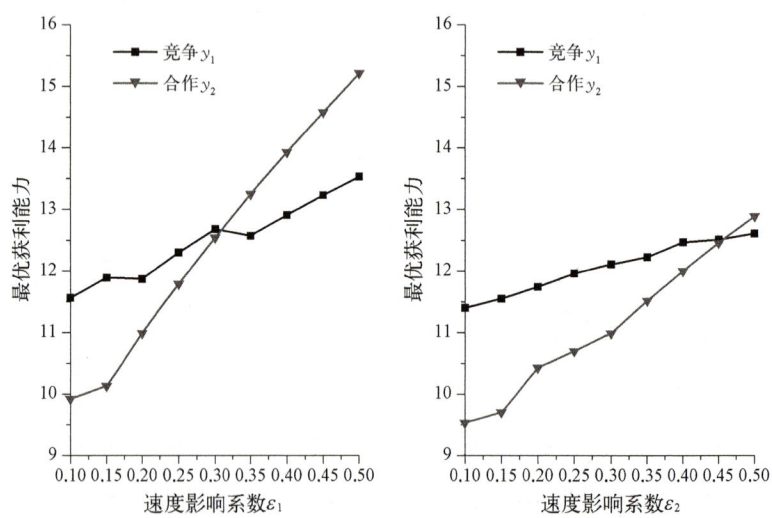

图 4.10(b)　速度影响系数对获利能力的影响

态下的纳什均衡总投入均随之下降，最优获利能力均随之上升。可见加快知识流动速度可以促进产学获利能力的提升。对比两种博弈状态，发现合作博弈状态下知识流动速度的影响更加明显。这是因为学研方和企业采用合作博弈方式时，学研方和企业之间的交流更加密切，流动的知识量也更多，所以合作博弈状态下均衡投入和获利能力对知识流动速度的提高更敏感，知识流动的速度对其的影响更大。

4.5　本章小结

本章分析了产学研协同创新中的博弈机制以及知识流与产学研协同创新主体的利益关系。在此基础上，结合知识流的动力学模型，建立了知识产出量和知识吸收量的动态控制模型以及学研方和企业的目标收益函数，从而构建出基于知识流的产学研协同创新主体利益博弈模型。并分别对追求整体利益最大的合作博弈和追求个体利益最大的竞争博弈进行分析；根据模型的分析结果，对模型的合作博弈进行仿真，并进一步分析竞争博弈与合作博弈的对比情况。

第5章
企业激励作用下产学研协同演化博弈及优化研究

5.1 问题描述与假设

5.1.1 问题描述

创新驱动发展战略是推动以企业为主体的产学研协同创新深度融合的根本途径,产学研协同创新是打通企业创新链条、促进创新发展的重要手段。近年来,我国产学研协同创新日益加强,企业通过协同创新实现转型升级的需求日益迫切,但由于高校缺乏产学研协同创新的积极性,企业需求的创新动力不足,企业与高校之间存在一定的协同壁垒。因此,企业的激励对优化产学研协同创新的效率、打破产学研协同壁垒具有现实意义。

目前,国内外学者已对产学研协同创新进行了研究,多数学者认为协同创新对企业的发展有重要作用。Baykara 等[181]研究发现,产业共性技术系统研发工作的复杂性促使企业必须寻求高校进行协同。Bočková 等[182]认为产学研协同研发能够提高创新型企业的绩效水平。李成龙等[183]认为产学研互动模式的演化关系有利于协同创新。蒋伏心等[184]研究发现产学研协同对企业创新产出有重要作用。现有的研究中可以发现学者们较多的关注产学研协同政策、协同机制、网络特征等因素对产学研协同创新的影响。林庆藩等[185]研究了产学研协同政策对校企技术合作绩效的影响。冯海燕[186]认为有效的产学研协同机制可以解决产学研脱节的状况。王珊珊等[187]研究了专利产学研协同的阶段演化特征和网络属性。张艺等[188]研究了产学研协同网络特征对中国科学院基础研究绩效的影响。曹霞等[189]研究了影响产学研协同创新稳定性的因素。

产学研协同创新的博弈情况较为复杂,不少学者通过演化博弈的方法对影响产学研协同创新的因素进行了研究。陈劲等[190]将协同创新引入产学研协同演化博弈中,考察协同行为演化的机理、协同的持续性以及均衡的稳定性。孙舰等[191]构建项目合作网络内企业间知识转移与知识保护策略的演化博弈模型,探讨各个因素对其路径演化及知识转移策略制定的影响作用。曹霞等[192]运用演化博弈理论,在有限理性条件下构建了协同创新网络下产学研协同的演化博弈模型,将纳什等价博弈与协同学序参量方法引入模型,确定产学研协同创新网络协同演化路径。王小杨等[193]建立惩罚机制,并把惩罚和收益关联起来,得出惩罚约束存在下多人多策略的产学研协同演化情况。武洋[194]基于中介协调型协同模式,对高校、企业及科技中介平台三类参与成员进行利益分配的博弈分析。

以往学者的研究为本章研究产学研协同创新优化问题提供了有益的借鉴。但多数学者只研究各种因素对产学研协同创新的影响,并没有在优化产学研协同方向做出深入的研究。因此,本章在相关的研究基础上,将企业激励因素引入产学研协同创新模型中,构建了企业激励因素存在与否的两种产学研协同创新博弈模型,求得两种模型下的稳定均衡解,通过数值分析比较两种模型情况下的产学研协同创新效率。并着重分析了企业激励系数的阈值及最优值。

5.1.2 模型假设

本章研究企业激励对产学研协同创新的优化问题,综合考虑影响产学研协同创新的因素,做出如下假设:

(1) 博弈主体。本章研究的产学研协同创新共有两类博弈主体,分别是高校和企业。企业想要获得技术创新,需要寻求高校的协同,集聚高校的人才、技术等资源;高校通过产学研协同能够获得企业的资金支持。

(2) 行为选择。在产学研协同创新博弈过程中,企业按照自身的需要选择进行产学研协同创新,也可以选择不进行产学研协同创新,其策略选择是{协同,不协同};高校的策略选择也是{协同,不协同}。

(3) 协同收益。$\Pi_i(i=1,2)$ 表示各主体独立研发带来的收益,Π_1 表示企业独立研发的收益,Π_2 表示高校独立研发的收益。当企业与高校同时选择协同时,会产生协同创新收益 Π,各主体对协同创新收益的分配比例为 $\theta_i(i=1,2;\theta_1+\theta_2=1;\theta_1>\theta_2>0)$,企业可以获得 $\theta_1\Pi$ 的协同创新收益,高校可以获得 $\theta_2\Pi$ 的协同创新收益。因此,企业的协同收益为 $(\Pi_1+\theta_1\Pi)$,高校的协同收益为 $(\Pi_2+\theta_2\Pi)$。

(4) 协同成本。企业与高校选择协同时,需要付出一定的成本,包括人力、物力、财力及相关费用等成本,各主体产生的协同成本为 $C_i(i=1,2)$,企业与高校的协同成本分别为 C_1、$C_2(C_1>C_2)$。

(5) 惩罚。为避免一方出现不协同的情况,当企业选择协同而高校选择不协同时,企业会对高校进行一定程度的惩罚 S_2;当高校选择协同而企业选择不协同时,高校会对企业进行一定程度的惩罚 S_1。

(6) 协同意愿。在博弈模型中,企业和高校根据自身的协同意愿进行策略选择,企业的协同意愿为 x,不协同意愿为 $1-x$;高校的协同意愿为 y,不协同意愿为 $1-y$;且 $x,y \in [0,1]$。

5.2 演化博弈模型构建

5.2.1 企业与高校协同博弈模型

根据模型假设,得到产学研协同创新中企业与高校协同博弈的支付矩阵如表 5.1 所示。

表 5.1 企业与高校协同博弈支付矩阵

企业＼高校	协同(y)	不协同($1-y$)
协同(x)	$\Pi_1+\theta_1\Pi-C_1$ $\Pi_2+\theta_2\Pi-C_2$	$\Pi_1-C_1+S_2$ Π_2-S_2
不协同($1-x$)	Π_1-S_1 $\Pi_2-C_2+S_1$	Π_1 Π_2

根据支付矩阵,求解企业与高校的演化稳定策略。

企业选择协同时的期望收益为:

$$E_{11}=y(\Pi_1+\theta_1\Pi-C_1)+(1-y)(\Pi_1-C_1+S_2)$$
$$=y\theta_1\Pi+\Pi_1-C_1+(1-y)S_2$$

企业选择不协同时的期望收益为:

$$E_{12}=y(\Pi_1-S_1)+(1-y)\Pi_1$$
$$=\Pi_1-yS_1$$

企业的平均收益为:

$$\bar{E}_1 = xE_{11} + (1-x)E_{12}$$
$$= x[y\theta_1\Pi - C_1 + yS_1 + (1-y)S_2] + \Pi_1 - yS_1$$

构造企业产学研协同的复制动态方程：

$$F(x) = \frac{dx}{dt} = x(E_{11} - \bar{E}_1)$$
$$= x(1-x)[y\theta_1\Pi - C_1 + yS_1 + (1-y)S_2]$$

同理，构造高校产学研协同的复制动态方程：

$$F(y) = \frac{dy}{dt} = y(E_{21} - \bar{E}_2)$$
$$= y(1-y)[x\theta_2\Pi - C_2 + (1-x)S_1 + xS_2]$$

于是，企业与高校的协同的演化可以用两个微分方程组成的系统来描述。由 $F(x)=0$ 和 $F(y)=0$ 可以得到五个局部平衡点，分别为：$E_1(0,0)$，$E_2(1,0)$，$E_3(0,1)$，$E_4(1,1)$，$E_5\left(\dfrac{C_2-S_1}{\theta_2\Pi-S_1+S_2},\dfrac{C_1-S_2}{\theta_1\Pi+S_1-S_2}\right)$。

对微分方程组 $F(x)$ 和 $F(y)$ 依次求关于 x，y 的偏导数得到：

$$J = \begin{pmatrix} (1-2x)[y\theta_1\Pi - C_1 \\ + yS_1 + (1-y)S_2] & x(1-x)(\theta_1\Pi + S_1 - S_2) \\ y(1-y)(\theta_2\Pi - S_1 + S_2) & (1-2y)[x\theta_2\Pi - C_2 \\ & + (1-x)S_1 + xS_2] \end{pmatrix}$$

当某平衡点使得雅可比矩阵的行列式 $\det(J)>0$ 且雅可比矩阵的迹 $\text{tr}(J)<0$ 时，则可以判断该平衡点就处于局部渐进稳定状态，那么它也就是演化稳定策略。结果如表 5.2 所示。

表 5.2 协同局部稳定性分析结果

均衡点	J 的行列式 (符号)	J 的迹 (符号)	结果
$E_1(0,0)$	$(S_2-C_1)(S_1-C_2)$ $(+)$	$S_2-C_1+S_1-C_2$ $(-)$	ESS
$E_2(1,0)$	$(C_1-S_2)(\theta_2\Pi-C_2+S_2)$ $(+)$	$\theta_2\Pi+C_1-C_2$ $(+)$	不稳定
$E_3(0,1)$	$(\theta_1\Pi-C_1+S_1)(C_2-S_1)$ $(+)$	$\theta_1\Pi-C_1+C_2$ $(+)$	不稳定
$E_4(1,1)$	$(\theta_1\Pi-C_1+S_1)(\theta_2\Pi-C_2+S_2)$ $(+)$	$\theta_1\Pi-C_1+S_1+\theta_2\Pi_1-C_2+S_2$ $(-)$	ESS
$E_5\left(\dfrac{C_2-S_1}{\theta_2\Pi-S_1+S_2},\dfrac{C_1-S_2}{\theta_1\Pi+S_1-S_2}\right)$			鞍点

表 5.2 中均衡点的判断条件是 $S_i<C_i$ 且 $\theta_i\Pi>C_i$。由表 5.2 可知,协同的五个局部平衡点仅有 $E_1(0,0)$ 和 $E_4(1,1)$ 是局部渐近稳定点(ESS),它们分别对应企业与高校都采取协同策略和都采取不协同策略,此外,协同博弈系统还有两个局部稳定平衡点和一个鞍点。

5.2.2 企业激励下企业与高校协同博弈模型

产学研协同创新协同中,高校的收益较少,其协同意愿往往较低,因此企业与高校达成协同的时间较长。为了鼓励高校参与产学研协同,企业将自己的部分协同收益拿出来激励高校,激励比例为 $\delta(\delta\in[0,1])$。企业激励下企业与高校协同的支付矩阵如表 5.3 所示。

表 5.3 企业激励下企业与高校协同博弈支付矩阵

企业＼高校	协同(y)	不协同($1-y$)
协同(x)	$(1-\delta)(\Pi_1+\theta_1\Pi-C_1)$ $(\Pi_2+\theta_2\Pi-C_2)+\delta(\Pi_1+\theta_1\Pi-C_1)$	$\Pi_1-C_1+S_2$ Π_2-S_2
不协同($1-x$)	Π_1-S_1 $\Pi_2-C_2+S_1$	Π_1 Π_2

根据表 5.3,求解企业激励下企业与高校的演化稳定策略。
企业选择协同时的期望收益为:

$$E'_{11} = y((1-\delta)(\varPi_1 + \theta_1 \varPi - C_1)) + (1-y)(\varPi_1 - C_1 + S_2)$$
$$= (1-\delta)y\theta_1 \varPi + (1-y\delta)(\varPi_1 - C_1) + (1-y)S_2$$

企业选择不协同时的期望收益为:

$$E'_{12} = y(\varPi_1 - S_1) + (1-y)\varPi_1$$
$$= \varPi_1 - yS_1$$

企业的平均收益为:

$$\overline{E}'_1 = xE'_{11} + (1-x)E'_{12}$$
$$= (1-\delta)xy\theta_1\varPi - xy\delta\varPi_1 + xy\delta C_1 - xC_1$$
$$+ x(1-y)S_2 - (1-x)yS_1 + \varPi_1$$

构造企业产学研协同的复制动态方程:

$$F'(x) = \frac{\mathrm{d}x}{\mathrm{d}t} = x(E'_{11} - \overline{E}'_1)$$
$$= x(1-x)((1-\delta)y\theta_1\varPi - y\delta\varPi_1$$
$$+ y\delta C_1 - C_1 + (1-y)S_2 + yS_1)$$

高校选择协同时的期望收益为:

$$E'_{21} = x(\varPi_2 + \theta_2\varPi - C_2 + \delta(\varPi_1 + \theta_1\varPi - C_1))$$
$$+ (1-x)(\varPi_2 - C_2 + S_1)$$
$$= x\theta_2\varPi + x\delta\theta_1\varPi + x\delta\varPi_1 + \varPi_2 - x\delta C_1$$
$$- C_2 + (1-x)S_1$$

高校选择不协同时的期望收益为:

第 5 章 企业激励作用下产学研协同演化博弈及优化研究

$$E'_{22} = x(\Pi_2 - S_2) + (1-x)\Pi_2$$
$$= \Pi_2 - xS_2$$

高校的平均收益为：

$$\bar{E}'_2 = yE'_{21} + (1-y)E'_{22}$$
$$= xy\theta_2\Pi + xy\delta\theta_1\Pi + xy\delta\Pi_1 + \Pi_2 - xy\delta C_1$$
$$- yC_2 + (1-x)yS_1 - x(1-y)S_2$$

构造高校产学研协同的复制动态方程：

$$F'(y) = \frac{\mathrm{d}y}{\mathrm{d}t} = y(E'_{21} - \bar{E}'_2)$$
$$= y(1-y)(x\theta_2\Pi + x\delta\theta_1\Pi + x\delta\Pi_1 - x\delta C_1$$
$$- C_2 + (1-x)S_1 + xS_2)$$

由 $F'(x) = 0$ 和 $F'(y) = 0$ 可以得到五个局部平衡点，分别为：$E'_1(0, 0)$，$E'_2(1, 0)$，$E'_3(0, 1)$，$E'_4(1, 1)$，$E'_5\left(\dfrac{C_2 - S_1}{\theta_2\Pi + \delta\theta_1\Pi + \delta\Pi_1 - \delta C_1 - S_1 + S_2}, \dfrac{C_1 - S_2}{(1-\delta)\theta_1\Pi - \delta\Pi_1 + \delta C_1 + S_1 - S_2}\right)$。

对微分方程组 $F'(x)$ 和 $F'(y)$ 依次求关于 x，y 的偏导数得到：

$$J' = \begin{pmatrix} (1-2x)[(1-\delta)y\theta_1\Pi & x(1-x)[(1-\delta)\theta_1\Pi - \delta\Pi_1 \\ -y\delta\Pi_1 + y\delta C_1 - C_1 & +\delta C_1 + S_1 - S_2] \\ +yS_1 + (1-y)S_2] & \\ y(1-y)(\theta_2\Pi + x\delta\theta_1\Pi & (1-2y)[x\theta_2\Pi + x\delta\theta_1\Pi \\ +\delta\Pi_1 - \delta C_1 - S_1 + S_2) & +x\delta\Pi_1 - x\delta C_1 - C_2 \\ & +(1-x)S_1 + xS_2] \end{pmatrix}$$

对雅可比矩阵的行列式 $\det(J)$ 和雅可比矩阵的迹 $\mathrm{tr}(J)$ 进行判断，可以得到演化稳定策略如表 5.4 所示。

表 5.4 企业激励下协同局部稳定性分析结果

均衡点	J'的行列式（符号）	J'的迹（符号）	结果
$E_1'(0,0)$	$(S_2-C_1)(S_1-C_2)$ $(+)$	$S_2-C_1+S_1-C_2$ $(-)$	ESS
$E_2'(1,0)$	$(C_1-S_2)(\theta_2\Pi+\delta\theta_1\Pi+\delta\Pi_1$ $-\delta C_1-C_2+S_2)$ $(+)$	$\theta_2\Pi+\delta\theta_1\Pi+\delta\Pi_1$ $-\delta C_1+C_1-C_2$ $(+)$	不稳定
$E_3'(0,1)$	$((1-\delta)\theta_1\Pi-\delta\Pi_1+\delta C_1$ $-C_1+S_1)(C_2-S_1)$ $(+)$	$(1-\delta)\theta_1\Pi-\delta\Pi_1$ $+\delta C_1-C_1+C_2$ $(+)$	不稳定
$E_4'(1,1)$	$((1-\delta)\theta_1\Pi-\delta\Pi_1$ $+\delta C_1-C_1+S_1)$ $(\theta_2\Pi+\delta\theta_1\Pi+\delta\Pi_1$ $-\delta C_1-C_2+S_2)$ $(+)$	$-(\theta_1\Pi+\theta_2\Pi-C_1$ $-C_2+S_1+S_2)$ $(-)$	ESS
$E_5'\left(\dfrac{C_2-S_1}{\theta_2\Pi+\delta\theta_1\Pi+\delta\Pi_1-\delta C_1-S_1+S_2},\dfrac{C_1-S_2}{\theta_1\Pi-\delta\theta_1\Pi-\delta\Pi_1+\delta C_1+S_1-S_2}\right)$			鞍点

表 5.4 中均衡点的判断条件是 $S_i<C_i$ 且 $\theta_i\Pi>C_i$。由表 5.4 可知，在企业激励下的局部平衡点 $E_1'(0,0)$ 和 $E_4'(1,1)$ 是局部渐近稳定点（ESS），它们分别对应企业与高校都采取协同策略和都采取不协同策略。

5.2.3 演化相图

两种协同博弈模型下都存在两个局部渐近稳定点（ESS），即（协同，协同）和（不协同，不协同），但是两个系统的鞍点不同，由图 5.1 可知，均衡点 E_5 和折线 $E_3E_5E_2$ 分别是协同演化博弈不同状态的临界点和临界线，均衡点 E_5' 和折线 $E_3'E_5'E_2'$ 分别是企业激励下协同演化博弈不同状态的临界点和临界线。临界点的大小决定着临界线的移动方向，临界点 E_5、E_5' 的值越大，临界线 $E_3E_5E_2$、$E_3'E_5'E_2'$ 越偏右上方移动，区域 $E_3E_5E_2E_4$、$E_3'E_5'E_2'E_4'$ 的面积越大，表示企业与高校均选择"协同"策略的概率越小。

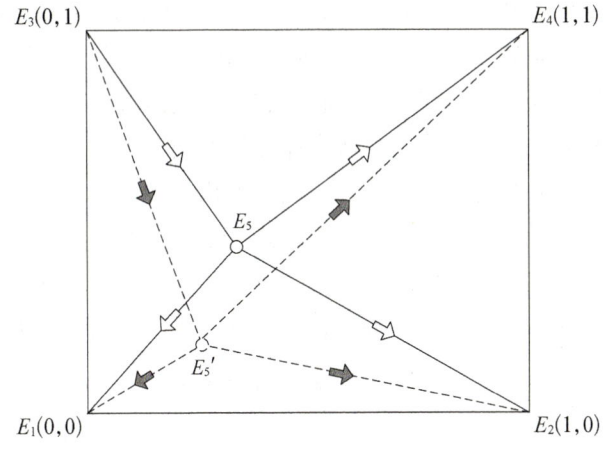

图 5.1　企业与高校协同演化相图

5.3　数值分析与结果讨论

选择中船动力有限公司与江苏科技大学的产学研协同创新案例进行数值分析。中船动力有限公司(以下简称中船动力)隶属于中国船舶工业集团公司,经过四十余年的发展,中船动力已形成以船用中、低速柴油机、中速柴油发电机组为主业,动力系统集成、电气系统集成、机械成套及海工设备"三位一体"的综合性船舶动力装置及设备研制型企业;江苏科技大学(以下简称江科大)是江苏省唯一一所以船舶为主要特色的省属重点大学,船舶方面的学科建设和科学研究成绩显著。近几年,随着船舶行业竞争激烈,盈利水平大幅下降,船舶企业面临的形势极为严峻,企业要在激烈的竞争环境中取得发展就必须通过技术创新实现企业的转型升级,而产学研协同对企业的技术创新、项目研发、产品开发等方面有着不可替代的作用。因此,中船动力与江科大签订战略协同框架协议,在多种基础性和前瞻性技术方面开展深入合作研究,从而形成良好的产学研协调发展体系,以促进企业转型。根据合作协议,双方将在协同创新、资本运作等方面加大合作力度,进一步加大中船动力与江科大之间的各层次科研合作和技术交流力度,所属企业、研究所与学校联合进行科研项目和成果申报。

本文不讨论惩罚的作用,假设企业对高校不参与协同的惩罚和高校对企业不参与协同的惩罚相等($S_1 = S_2$)。根据中船动力和江科大的协同情况得到各参数数值分析赋值,如表 5.5 所示。

表 5.5 参数数值分析赋值

参数	θ_1	θ_2	S_1	S_2	C_1	C_2	Π	Π_1	δ	x	y
含义	协同创新收益分配系数		惩罚		协同成本		协同创新收益	企业独立研发收益	企业激励系数	初始协同意愿	
数值	0.8	0.2	60	60	120	70	300	80	0.2	0.5	0.3

5.3.1 两系统演化结果对比

图 5.2 是两个系统的演化结果对比。由图 5.2 可知,没有企业激励的系统中,企业与高校在点 A 达成协同;而在企业激励的系统中,企业与高校在点 A' 达成协同,系统达到协同的时间更短。这是因为虽然激励高校会使企业损失一部分收益,一开始企业的协同意愿会略有降低,但是企业适当的激励会促进高校协同意愿的增长,高校协同意愿的增长速度大于企业协同意愿的下降速度。因此,在企业激励的系统中企业与高校达成产学研协同的时间更短。从产学研协同长远的发展来看,产学研协同创新中更快的达成协同能够产生更多的收益,中船动力为了自身更长远的发展,应该对江科大给予一定的激励,以促进企业与高校的更快协同。

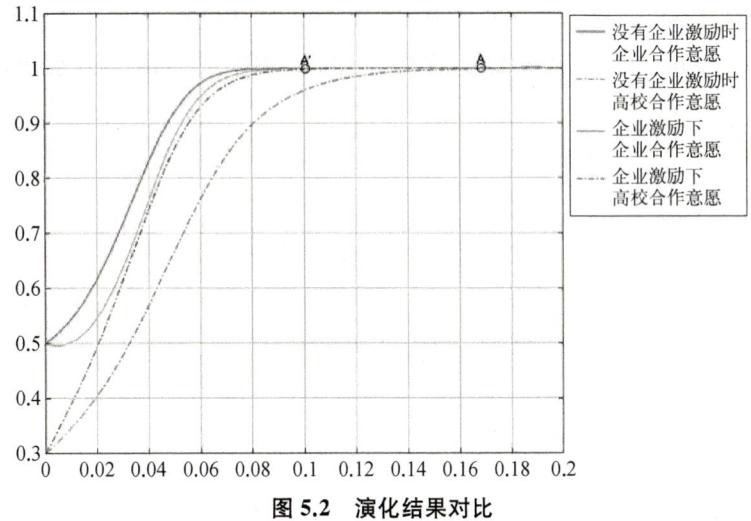

图 5.2 演化结果对比

5.3.2 企业激励系数 δ 变化对演化结果的影响

图 5.3(a) 和图 5.3(b) 是企业激励系数 δ 变化对企业与高校协同结果的影响。由图 5.3(a) 可知,当企业的激励系数 δ 为 0.1 时,企业与高校在点 B 达成协同;δ 为 0.2 时,企业与高校在点 B' 达成协同;δ 为 0.3 时,企业与高校在点 B'' 达成协同。即当 δ 为 0.2 时,企业与高校达成协同的时间最短;当 δ 小于 0.2 时,企业的协同意愿较高,但高校受到的激励较小,其协同意愿也较小;而当 δ 大于 0.2 时,尽管高校受到较大的激励,协同意愿增加,但由于企业付出的激励较多,其协同意愿也随之降低,系统最终达到协同的时间变长。由图 5.3(b) 可知,当企业的激励系数 δ 为 0.5 时,企业与高校在点 C 达成协同;当企业的激励系数 δ 为 0.55 时,企业与高校在点 C' 达成协同;而当企业的激励系数 δ 为 0.6 和 0.65 时,企业与高校分别在点 C'' 和点 C''' 达成不协同。即企业激励系数 δ 的阈值在 0.55~0.6 之间,当 δ 大于阈值时企业与高校收敛于 0,最终均

衡点趋向于(0,0);当 δ 小于阈值时企业与高校收敛于1,最终均衡点趋向于(1,1),此时 δ 的减少使得系统趋于协同的速度加快。

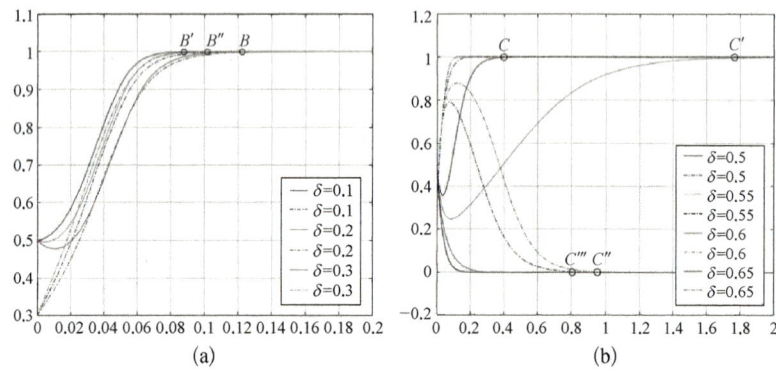

图 5.3 企业激励系数 δ 的影响

说明企业的激励系数对协同效果的影响呈现"倒 U 型",当企业的激励系数为 0.2 时协同效果最佳;企业的激励系数存在阈值,当企业的激励系数大于阈值时系统会趋于不协同。产学研协同创新中,中船动力需要以合理的激励比例激励江科大以促进产学研协同速度的加快。

5.3.3 结果讨论

通过两种博弈模型的对比,分析比较两种模型下企业与高校的协同效率及企业的最优激励系数,并通过研究中船动力与江科大产学研协同实例,分析得出以下结论与启示:

(1)企业激励对产学研协同创新有正向影响,能够提高产学研协同创新的效率。在产学研协同创新中,企业给予高校激励,提高了高校创新研发的积极性,加快了企业与高校的协同进程。因此,协同时适当给予高校激励有助于优化产学研协同创新。如我国的"十三五"等科技计划中,企业可适当给予高校一定的激励,更有利于协同双方共同盈利。

（2）企业激励的大小对产学研协同创新存在"倒 U 型"影响，且存在阈值。当企业激励较小时，高校研发创新的积极性不强，企业付出的激励达不到期望的效果，得不偿失；当企业激励较大时，虽然高校的创新研发热情较高，但企业由于付出高激励导致自身收益减少，企业最终选择不协同。因此，企业在与高校协同过程中，应适当给予激励，综合考虑协同创新项目的重要程度、协同金额、期望收益等因素给予高校部分激励。

5.4　本章小结

本章研究了企业激励因素对产学研协同创新的影响，构建了基于企业激励因素存在与否的两种产学研协同创新博弈模型，求得各自模型的稳定均衡解，并利用实例进行了数值和仿真分析。本章具体研究内容包括：

（1）考虑了产学研合作知识协同主体企业和高校之间的关系，分析了企业对高校是否进行激励的产学研合作知识协同演化博弈机制，分别构建了企业激励与非激励下的支付矩阵。

（2）通过求解复制动态方程，分别求得模型的均衡点，并对其演化相位图进行分析。

（3）以中船动力有限公司与江苏科技大学的产学研协同创新案例进行数值分析，对企业和高校在是否存在激励的情况下的策略选择的动态进化过程进行仿真，根据仿真分析结果，得到企业的激励系数对协同效果的影响。

第6章
产学研合作知识协同主体伙伴选择匹配模式与方法

本章将在第 1 章的国内外研究现状和第 2 章的相关概念界定和理论阐述的基础上,比较分析产学研合作知识协同主体两种不同的选择匹配方式,理论构建产学研合作知识转移主体选择过程模型。进一步地,将采用数学语言量化表示主体评价信息、期望信息、指标权重等,确定好产学研合作知识协同主体选择匹配目标,基于匹配目标建立产学研合作知识协同主体伙伴选择基本模型,并设计求解方法、分析选择结果。

6.1 产学研合作知识协同主体伙伴选择模式

6.1.1 主体伙伴选择匹配方式

高校与企业以产学研合作的形式进行知识转移行为以获得技术方面的支持,从而在产学研合作内部实现互利共赢、知识共享和优势互补的合作目标。通常,高校凭借着其雄厚的科技创新实力,寻求技术转化以获得科研回报,在合作中处于知识转移的供给方;企业拥有技术市场快速布局和产业化的营销能力,面向高校搜寻具有高附加价值的技术知识,在合作中处于知识转移的需求方。通过产学研合作所提供的交流平台,高校和企业开展知识转移活动,寻找最符合需求的合作伙伴。根据匹配方式进行划分,可将高校和企业的伙伴选择匹配分为单向选择匹配和双向选择匹配。

1. 单向选择匹配

单向选择匹配是指从单向的角度去考虑伙伴选择问题,一方主体在伙伴选择的过程中处于主导地位。根据设定的主体,在产学研合作知识协同伙伴选择时,会是以下两种情况之一:

(1)高校处于主导地位。高校根据自身的需求,在产学研合作内对参与知识协同的企业进行综合评价,考查企业在知识协同、转化过程中所能带来的经济效益和社会效益,择优选择企业开展知识协同活动,此时,仅考虑高校的需求。

(2)企业处于主导地位。企业根据战略要求,对产学研合作内能提供相应技术需求的高校进行选择,以技术附加值高、交易成本低为基本原则选择高校签署相应的转让合同开展知识协同活动,此时,仅考虑企业的需求。

2. 双向选择匹配

相比单向选择匹配,双向选择匹配要求将产学研合作内高校和企业放在一个系统环境内考虑彼此的合作需求,既要满足高校知识协同输出所期望的经济回报和社会价值,又要考虑企业知识协同输入所要求的经济利益和市场价值。因此,此时产学研合作知识协同伙伴选择过程中,高校和企业处于相对平等的地位,是一种双向选择的过程。多数学者[36-41]主要从单向选择的角度分析产学研合作知识协同主体伙伴选择,定性化分析伙伴选择原则和策略较多,事实上,在实际的知识协同过程中,需要从高校和企业的双边视角出发,综合分析高校和企业的匹配需求,建立主体伙伴选择过程模型,并根据这一概念模型,运用定量化分析方法量化这一过程中的相关参数,建立主体伙伴选择匹配模型求解匹配方案,以提高主体伙伴选择的成功率和满意度。

6.1.2 主体伙伴选择过程模型构建

本章采取双向选择匹配的方式研究产学研合作知识协同伙伴选择问题,建立主体伙伴选择过程模型,如图 6.1 所示。高校和企业作为两方主体,通过产学研合作平台的方式参与知识协同活动,其中高校作为知识协同的供给方,提供所在领域先进的知识和技

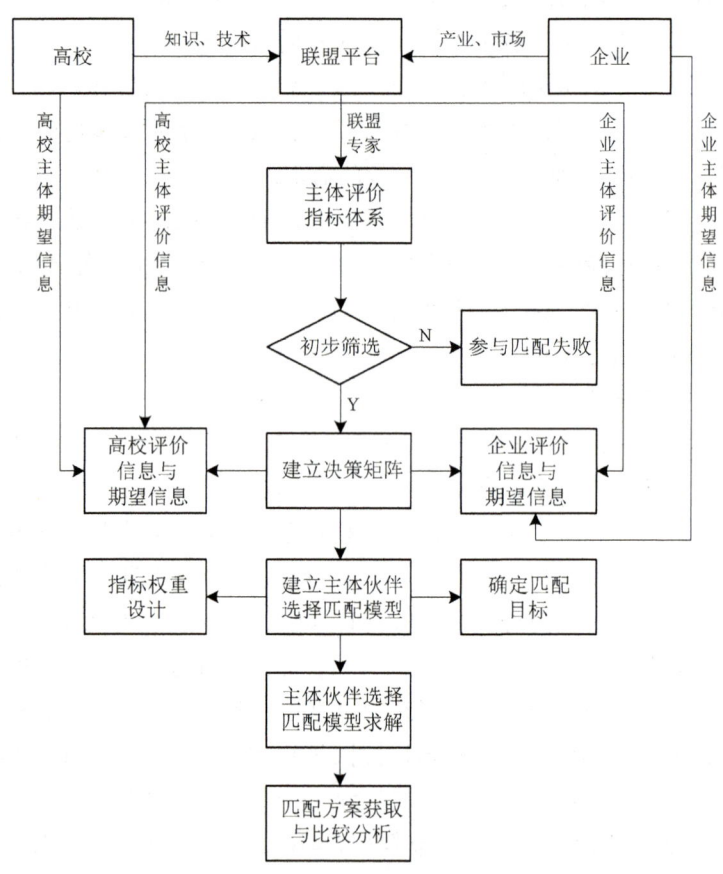

图 6.1　主体伙伴选择过程模型

术水平，企业作为知识协同的需求方，向高校展示其技术产业化和企业市场地位等综合实力作为技术引进的吸引因素。首先，由产学研合作组织专家，在广泛征求高校和企业意见的基础上，建立主体评价指标体系，分别对参与知识协同伙伴选择的高校和企业进行综合评价，经过初步的筛选，剔除一部分不符合基本要求的主体，进入最终匹配阶段。接着，为公平、客观起见，由产学研合作专家分别提供对高校和企业两方主体的评价信息，并且为最大限度保证匹配心理期望，分别由高校给出对企业的期望信息和企业对高校的期望信息，建立决策矩阵。然后，设计指标权重和确定匹配目标，建立主体伙伴选择匹配模型，量化分析主体伙伴选择相关参数。最后，求解主体伙伴选择匹配模型，获得最佳匹配方案，并通过相关案例进行对比分析，得到主体伙伴选择相关管理启示。

6.2　产学研合作知识协同主体伙伴选择问题描述

6.2.1　主体评价信息与期望信息的表述

根据所建立的主体评价指标体系，由产学研合作组织专家对高校和企业给出评价信息，而由高校和企业分别给出对企业和高校在各指标下的期望信息。设高校主体集合为 $A=\{A_1, A_2, \cdots, A_m\}$，其中 A_i 表示第 i 个高校主体，$i=1, 2, \cdots, m$。$C=\{C_1, C_2, \cdots, C_p\}$ 为高校主体的评价指标集合，其中 C_k 表示第 k 个评价指标，$k=1, 2, \cdots, p$。设企业主体集合为 $B=\{B_1, B_2, \cdots, B_n\}$，其中 B_j 表示第 j 个企业主体，$j=1, 2, \cdots, n$。$D=\{D_1, D_2, \cdots, D_q\}$ 为企业主体的评价指标集合，其中 D_t 表示第 t 个评价指标，$t=1, 2, \cdots, q$。

高校主体 A_i 在其评价指标 C_k 的评价信息为 f_{ik}，企业主体

B_j 在其评价指标 D_t 的评价信息为 g_{jt}，其中 f_{ik} 和 g_{jt} 可由主体根据自身实际情况给出，也可由产学研合作组织专家根据主体情况相对客观、公正地给出。为了更好地体现参与匹配主体的选择需求，由高校主体 A_i 给出企业主体评价指标 D_t 下的期望信息 h_{it}，由企业主体 B_j 给出高校主体评价指标 C_k 下的期望信息 l_{jk}，评价信息 f_{ik} 与期望信息 l_{jk} 相对应，评价信息 g_{jt} 与期望信息 h_{it} 相对应。

根据指标 C_k 和 D_t 的数据表述特征，可分为定量指标和定性指标，评价信息 f_{ik} 和 g_{jt}、期望信息 h_{it} 和 l_{jk} 可能采取不同的数据形式，例如对于定量指标可能采用实数或区间数或三角模糊数来表示相关的信息；对于定性指标，一般采用语言短语或直觉模糊数来表示相关的信息。指标评价信息与期望信息数值的大小，取决于主体的综合情况，也与指标的属性有关，即根据指标属性，可将指标划分为效益型指标与成本型指标，其中效益型指标的数值越大表示主体在该指标下的状况越好，而成本型指标的数值越大则表示主体在该指标下的状况越差。

并且，根据主体伙伴选择环境的变化，在信息充分、确定的情况下，评价信息与期望信息可采取诸如实数、语言短语等定值信息，然而，由于存在信息的不对称、主体决策者自身知识水平等客观限制，评价信息与期望信息更多地采取一些不确定的信息形式，例如模糊数和灰数等。在本章的研究中，将结合指标的定性、定量特征以及指标的效益型与成本型属性，采取多种数据形式较为全面地反映产学研合作知识协同过程中主体评价和期望可能存在的表述方式，力求匹配模型尽可能接近现实情境。

6.2.2 主体评价指标权重的设计

高校主体的评价指标 C_k 与企业主体的评价指标 D_t 都具有

一定的权重,以反映该指标在评价体系中所处的地位和重要性程度。在本章中指标权重数值的给定,一方面可由高校或企业主体根据自身对知识协同合作伙伴的要求,给出每一个指标的权重大小,此时每一个参与合作匹配的高校和企业均可自由给出心理期望值,能提高主体参与匹配的积极性和满意度;另一方面可由产学研合作组织专家通过集体决策的方式、利用专家群体的知识和智慧相对客观、公正地给出每一个指标的权重大小,能统一各个指标的权重大小、避免出现异常值,更能提高主体参与匹配的成功率。

对于指标权重的数值形式,若专家或主体能准确地给出每一个指标的具体数值,此时可采用实数的形式表述指标的权重;若专家或主体由于自身水平的限制、专家意见的不统一、客观环境的复杂等多种条件的限制下无法对指标的权重赋予准确的定值,此时可采用区间数的形式来表述指标的权重。具体的定义如下:

1. 实数的形式

在信息充分的情况下,由专家给出高校和企业评价指标体系中的每一个指标权重,或者分别由每一个高校给出企业评价指标体系中每一个指标权重和每一个企业分别给出高校评价指标体系中每一个指标权重,此时权重大小为实数形式。

设 $u = \{u_1, u_2, \cdots, u_p\}$ 表示高校主体评价指标的权重集合,其中 u_k 表示指标 C_k 的权重信息,满足归一性要求:$0 \leqslant u_k \leqslant 1$,$\sum_{k=1}^{p} u_k = 1$,$u_k \in \mathbb{R}$;设 $v = \{v_1, v_2, \cdots, v_q\}$ 表示为企业主体评价指标的权重集合,其中 v_t 表示指标 D_t 的权重信息,满足归一性要求:$0 \leqslant v_t \leqslant 1$,$\sum_{t=1}^{q} v_t = 1$,$v_t \in \mathbb{R}$。

2. 区间数的形式

在信息不确定的情况下,由专家或高校、企业根据自身的经验、知识水平等以区间数的形式表示每一个指标的权重大小,区间左侧表示指标权重的最小值,区间右侧表示指标权重的最大值,所有指标的权重之和满足归一化要求,而具体的指标权重大小值需要结合匹配模型作进一步计算。

设 $W=(w_1, w_2, \cdots, w_p)$ 表示高校主体评价指标的权重信息的集合,评价指标 C_k 的权重 w_k 不能完全确定,但是可知 $w_k = [w_k^L, w_k^R]$,其中 $k=1, 2, \cdots, p$,$\sum_{k=1}^{p} w_k^L \leqslant 1$,$\sum_{k=1}^{p} w_k^R \geqslant 1$,$\sum_{k=1}^{p} w_k = 1$,$0 \leqslant w_k^L \leqslant w_k^R \leqslant 1$。$Y=\{y_1, y_2, \cdots, y_q\}$ 表示企业主体评价指标的权重信息的集合,评价指标 D_l 的权重 y_l 不能完全确定,但是可知 $y_l=[y_l^L, y_l^R]$,其中 $l=1, 2, \cdots, q$,$\sum_{l=1}^{q} y_l^L \leqslant 1$,$\sum_{l=1}^{q} y_l^R \geqslant 1$,$\sum_{l=1}^{q} y_l = 1$,$0 \leqslant y_l^L \leqslant y_l^R \leqslant 1$。

6.2.3 主体伙伴选择匹配目标的确定

通过构建产学研合作知识协同伙伴选择匹配模型,一方面以双向选择的视角考虑伙伴选择问题,既相对客观地评价了主体的匹配信息,又立足于主体匹配需求在模型参数中考虑高校和企业主体对合作伙伴的心理期望,通过产学研合作平台双向选择的方式提高知识协同的参与率和成功率,并提高双方主体匹配的满意度;另一方面,通过双边匹配模型可以整体性地尽可能满足参与知识协同的高校和企业的满意度,以整体最优、合作匹配对数多的方式代替传统单向选择匹配的个体最优、合作匹配对数少的方式,提高高校知识成果转化率,实现产学研合作内互利共赢的合作模式。即在产学研合作知识协同过程中,主体伙伴选择是否选择匹配一方面在于双方主体的整理匹配满意度

第 6 章 产学研合作知识协同主体伙伴选择匹配模式与方法

是否尽可能最大化了,另一方面在于通过产学研合作平台进行知识协同合作对接是否使得更多的高校和企业参与在内实现合作匹配的对数达到最多。

因此,在本章中,在产学研合作知识协同过程中主体伙伴选择时所确立的匹配目标主要有两个,一是整体性地最大化参与知识协同匹配的高校和企业的匹配满意度,二是在产学研合作内尽可能使得更多的高校和企业开展知识协同活动,促进科技成果的转化,提高成功匹配的对数,其匹配目标结构图如图 6.2 所示。

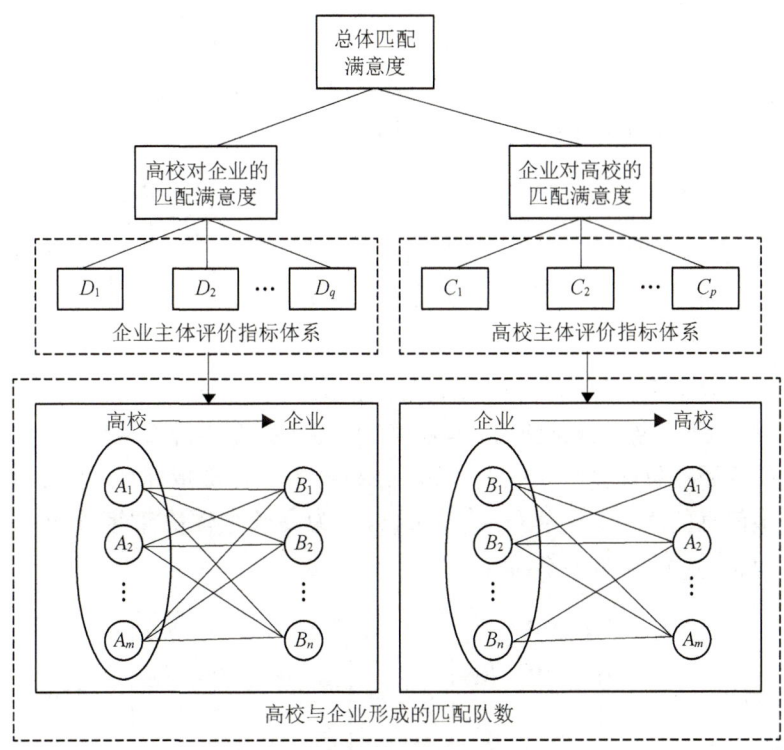

图 6.2 主体伙伴选择匹配目标结构图

6.3 产学研合作知识协同主体伙伴选择匹配模型的构建与分析

6.3.1 主体决策矩阵的构建

根据所建立的主体评价信息与期望信息以及所确定的指标权重,可相应地建立起高校和企业在产学研合作知识协同伙伴选择过程中的决策矩阵,并基于主体决策矩阵逐步确定高校和企业的匹配满意度和匹配方案。

高校主体 A_i 在其评价指标 C_k 下评价信息为 f_{ik},构成决策矩阵 $F=[f_{ik}]_{m\times p}$,企业主体 B_j 在其评价指标 D_t 的评价信息为 g_{jt},构成决策矩阵 $G=[g_{jt}]_{n\times q}$,即:

$$F = \begin{bmatrix} f_{11} & f_{12} & \cdots & f_{1p} \\ f_{21} & f_{22} & \cdots & f_{2p} \\ \vdots & \vdots & & \vdots \\ f_{m1} & f_{m2} & \cdots & f_{mp} \end{bmatrix} \quad G = \begin{bmatrix} g_{11} & g_{12} & \cdots & g_{1q} \\ g_{21} & g_{22} & \cdots & g_{2q} \\ \vdots & \vdots & & \vdots \\ g_{n1} & g_{n2} & \cdots & g_{nq} \end{bmatrix} \quad (6.1)$$

设决策矩阵 $H=[h_{it}]_{m\times q}$ 为高校主体 A_i 在企业主体评价指标 D_t 下期望信息的集合,作为对企业主体决策矩阵 $G=[g_{jt}]_{n\times q}$ 的参照对象;同理,企业主体 B_j 在高校主体评价指标 C_k 下的期望信息的集合,记为 $L=[l_{jk}]_{n\times p}$,作为高校主体决策矩阵 $F=[f_{ik}]_{m\times p}$ 的参照对象,即:

$$H = \begin{bmatrix} h_{11} & h_{12} & \cdots & h_{1q} \\ h_{21} & h_{22} & \cdots & h_{2q} \\ \vdots & \vdots & & \vdots \\ h_{m1} & h_{m2} & \cdots & h_{mq} \end{bmatrix} \quad L = \begin{bmatrix} l_{11} & l_{12} & \cdots & l_{1p} \\ l_{21} & l_{22} & \cdots & l_{2p} \\ \vdots & \vdots & & \vdots \\ l_{n1} & l_{n2} & \cdots & l_{np} \end{bmatrix} \quad (6.2)$$

高校评价矩阵 $F=[f_{ik}]_{m\times p}$ 与企业期望矩阵 $L=[l_{jk}]_{n\times p}$ 相对应,企业评价矩阵 $G=[g_{jt}]_{n\times q}$ 与高校期望矩阵 $H=[h_{it}]_{m\times q}$ 相对应,构成匹配模型的基础。通过比较一方主体(如高校)评价矩阵和另一方主体(如企业)期望矩阵差值,能得到企业在面对所匹配对象合作信息时心理所感受的收益或损失,进而以收益最大化、损失规避化为目标寻求自身满意度的最高。对于评价信息 f_{ik} 和 g_{jt}、期望信息 h_{it} 和 l_{jk} 的不同数据形式,可采取不同的比较方法。例如,当评价信息 f_{ik} 和 g_{jt} 为实数时,而期望信息 h_{it} 和 l_{jk} 为区间数时,可采取 0-1 特征信息来处理,当评价值落在期望值所在的区间范围内,赋值"1",否则,赋值"0";当评价信息 f_{ik} 和 g_{jt}、期望信息 h_{it} 和 l_{jk} 均为模糊数时,可通过相应的距离公式计算,两者之间各指标的差值总和越小,表示一方主体满足另一方主体心理期望的程度就越高,可采取灰色系统方法等加以处理。

6.3.2 基于匹配目标建立主体匹配模型

通过对决策矩阵进一步处理,对指标权重进行加权,得到信息集结后的不同参与匹配主体的满意度。本章设定匹配目标,即要求在产学研合作内知识协同过程中使得主体伙伴选择的满意度都尽可能地最大化,不仅包括高校对企业的满意度,也包括企业对高校的满意度,同时在产学研合作内通过平台合作的方式尽可能地使更多的主体参与在内,促进高校科技成果的转化,实现互利共赢。

设高校主体 $A=\{A_1, A_2, \cdots, A_m\}$ 中的 A_i 对匹配主体 $B=\{B_1, B_2, \cdots, B_n\}$ 中的 B_j 匹配满意度的综合评价结果为 α_{ij},企业主体 $B=\{B_1, B_2, \cdots, B_n\}$ 中的 B_j 对匹配主体 $A=\{A_1, A_2, \cdots, A_m\}$ 中的 A_i 匹配满意度的综合评价结果为 β_{ij},x_{ij} 为 0-1 变量,当 x_{ij} 取值为 1 时,表示高校 A_i 与企业 B_j 匹配;当 x_{ij} 取值为 0 时,表示高校 A_i 与企业 B_j 未匹配。根据本章设定的匹配

目标,首先保证参与匹配主体的满意度尽可能最大化,其中,高校主体 A 对企业主体 B 的整体满意度和企业主体 B 对高校主体 A 的整体满意度分别为:

$$\max \sum_{i=1}^{m} \sum_{j=1}^{n} \alpha_{ij} x_{ij}, \max \sum_{i=1}^{m} \sum_{j=1}^{n} \beta_{ij} x_{ij} \tag{6.3}$$

接着,为使得产学研合作内参与知识协同合作对接的高校和企业的匹配对数最多,设定目标函数 x_{ij} 取值为 1 的个数尽可能多,即函数表达式为:

$$\max \sum_{i=1}^{m} \sum_{j=1}^{n} x_{ij} \tag{6.4}$$

因此,基于匹配目标建立主体匹配模型如下:

$$\begin{aligned} & \max \sum_{i=1}^{m} \sum_{j=1}^{n} \alpha_{ij} x_{ij} \\ & \max \sum_{i=1}^{m} \sum_{j=1}^{n} \beta_{ij} x_{ij} \\ & \max \sum_{i=1}^{m} \sum_{j=1}^{n} x_{ij} \\ & \text{s.t.} \quad \sum_{j=1}^{n} x_{ij} = 1 \\ & \sum_{i=1}^{m} x_{ij} \leqslant 1 \\ & x_{ij} \in \{0, 1\}; i=1, 2, \cdots, m; j=1, 2, \cdots, n \end{aligned} \tag{6.5}$$

其中,在本章中设定合作匹配的个数 $\sum_{j=1}^{n} x_{ij} = 1$ 表示一个高校主体只能选择与另一个企业主体开展合作对接,$\sum_{i=1}^{m} x_{ij} \leqslant 1$ 表示一个企业主体至多选择一个高校主体进行知识协同合作,具体可根据产学研合作知识协同过程中伙伴选择的现实情境加以设定。

6.3.3 模型的求解与主体伙伴选择分析

为了求解模型(6.5)，考虑到高校和企业在产学研合作知识协同过程中所处的地位权重，以及目标函数中 α_{ij} 和 β_{ij} 的实际大小和参数含义都统一，采用线性加权法对式(6.3)进行简化。设 w_A 和 w_B 分别表示目标函数两个表达式的权重，即分别表示产学研合作知识协同伙伴选择时参与高校和企业的地位权重，满足 $0 < w_A$，$w_B < 1$，$w_A + w_B = 1$。一般认为 $w_A = w_B = 0.5$，即高校和企业所处的地位相等，若认为两者不等，此时 $w_A \neq w_B$，可由产学研合作专家根据实际的匹配情形做出客观的评判。为简化运算，令 $\gamma_{ij} = w_A \alpha_{ij} + w_B \beta_{ij}$，$\gamma_{ij}$ 称为系数矩阵，则此时模型(6.5)可转化为如下多目标优化模型：

$$\begin{aligned}
&\max \sum_{i=1}^{m} \sum_{j=1}^{n} \gamma_{ij} x_{ij} \\
&\max \sum_{i=1}^{m} \sum_{j=1}^{n} x_{ij} \\
&\text{s.t.} \ \sum_{j=1}^{n} x_{ij} = 1 \\
&\quad \sum_{i=1}^{m} x_{ij} \leq 1 \\
&\quad x_{ij} \in \{0, 1\}; \ i = 1, 2, \cdots, m; \ j = 1, 2, \cdots, n
\end{aligned} \quad (6.6)$$

命题 模型(6.6)的解存在，且模型(6.6)的最优解是模型(6.5)的有效解。

证明 显然，模型(6.6)可转化为标准的指派问题模型[42]，这样就可以使用匈牙利法求解[47]。由于模型(6.6)是一个标准化的指派问题，那么其存在多项式求解算法。因此，当模型(6.6)中的变量和约束条件个数较多时,可采用 Lingo 11.0、WinQSB 2.0 等软件求解,即为可设计专门的多项式求解算法编程求解。

此外,由于模型(6.6)是含有 mn 个变量的 $0-1$ 整数规划,则它最多产生 2^{mn} 个可行解。又因为约束条件 $\sum_{j=1}^{n} x_{ij} = 1$、$\sum_{i=1}^{m} x_{ij} \leqslant 1$ 和 $x_{ij} \in \{0,1\}$ 的解存在,所以模型(6.6)的可行域非空。因此,模型(6.6)存在最优解。根据多目标规划理论可知,模型(6.6)的最优解是模型(6.5)的有效解。

根据计算,可得到关于高校和企业合作匹配的方案,由于实行一对一的匹配方案,并且通常参与的高校和企业的个数不等,所以,总会存在个别高校和企业匹配失败的情况。通过计算所得到的匹配方案是基于高校和企业的评价信息与期望信息,往往匹配的满意度较高,可将不考虑主体心理期望的匹配方案与其进行对比,分析考虑主体心理期望所带来的匹配满意度的变化和匹配方案的稳定性。与此同时,还可以比较不同数据类型下的匹配方案是否会存在差异,考虑到现实情境中匹配信息是复杂多样的,主体决策者的选择行为往往也是有限理性的。此外,当高校和企业在产学研合作内所处的匹配地位不等,即 $w_A \neq w_B$,与两者地位相等 $w_A = w_B = 0.5$,所得到的匹配方案是否有差异,都是值得在获得匹配方案后进行对比分析的角度。

6.4 本章小结

本章是本书基本模型架构部分,阐述了产学研合作知识协同主体伙伴选择的基本过程。本章首先介绍了两种不同的主体伙伴选择匹配方式,理论构建了主体伙伴选择过程模型;其次选取不同的参数,对伙伴选择问题进行描述;最后量化过程模型建立匹配模型并求解分析。以上对主体伙伴选择基本模型的介绍为第 7 章和第 8 章的研究工作提供了重要的理论与方法支撑。具体的研究内容包括：

（1）主体伙伴选择模式分析。主要包括从单向选择匹配和双向选择匹配两个视角分析主体伙伴选择的方式，并且侧重从双向选择的视角构建了主体伙伴选择的过程模型，提出概念模型。

（2）主体伙伴选择问题描述。主要包括以下三个方面的内容：采用数学方法量化主体伙伴选择的过程参数，对主体的评价信息和期望信息进行表述；运用实数和区间数两种数据形式对主体评价指标权重进行设计，分析由专家或主体两种权重赋值方式所带来的匹配效果；分析在产学研合作内开展知识协同伙伴选择活动所应确定的主体伙伴选择匹配目标，侧重提高主体整体匹配满意度并使得更多主体参与在内，从而提高技术成果转化率和合作匹配成功率。

（3）主体伙伴选择匹配模型构建与分析体信息有效集结，得到主体在参与知识协同伙伴选择的匹配满意度，据此建立主体匹配模型。运用多项式求解算法获得主体伙伴选择匹配方法，并开展对比分析。

第7章
不同心理下产学研合作知识协同主体伙伴选择分析

在产学研合作知识协同主体伙伴选择基本模型的基础上,考虑了知识协同主体是知识协同过程中重要影响因素,主体决策者具有有限理性行为特征,本章将分析主体偏好、风险规避等心理行为对伙伴选择的影响,量化心理行为表示方式,采用0-1匹配度方法和累积前景理论方法分别度量主体心理感受的益损状态和程度,优化主体选择匹配模型,以整体满意度和匹配对数为目标求解主体合作选择方案,并通过数值算例进行验证分析。

7.1 产学研合作知识协同主体心理行为分析

7.1.1 主体有限理性行为特征描述

在产学研合作内开展知识协同活动,参与的高校和企业在选择与之合作的伙伴时会根据自身掌握的匹配信息做出相关的决策。在所构建的产学研合作知识协同主体伙伴选择匹配模型中,主体决策者的选择行为主要体现在其所提出的期望信息,反映了主体决策者在选择合作伙伴时决策行为的有限理性。相比有限理性行为,完全理性行为要求主体决策者具有在确定和不确定性环境中追求自身利益最大化的判断和决策能力。而事实上,在产学研合作内所寻求的是参与双方的整体匹配利益的最大化,单方面地追求自身利益的最大化会使得匹配的约束条件过于"苛刻"而无法找到与之合作的匹配伙伴,在此条件下是不加考虑主体决策者的心理期望的,只寻求经济效用的最大,所得到的匹配结果也往往缺乏稳定性,满意度也相对较低。并且,产学研合作以及主体均处于一个动态变化的环境之中,所获得的信息复杂多样,存在模糊、不确定信息,加之主体决策者自身由于受自身知识结构、认知水平和情感因素等影响会有决策偏差,因此,很难在确定环境与不确定环境中对客观事物有准确的判断。

在产学研合作环境内,高校和企业作为参与匹配的主体,高校主体决策者对于企业的技术转化能力和市场营销能力不尽了解,企业主体决策者对于高校的知识成果是否能达到预期的经济效益和市场效应也难以知根知底,双方存在着一定程度的信息不对称,尽管在产学研合作内尽可能提供一个畅通的信息交换平台,但仍无法克服复杂多变环境下信息的不对称问题。加之主体决策者自身的认识存在偏差,最终主体决策者在面对伙伴选择问题时做出的决策行为具有有限理性特征,具体表现在以下几个方面:

1. 主体在伙伴选择时存在偏好行为

高校和企业在产学研合作内开展知识协同活动时,产学研合作专家会根据所建立的相对科学、合理的指标评价体系对所参与的高校和企业进行客观评价,而高校和企业也希望提出自己对合作伙伴的匹配需求,分别给出自己在评价指标体系下的期望信息,此时的期望信息就代表着高校和企业主体决策者的选择偏好行为。一方面主体决策者可以给出较高的偏好值域,限定自己合作对象的水平,此时是一种风险偏好的行为;另一方面主体决策者可以给出较低的偏好值域,对合作对象的水平放宽限制,此时是一种风险规避的行为。特殊地,主体决策者也有处于风险中性的选择行为,对合作对象的水平没有要求。

2. **主体在伙伴选择时会选取参考对象**

有参考点,才能更好地去比较分析,高校与企业在面对彼此合作伙伴的评价信息,会给出期望信息作为自身匹配需求的参考点,与评价信息进行比较,得出主体决策者的心理收益与损失。当评价信息优于主体所给出的期望信息时,此时主体决策者内心感受的是一种收益行为;当评价信息劣于主体所给出的期望信息时,此时主体决策者内心感受的是一种损失行为,参考对象的选取反映主体伙伴选择心理所感受的收益与损失。

3. **主体在伙伴选择时对待损失比对待收益更加敏感**

高校和企业主体决策者在面对心理所感知的收益与损失时,更加注重损失所带来的不利影响。有相关学者的实证研究显示[195-197],主体在对待损失所赋予的权重是收益的 2 倍左右,也就是说在面对同等的收益与损失时,对损失显得更为敏感。与风险相联系,高校与企业主体决策者在面对收益时表现出风险厌恶的特性,而在面对损失时又表现出风险追求的特性。

4. **主体在伙伴选择时寻求一种满意度较高的匹配方案**

在产学研合作内,通过一个切实有效的信息沟通平台,能减少高校和企业彼此搜寻合作对象所产生的成本,产学研合作的目标是尽可能地使得更多的主体参与在内,并力争使它们之间实现合作匹配,主体在伙伴选择时受这一客观环境的限制;加之高校和企业通过期望信息表示自身的匹配需求,此时满意度高低便是衡量主体伙伴选择是否匹配成功的关键。因此,此时高校和企业主体决策者寻求一种整体满意度较高的匹配方案,正如西蒙所说,主体决策遵循的是满意原则,而不是最优原则[198,199]。

7.1.2 主体心理行为量化表示方式

产学研合作内高校和企业主体决策的有限理性体现了主体决策者的心理行为活动,在知识协同伙伴选择过程中会表现出一种行为偏好,对待收益与损失有不同的风险态度,客观存在于伙伴选择决策。为研究这一现象,需要对主体心理行为进行量化,通过设定参数来表现高校和企业主体决策者的心理行为。

1. 序值信息

序值信息即一种自然数排序,在产学研合作内高校和企业主体决策者根据自身所掌握的信息以及对未来合作的预期,对众多可能的合作对象进行一个偏好排序。设 $F_i=(f_{i1}, f_{i2}, \cdots, f_{in})$ 为高校 A_i 给出的关于企业主体集合 B 的序值矩阵,其中 f_{ij} 表示高校 A_i 把企业 B_j 排在第 f_{ij} 位,$f_{ij} \in N$,$N=\{1,2,\cdots,n\}$;$H_j=(h_{1j}, h_{2j}, \cdots, h_{mj})$ 为企业 B_j 给出的关于高校主体集合 A 的序值矩阵,其中 h_{ij} 表示企业 B_j 把高校 A_i 排在第 h_{ij} 位,$h_{ij} \in M$,$M=\{1,2,\cdots,m\}$。在给定序值矩阵后,高校和企业主体决策者在心理会有一个理想的排序位次,即期望值。设 $R=(r_1, r_2, \cdots, r_m)^{\mathrm{T}}$ 为高校主体依据现有的认知和对合作前景的预期等因素对企业给出的期望值矩阵,其中 r_i 表示高校 A_i 给出的期望值,$r_i \in N$;$T=(t_1, t_2, \cdots, t_n)^{\mathrm{T}}$ 为企业主体依据现有的认知和对合作前景的预期等因素对高校给出的期望值矩阵,其中 t_j 表示企业 B_j 给出的期望值,$t_j \in M$。

2. 优劣关系信息

在产学研合作知识协同主体伙伴选择时,一方主体可能对另一方主体中的两个个体的关系进行分析比较,判断在主体心理内两者的优劣关系。在这种表示方法中,优劣关系通常用符号"≻"表示一方主体优于另一方主体,用符号"≺"表示一方主体劣于另一方主体，用符号"＝"表示两者之间并无明显的优劣关系。例如，高校 A_1 对参与合作匹配对象的五个企业 B_1, B_2, B_3, B_4, B_5 给出的偏好关系为 $B_1 > B_2 > B_3 < B_4 = B_5，B_2 > B_4 = B_5$，即在高校 A_1 看来，B_1 优于 B_2，B_2、B_4、B_5 优于 B_3，B_2 优于 B_4 和 B_5，B_1 处于顶端的位置，B_3 处于末端的位置。

3. 不确定信息

正是由于客观环境的复杂多变和主体主观认识的缺陷，导致在产学研合作内高校和企业主体在表述心理期望信息时可能含有一些模糊、不确定的状态，并不能总给出明确的定值，此时，更多地用不确定信息来量化主体的心理行为。例如，对于主体心理行为的模糊特性，可采用三角模糊数或直觉模糊数来表示。三角模糊数可设为 (f_{ij}, g_{ij}, k_{ij})，其中 f_{ij} 表示主体认为可能取值的左端点，k_{ij} 表示主体认为可能取值的右端点，g_{ij} 表示主体认为最可能取值的点。直觉模糊数可设为 $\langle s_{ij}, t_{ij} \rangle$，其中 s_{ij} 表示主体认可的程度，即主体对合作对象的综合表现有多大的概率是认可的，t_{ij} 表示主体否认的程度，即主体对合作对象的综合表现有多大的概率是否认的。

7.1.3 主体心理期望与匹配目标关系分析

主体心理期望是参与产学研合作知识协同的高校和企业主体表达自身匹配需求的重要方式，基于主体心理期望选取的合作伙伴能满足主体的要求，从而使得主体的满意度较高。对于主体来说，当所选取的合作伙伴满意度越高，此时合作伙伴就越高于主体的心理期望。如上所示，设高校主体 $A = \{A_1, A_2, \cdots, A_m\}$ 中的 A_i 对匹配主体 $B = \{B_1, B_2, \cdots, B_n\}$ 中的 B_j 匹配满意度的综合评价结果为 α_{ij}，对于个体 A_i 来说，可选择满意度最优的合作对象，不妨设，企业 B_j 是高校 A_i 满意度最高的合作伙伴。但对于高校主体 $A = \{A_1, A_2, \cdots, A_m\}$ 和企业主体 $B = \{B_1, B_2, \cdots, B_n\}$，匹配的目标在于实现整体的匹配满意度最高，所以对于最后的匹配模型如式(6.3)所示，$a_{ij}x_{ij}$ 中的 x_{ij} 可能取值为 0，而且对于企业 B_j 来说，最优的伙伴选择也可能不是高校 A_i。因此，主体心理期望能反映主体的匹配需求，当满足主体心理期望时能提高匹配的满意度，匹配目标在于尽可能提高整体的匹配满意度，着眼于整体而不局限于个体的匹配满意度，产学研合作内所开展的知识协同活动目的在于使得更多的参与主体获利，实现互利共赢。

如图 6.2 所示的主体伙伴选择匹配目标结构图，实现总体的匹配满意度是匹配目标之一，需要同时实现高校对企业的匹配满意度和企业对高校的匹配满意度最大。通过所获得匹配方案，可以验证在高校和企业的地位权重相等时，匹配方案变动，所得的匹配方案的整体满意度会低于原先的匹配方案。例如，假设获得匹配方案 $\{(A_1, B_2), (A_2, B_3), (A_3, B_1)\}$，高校和企业的满意度总和为 a，若改变匹配方案，不妨设为 $\{(A_1, B_2), (A_2, B_1), (A_3, B_3)\}$，此时获得的高校和企业的整体满意度为 b，那么 $b < a$。匹配方案的改变，若想保持原先的整体满意度水平甚至超过这一水平，在产学研合作专家给定的评价信息不变的前提下，就必须改变原先高校和企业设定的心理期望水平，总体上会降低原先的心理期望。因此，当匹配的目标变动时，即高校和企业主体的整体满意度变动时，主体的心理期望也随之变动，匹配目标的高低直接影响着主体的心理期望水平。

7.2　不同心理下主体匹配模型构建

通过分析产学研合作知识协同主体的心理行为，认识到在进行知识协同合作对接时主体的决策者因为客观环境的复杂多变和主观行为的有限理性对合作对象有不同的心理期望，需要在研究中量化这一行为。在本节的研究中，主要分析在相对确定的环境下考虑主体心理期望的主体伙伴匹配模型的构建。在指标评价信息的表述上,主要采取实数的形式刻画高校和企业在各自的指标评价体系下的评价值;在期望信息上,即主体心理行为的量化分析上,分别采取序数和区间数等形式描述高校和企业对合作伙伴的匹配需求;在指标权重上,采取了分别由产学研合作专家和主体给出权重大小的方式。总的来说,分析了在信息相对充分、环境相对确定下如何根据高校和企业主体不同的心理行为构建伙伴选择匹配模型,主要运用了 0-1 匹配度方法[200]和累积前景理论[201]来处理主体的匹配满意度问题。

7.2.1 基于 0-1 匹配度的主体选择匹配模型构建

文中使用 0-1 匹配度来进行测量,即如果一方主体的评价值在另一方主体的期望值内,则该评价值相对期望值的匹配度为 1。反之,若不在这个期望值内,那么匹配度为 0。此时,主体在评价指标下的评价值采用实数形式,而期望值则采用区间数的形式。评价值由产学研合作专家根据高校和企业的实际情况相对客观地给出,期望值则由主体根据自身偏好分别给出,评价指标体系由产学研合作专家通过集体决策的形式给出,指标的权重大小也由专家给出。因此,基于 0-1 匹配度的主体选择匹配模型构建如下:

1. 基本概念:双边匹配、区间数和离散区间数

定义 4.1[202,203] 设 $\Omega: A \cup B \longrightarrow A \cup B$ 为一一映射,如果 $\forall A_i \in A, \forall B_j \in B$,满足:

(1) $\Omega(A_i) \in B$;

(2) $\Omega(B_j) \in A \cup \{B_j\}$;

(3) $\Omega(A_i) = B_j$,当且仅当 $\Omega(B_j) \in A_i$。

则称 Ω 为双边匹配。其中 $\Omega(A_i) = B_j$ 表示 A_i 与 B_j 在 Ω 中匹配,$\Omega(B_j) = B_j$ 表示 B_j 在 Ω 中未匹配。

定义 4.2[204] 设 x^p，x^u 为实数，若 $\bar{x}=[x^p, x^u]$，$x^p \leqslant x^u$，则称 $\bar{x}$ 为区间数，其中 x^p 和 x^u 分别表示 $\bar{x}$ 的左端点和右端点。特别地，若 $x^p=x^u$，则 $\bar{x}$ 退化为实数。

定义 4.3[204] 设 r_1，r_1+1，$\cdots$，r_f 为整数，若 $\tilde{r}=[r_1, r_1+1, \cdots, r_f]$，$r_1 \leqslant r_f$，则称 $\tilde{r}$ 为离散区间数，其中 r_1 和 r_f 分别为 $\tilde{r}$ 的上限和下限。特别地，若 $r_1=r_f$，则 $\tilde{r}$ 退化成整数。

2. 问题描述

设高校主体集合为 $A=\{A_1, A_2, \cdots, A_m\}$，$m \geqslant 2$，其中 A_i 表示第 i 个高校主体，$i=1, 2, \cdots, m$；企业主体集合为 $B=\{B_1, B_2, \cdots, B_n\}$，$n \geqslant 2$，其中 B_j 表示第 j 个企业主体，$j=1, 2, \cdots, n$。

为方便起见，记 $M=\{1, 2, \cdots, m\}$，$N=\{1, 2, \cdots, n\}$，$H=\{1, 2, \cdots, h\}$，且 $m \leqslant n$。设甲乙双方都考虑由 h 个指标构成的指标集合 $I=\{I_1, I_2, \cdots, I_h\}$，其中 I_k 表示第 k 个指标，$k \in H$，且 $I_1, I_2, \cdots, I_h$ 是加性独立的；指标权重向量为 $w=(w_1, w_2, \cdots, w_h)^T$，其中 w_k 表示指标 I_k 的权重，满足条件：$\sum_{k=1}^{h} w_k = 1$，$0 \leqslant w_k \leqslant 1$。本章中的指标权重向量 w 可以通过专家评判法获得。

设 $R=[\bar{r}_{ik}]_{m \times h}$ 表示是高校的评价值矩阵，其中 $\bar{r}_{ik}$ 表示的是主体 A_i 对指标 I_k 的评价值；设 $E_A=[\bar{e}^A_{ik}]_{m \times h}$ 表示高校的期望值矩阵，其中 $\bar{e}^A_{ik}$ 表示主体 A_i 对指标 I_k 的期望值。设 $T=[\bar{t}_{jk}]_{n \times h}$ 表示企业的评价值矩阵，其中 $\bar{t}_{jk}$ 表示主体 B_j 对 I_k 的评价值；设 $E_B=[\bar{e}^B_{jk}]_{n \times h}$ 表示企业的期望值矩阵，其中 $\bar{e}^B_{jk}$ 表示主体 B_j 对 I_k 的期望值。本章考虑的评价值 $\bar{r}_{ik}$ 和 $\bar{t}_{jk}$ 均为清晰数，而相对应的期望值 $\bar{e}^A_{ik}$ 和 $\bar{e}^B_{jk}$ 为区间数或者离散区间数，即当期望值为区间数时，$\bar{e}^A_{ik}=[e^{Ap}_{ik}, e^{Au}_{ik}]$ 和 $\bar{e}^B_{jk}=[e^{Bp}_{jk}, e^{Bu}_{jk}]$；当期望值为离散区间数

时，$\bar{e}_{ik}^A = [e_{ik,1}^A, e_{ik,f_{ik}}^A]$ 和 $\bar{e}_{jk}^B = [e_{jk,1}^B, e_{jk,f_{jk}}^B]$。

所要解决的问题是基于产学研合作伙伴选择的视角，分析高校和企业所开展的知识协同技术合作对接，针对双方的评价指标体系，根据评价值矩阵 R 和 T，期望值矩阵 E_A 和 E_B，以及对指标进行加权的权重向量 w，构建一个匹配优化模型，得到一个最佳的匹配方案。

3. 匹配度计算

(1) 匹配度矩阵

使用 0-1 匹配度来进行测量，若高校的评价值在企业的期望值内，则该评价值相对期望值的匹配度为 1。反之，若不在这个期望值内，那么匹配度为 0，对企业亦然。

对于高校主体 A_i，计算企业 B_j 的评价值 $\bar{t}_{jk}$ 相对于高校 A_i 的区间数期望值 $\bar{e}_{ik}^A$ 的匹配度：

$$P_{ijk}^A = \begin{cases} 1, e_{ik}^{Ap} = e_{ik}^{Au} = \bar{t}_{jk} \text{ 或 } e_{ik}^{Ap} \neq e_{ik}^{Au}, e_{ik}^{Ap} \leqslant \bar{t}_{jk} \leqslant e_{ik}^{Au} \\ 0, e_{ik}^{Ap} = e_{ik}^{Au} \neq \bar{t}_{jk} \text{ 或 } e_{ik}^{Ap} \neq e_{ik}^{Au}, \bar{t}_{jk} < e_{ik}^{Ap} \text{ 或} \\ \quad \bar{t}_{jk} > e_{ik}^{Au}, (i,k) \in \Omega_1, j \in N \end{cases} \quad (7.1)$$

式中，$\Omega_1 = \{(i,k) \mid$ 期望值 $\bar{e}_{ik}^A$ 为区间数, $i \in M, k \in H\}$。

计算企业 B_j 的评价值 $\bar{t}_{jk}$ 相对于高校 A_i 的离散区间数期望值 $\bar{e}_{ik}^A$ 的匹配度：

$$P_{ijk}^A = \begin{cases} 1, e_{ik,1}^{Ap} = e_{ik,f_{ik}}^{Au} = \bar{t}_{jk} \text{ 或 } e_{ik,1}^{Ap} \neq e_{ik,f_{ik}}^{Au}, e_{ik,1}^{Ap} \leqslant \bar{t}_{jk} \leqslant e_{ik,f_{ik}}^{Au} \\ 0, e_{ik,1}^{Ap} = e_{ik,f_{ik}}^{Au} \neq \bar{t}_{jk} \\ 0, e_{ik,1}^{Ap} \neq e_{ik,f_{ik}}^{Au}, \bar{t}_{jk} \leqslant e_{ik,1}^{Ap} \text{ 或 } e_{ik,1}^{Ap} \neq e_{ik,f_{ik}}^{Au}, \\ \quad \bar{t}_{jk} \geqslant e_{ik,f_{ik}}^{Au}, (i,k) \in \Omega_2, j \in N \end{cases} \quad (7.2)$$

式中，$\Omega_2 = \{(i,k) \mid$ 期望值 $\bar{e}_{ik}^A$ 为离散区间数，$i \in M, k \in H\}$。

依据式(7.1)和(7.2)，可建立指标 I_k 下的高校匹配度矩阵 $P_k^A = [P_{ijk}^A]_{m \times n}, k \in H$。

同理，对于企业 B_j，计算高校 A_i 的评价值 $\bar{r}_{ik}$ 相对于企业 B_j 的区间数期望值 $\bar{e}_{jk}^B$ 的匹配度：

$$P_{ijk}^B = \begin{cases} 1, e_{jk}^{Bp} = e_{jk}^{Bu} = \bar{r}_{ik} \text{ 或 } e_{jk}^{Bp} \neq e_{jk}^{Bu}, e_{ik}^{Ap} \leqslant \bar{r}_{ik} \leqslant e_{ik}^{Au} \\ 0, e_{jk}^{Bp} = e_{jk}^{Bu} \neq \bar{r}_{ik} \text{ 或 } e_{jk}^{Bp} \neq e_{jk}^{Bu}, \bar{r}_{ik} < e_{jk}^{Bp} \text{ 或 } \\ \bar{r}_{ik} > e_{jk}^{Bu}, (j,k) \in \Omega_3, i \in M \end{cases} \quad (7.3)$$

式中，$\Omega_3 = \{(j,k) \mid$ 期望值 $\bar{e}_{jk}^B$ 为区间数，$j \in N, k \in H\}$。

计算高校 A_i 的评价值 $\bar{r}_{ik}$ 相对于企业 B_j 的离散区间数期望值 $\bar{e}_{jk}^B$ 的匹配度：

$$P_{ijk}^B = \begin{cases} 1, e_{jk,1}^{Bp} = e_{jk,f_{jk}}^{Bu} = \bar{r}_{ik} \text{ 或 } e_{jk,1}^{Bp} \neq e_{jk,f_{jk}}^{Bu}, e_{jk,1}^{Bp} \leqslant \bar{r}_{ik} \leqslant e_{jk,f_{jk}}^{Bu} \\ 0, e_{jk,1}^{Bp} = e_{jk,f_{jk}}^{Bu} \neq \bar{r}_{ik} \\ 0, e_{jk,1}^{Bp} \neq e_{jk,f_{jk}}^{Bu}, \bar{r}_{ik} \leqslant e_{jk,1}^{Bp} \text{ 或 } e_{jk,1}^{Bp} \neq e_{jk,f_{jk}}^{Bu}, \\ \bar{r}_{ik} \geqslant e_{jk,f_{jk}}^{Bu}, (j,k) \in \Omega_4, i \in M \end{cases} \quad (7.4)$$

式中，$\Omega_4 = \{(j,k) \mid$ 期望值 $\bar{e}_{jk}^B$ 为离散区间数，$j \in N, k \in H\}$。

依据式(7.3)和(7.4)，可建立指标 I_k 下的企业匹配度矩阵 $P_k^B = [P_{ijk}^B]_{m \times n}, k \in H$。

（2）综合匹配度矩阵

依据高校的匹配度矩阵 $P_k^A (k \in H)$ 和指标权重向量 w，建立高校的综合匹配度矩阵 $P_A = [P_{ij}^A]_{m \times n}$，其中：

$$P_{ij}^A = \sum_{k=1}^h w_k P_{ijk}^A, i \in M, j \in N \quad (7.5)$$

依据企业的匹配度矩阵 $P_k^B(k \in H)$ 和指标权重向量 w，建立企业的综合匹配度矩阵 $P_B = [P_{ij}^B]_{m \times n}$，其中

$$P_{ij}^B = \sum_{k=1}^h w_k P_{ijk}^B, \ i \in M, j \in N \tag{7.6}$$

依据式(7.1)~(7.6)，很容易得出 $P_{ij}^A \in [0, 1]$，$P_{ij}^B \in [0, 1]$。

4. 匹配模型构建与求解

依据综合匹配度 $P_A = [P_{ij}^A]_{m \times n}$ 和 $P_B = [P_{ij}^B]_{m \times n}$，下面构建匹配模型。设

$$x_{ij} = \begin{cases} 1, \ \mu(A_i) = B_j \\ 0, \ \mu(A_i) \neq B_j \end{cases}$$

考虑到匹配约束条件 $\sum_{j=1}^n x_{ij} = 1$ (即高校 A_i 仅能与一个企业匹配) 和 $\sum_{i=1}^m x_{ij} \leqslant 1$ (即企业 B_j 最多与一个高校匹配)，则以综合匹配度之和 $\sum_{i=1}^m \sum_{j=1}^n P_{ij}^A x_{ij}$ 和 $\sum_{i=1}^m \sum_{j=1}^n P_{ij}^B x_{ij}$ 以及最大化匹配对数 $\sum_{i=1}^m \sum_{j=1}^n x_{ij}$ 为目标，可构建如下的多目标优化模型：

$$\begin{aligned} &\max \sum_{i=1}^m \sum_{j=1}^n P_{ij}^A x_{ij} \\ &\max \sum_{i=1}^m \sum_{j=1}^n P_{ij}^B x_{ij} \\ &\max \sum_{i=1}^m \sum_{j=1}^n x_{ij} \\ &\text{s.t.} \ \sum_{j=1}^n x_{ij} = 1 \\ &\quad \sum_{i=1}^m x_{ij} \leqslant 1 \\ &\quad x_{ij} \in \{0, 1\}, \ i \in M, j \in N \end{aligned} \tag{7.7}$$

为了求解模型(7.7),考虑到系数 P_{ij}^A 和 P_{ij}^B 的参数意义及实际大小都统一,因此,为便于计算则采用线性加权法。设 w_A 和 w_B 分别表示目标函数 $\sum_{i=1}^{m}\sum_{j=1}^{n}P_{ij}^A x_{ij}$ 和 $\sum_{i=1}^{m}\sum_{j=1}^{n}P_{ij}^B x_{ij}$ 的权重,满足 $0 \leqslant w_A, w_B \leqslant 1$,$w_A + w_B = 1$,则可简化上述多目标模型(7.7):

$$\begin{aligned} &\max \sum_{i=1}^{m}\sum_{j=1}^{n} q_{ij} x_{ij} \\ &\max \sum_{i=1}^{m}\sum_{j=1}^{n} x_{ij} \\ &\text{s.t.} \quad \sum_{j=1}^{n} x_{ij} = 1 \\ &\quad \sum_{i=1}^{m} x_{ij} \leqslant 1 \\ &\quad x_{ij} \in \{0,1\}, i \in M, j \in N \end{aligned} \quad (7.8)$$

式中,$q_{ij} = w_A P_{ij}^A + w_B P_{ij}^B$,$Q = [q_{ij}]_{m \times n}$ 为系数矩阵,权重 w_A,w_B 反映了高校和企业在现实产学研合作知识协同合作伙伴匹配问题中的重要程度。若认为双方主体在匹配过程中所处的地位相同,则 $w_A = w_B = 0.5$;若认为不同,则 $w_A \neq w_B$,此时可以通过专家评判法确定。可以证明上述模型(7.8)的解存在,通过软件 Lingo 11.0 可设计多目标线性规划编程求解出匹配方案,这里不再赘述。

7.2.2 基于累积前景理论的主体选择匹配模型构建

0-1 匹配度方法对高校和企业主体的评价信息与期望信息做了处理,虽然体现了主体的心理行为偏好,给出了相应的期望信息,并将区间数信息作为参考点,分析一方主体的评价信息是否落入了另一方主体的期望信息作为主体心理是否认可的依据。但简单地用 0 或 1 表示接受或拒绝只能反映此时主体心理的一种状态,并不能对这种状态进行程度上的刻画,即不能将主体心理感受的收益或损失的程度加以量化。累积前景理论能通过计算正负益损值量化主体收益或损失大小,并基于主体对待收益和损失不同的风险态度加以赋权区分,进而再以主体满意度为目标求解匹配方案。

1. 问题描述

设高校主体集合为 $A = \{A_1, A_2, \cdots, A_m\}$,$m \geqslant 2$,其中 A_i 表示第 i 个高校,$i = 1, 2, \cdots, m$;企业主体集合为 $B = \{B_1, B_2, \cdots, B_n\}$,$n \geqslant 2$,其中 B_j 表示第 j 个企业,$j = 1, 2, \cdots, n$;不妨设 $m \leqslant n$。设 $F_i = (f_{i1}, f_{i2}, \cdots, f_{in})$ 为高校 A_i 给出的关于企业主体集合 B 的完全序值矩阵,其中 f_{ij} 表示高校 A_i 把企业 B_j 排在第 f_{ij} 位,$f_{ij} \in N$,$N = \{1, 2, \cdots, n\}$;$H_j = (h_{1j}, h_{2j}, \cdots, h_{mj})$ 为企业 B_j 给出的关于高校主体集合 A 的完全序值矩阵,其中 h_{ij} 表示企业 B_j 把高校 A_i 排在第 h_{ij} 位,$h_{ij} \in M$,$M = \{1, 2, \cdots, m\}$;$R = (r_1, r_2, \cdots, r_m)^T$ 为高校主体依据现有的认知和对合作前景的预期等因素对企业给出的期望值矩阵,其中 r_i 表示高校 A_i 给出的期望值,$r_i \in N$;$T = (t_1, t_2, \cdots, t_n)^T$ 为企业主体依据现有的认知和对合作前景的预期等因素对高校给出的期望值矩阵,其中 t_j 表示企业 B_j 给出的期望值,$t_j \in M$。

本章考虑的是根据上述的完全序值矩阵和期望值矩阵,在考虑高校与企业的主体期望的基础上,通过运用累积前景理论[177]并结合双边匹配决策方法,将高校与企业相匹配,使得双方的满意度尽可能达到最大,在此基础上求解出产学研合作知识协同合作匹配方案。

2. 选取参照点

期望值能很好地继承累积前景理论的各种性质,主体的心理感知能通过期望值很好地体现[177]。例如,当企业 B_j 对高校 A_i 的完全序值 h_{ij} 不大于企业 B_j 的期望值 t_j 时,即 $h_{ij} \leqslant t_j$,高校 A_i 符合企业 B_j 的预期,此时企业 B_j 心理感知价值为正,而且高校

A_i 的排序越靠前,感知的收益也就越大,反之,心理感知价值为负,即为损失。因此,选取期望值作为主体的参照点。

3. 计算主体益损值

主体对匹配对象的序值与主体的期望值之间的差值体现了主体的益损值。以高校 A_i 为例,高校 A_i 对企业的序值 f_{ij} 与其期望值 r_i 之间的规范化距离为

$$b_{ij}^A = \frac{|f_{ij} - r_i|}{n-1} \tag{7.9}$$

进一步地,建立高校到企业益损矩阵 $V=[v_{ij}]_{m \times n}$,其中 v_{ij} 表示序值 f_{ij} 相对于期望值 r_i 的益损值,计算公式如下:

$$v_{ij} = \begin{cases} b_{ij}^A, & f_{ij} < r_i \\ 0, & f_{ij} = r_i \quad (i \in M, j \in N) \\ -b_{ij}^A, & f_{ij} > r_i \end{cases} \tag{7.10}$$

这里,当 $f_{ij} < r_i$ 时,称 v_{ij} 为高校 A_i 获得的收益,反之,则称为高校 A_i 所感受的损失。同理,企业 B_j 对高校的序值 h_{ij} 与其期望值 t_j 之间的规范化距离 $b_{ij}^B = \frac{|h_{ij} - t_j|}{m-1}$,并建立企业到高校的相对期望值的益损矩阵 $W = [w_{ij}]_{m \times n}$。

4. 基于益损矩阵构建前景矩阵

根据益损矩阵 $V = [v_{ij}]_{m \times n}$,基于高校对待收益和损失不同的风险态度,可构建高校的前景矩阵 $P_A = [p_{ij}^A]_{m \times n}$,其中 p_{ij}^A 表示高校 A_i 对企业 B_j 的前景值。依据累积前景理论,前景值 p_{ij}^A 计算公式如下:

$$p_{ij}^A = \begin{cases} (v_{ij})^{\alpha_i}, & f_{ij} < r_i \\ 0, & f_{ij} = r_i \quad (i \in M, j \in N) \\ -\theta i (-v_{ij})^{\beta_i}, & f_{ij} > r_i \end{cases} \tag{7.11}$$

式中,参数 α_i 与 β_i 表示函数 p_{ij}^A 的凹凸程度,$0<\alpha_i<1$,$0<\beta_i<1$;参数 θ_i 表示高校 A_i 的损失规避程度,$\theta_i>1$ 表明高校 A_i 面对损失比收益更敏感,θ_i 越大表明高校 A_i 的损失规避程度越高。类似地,可定义企业的前景矩阵 $P_B=[p_{ij}^B]_{m\times n}$,其中 p_{ij}^B 表示企业 B_j 对高校 A_i 的前景值。

依据前景矩阵 $P_A=[p_{ij}^A]_{m\times n}$ 与 $P_B=[p_{ij}^B]_{m\times n}$,构建规范化前景矩阵 $\bar{P}_A=[\bar{p}_{ij}^A]_{m\times n}$ 与 $\bar{P}_B=[\bar{p}_{ij}^B]_{m\times n}$,其中 $\bar{p}_{ij}^A$ 与 $\bar{p}_{ij}^B$ 的计算公式如下:

$$\bar{p}_{ij}^A = p_{ij}^A / \max\{\max_{i,j}|p_{ij}^A|, \max_{i,j}|p_{ij}^B|\} \tag{7.12}$$

$$\bar{p}_{ij}^B = p_{ij}^B / \max\{\max_{i,j}|p_{ij}^A|, \max_{i,j}|p_{ij}^B|\} \tag{7.13}$$

5. 基于前景矩阵构建匹配模型

基于此,设 x_{ij} 是一个 0-1 变量,其中 $x_{ij}=0$ 表示 $\mu(A_i)\neq B_j$,即高校 A_i 与企业 B_j 在 μ 中未匹配;$x_{ij}=1$ 表示 $\mu(A_i)=B_j$,即高校 A_i 与企业 B_j 在 μ 中匹配。依据规范化前景矩阵 $\bar{P}_A=[\bar{p}_{ij}^A]_{m\times n}$ 与 $\bar{P}_B=[\bar{p}_{ij}^B]_{m\times n}$,可构建如下模型:

$$\begin{aligned}&\max \sum_{i=1}^m \sum_{j=1}^n \bar{p}_{ij}^A x_{ij}\\&\max \sum_{i=1}^m \sum_{j=1}^n \bar{p}_{ij}^B x_{ij}\\&\max \sum_{i=1}^m \sum_{j=1}^n x_{ij}\\&\text{s.t.} \sum_{j=1}^n x_{ij}=1\\&\quad \sum_{i=1}^m x_{ij}\leqslant 1\\&\quad x_{ij}\in\{0,1\}, i\in M, j\in N\end{aligned} \tag{7.14}$$

式中，$\max \sum_{i=1}^{m} \sum_{j=1}^{n} \bar{p}_{ij}^{A} x_{ij}$ 的含义是使得高校的前景值之和达到最大，$\sum_{i=1}^{m} \sum_{j=1}^{n} \bar{p}_{ij}^{B} x_{ij}$ 的含义是使得企业的前景值之和达到最大，$\max \sum_{i=1}^{m} \sum_{j=1}^{n} x_{ij}$ 的含义是使得合作匹配的对数最大化，即为产学研合作内开展知识协同活动进行伙伴选择匹配的目标，约束条件与之前所述的含义一致，这里不再说明。

6. 匹配模型的求解

考虑到规范化前景值 $|\bar{p}_{ij}^{A}| \in [0,1]$ 与 $|\bar{p}_{ij}^{B}| \in [0,1]$ 参数意义及实际大小都统一，为计算简便则采用线性加权法。设 w_A 和 w_B 分别表示高校和企业的权重，并且 $0 < w_A, w_B < 1$，$w_A + w_B = 1$，则将模型(7.14)转化为如下模型：

$$\begin{aligned} &\max \sum_{i=1}^{m} \sum_{j=1}^{n} c_{ij} x_{ij} \\ &\max \sum_{i=1}^{m} \sum_{j=1}^{n} x_{ij} \\ &\text{s.t.} \sum_{j=1}^{n} x_{ij} = 1 \\ &\quad \sum_{i=1}^{m} x_{ij} \leqslant 1 \\ &\quad x_{ij} \in \{0,1\}, i \in M, j \in N \end{aligned} \quad (7.15)$$

式中，$c_{ij} = w_A \bar{p}_{ij}^{A} + w_B \bar{p}_{ij}^{B}$，$C = [c_{ij}]_{m \times n}$ 为系数矩阵，权重 w_A 和 w_B 反映了主体在知识协同合作匹配中的地位，通常由第三方组织根据实际的匹配情形给出，例如为了保障高校和企业双方主体在匹配过程中的公平性，可令 $w_A = w_B = 0.5$。同理，可设计多项式求解算法，利用软件 Lingo 11.0 求解出产学研合作知识协同的伙伴选择匹配方案。

7.3 不同心理下主体伙伴选择数值算例

7.3.1 0-1匹配度下主体伙伴选择数值算例

为加快重大科技成果向现实生产力转化,促进科技和经济紧密结合,某产学研合作在内部设立科技成果转化专项资金重点资助创新水平高、产业带动性强、具有自主知识产权的重大科技成果转化项目,该类项目要求产学研合作内企业与高校科研机构开展研发合作和技术协同转化,因此在项目申请前期,将开展企业与高校的合作匹配选择,以确保申请项目的可行性。

1. 指标设计

不妨设定,在经过初步筛选后,3个高校(A_1,A_2,A_3)和4个企业(B_1,B_2,B_3,B_4)进入匹配阶段。所考虑的指标如前所述,对高校的评价指标[205,206]包括科研机构数(I_1,单位:个)、研发人员数(I_2,单位:人)、科研经费数(I_3,单位:千万元)、科研获奖数(I_4,单位:个)、专利授权(I_5,单位:个)、仪器设备(I_6,单位:台)、科研项目经费投入(I_7,单位:百万元)和科研项目人员投入(I_8,单位:人);对企业的评价指标[207-209]包括盈亏能力(I_9,单位:千万)、资信认证[I_{10},单位:等级,根据目前被大多数银行和机构认可的三级十等(D,C,CC,CCC,B,BB,BBB,A,AA,AAA)来划分,同时为了表示方便,不放设定D级为1,C级为2,CC级为3,CCC级为4,以此类推,AAA级为10,且设定$I_{10} \geqslant 6$,即为要求企业的资信等级最低为BB级]、市场占有率(I_{11},单位:%)、科研经费数(I_{12},单位:千万元)、科研机构数(I_{13},单位:个)、研发人员数(I_{14},单位:个)、研发投入比(I_{15},单位:%)和发明专利数(I_{16},单位:个)。其中$I_1 \sim I_{16}$的指标值均为清晰数,指标的确定主要由市科技主管部门组织专家确定;

第 7 章 不同心理下产学研合作知识协同主体伙伴选择分析

所有的期望值则均为区间数或者离散区间数。

2. 评价值矩阵和期望值矩阵

假设指标权重向量为

$$w_1 = (0.1, 0.1, 0.15, 0.15, 0.15, 0.1, 0.15, 0.1)$$
$$w_2 = (0.1, 0.1, 0.15, 0.2, 0.1, 0.1, 0.1, 0.15)$$

式中,w_1 代表高校,w_2 代表企业。高校给出的评价值矩阵 $R = [\bar{r}_{ik}]_{3\times 8}$ 和期望值矩阵 $E_A = [\bar{e}_{ik}^A]_{3\times 8}$,如表 7.1、表 7.2 所示;企业给出的评价值矩阵 $T = [\bar{t}_{jk}]_{4\times 8}$ 和期望值矩阵 $E_B = [\bar{e}_{jk}^B]_{4\times 8}$,如表 7.3、表 7.4 所示。

表 7.1 高校的指标值矩阵

主体\指标	I_1	I_2	I_3	I_4	I_5	I_6	I_7	I_8
A_1	10	120	6	40	60	100	4	30
A_2	6	85	8	60	80	120	5	25
A_3	8	100	7	55	75	150	4	20

表 7.2 高校的期望值矩阵

主体\指标	I_9	I_{10}	I_{11}	I_{12}	I_{13}	I_{14}	I_{15}	I_{16}
A_1	[4, 6]	[7, 9]	[40, 60]	[1, 3]	[7, 9]	[60, 70]	[5, 8]	[10, 15]
A_2	[5, 8]	[6, 8]	[50, 65]	[1, 2]	[4, 6]	[55, 80]	[4, 6]	[20, 30]
A_3	[5, 7]	[6, 9]	[55, 70]	[2, 3]	[5, 8]	[50, 60]	[3, 7]	[15, 25]

表 7.3 企业的指标值矩阵

主体\指标	I_9	I_{10}	I_{11}	I_{12}	I_{13}	I_{14}	I_{15}	I_{16}
B_1	5	7	35	1.5	6	50	4.5	12
B_2	4.5	8	40	2	8	75	6	18
B_3	6	6	60	1	5	55	7	25
B_4	7.5	7	55	2.5	6	60	6.5	20

表7.4 企业的期望值矩阵

指标 主体	I_1	I_2	I_3	I_4	I_5	I_6	I_7	I_8
B_1	[6, 8]	[70, 85]	[5, 7]	[45, 55]	[50, 70]	[80, 100]	[3, 4]	[30, 35]
B_2	[8, 10]	[80, 95]	[4, 6]	[40, 50]	[45, 60]	[100, 150]	[4, 5]	[15, 25]
B_3	[5, 6]	[85, 110]	[4, 7]	[60, 70]	[60, 80]	[100, 120]	[5, 6]	[20, 30]
B_4	[5, 7]	[75, 100]	[5, 8]	[55, 60]	[55, 70]	[90, 110]	[3, 5]	[20, 25]

3. 匹配度矩阵

根据式(7.1)和式(7.2),建立高校的匹配度矩阵 P_k^A(如表7.5所示);根据式(7.3)和式(7.4),建立企业的匹配度矩阵 P_k^B(如表7.6所示)。根据式(7.5)和设定的权重向量 w_1,建立高校的综合匹配度矩阵 P_A(如表7.7所示);根据式(7.6)和设定的权重向量 w_2,建立企业的综合匹配度矩阵 P_B(如表7.8所示)。

表7.5 高校的匹配度矩阵

指标 主体	P_9^A I_9				P_{10}^A I_{10}				P_{11}^A I_{11}				P_{12}^A I_{12}			
	B_1	B_2	B_3	B_4	B_1	B_2	B_3	B_4	B_1	B_2	B_3	B_4	B_1	B_2	B_3	B_4
A_1	1	1	1	0	1	1	0	1	0	1	1	1	1	1	1	1
A_2	1	0	1	1	1	1	1	1	0	0	1	1	1	1	1	0
A_3	1	0	1	0	1	1	1	1	0	0	1	1	0	1	0	1

指标 主体	P_{13}^A I_{13}				P_{14}^A I_{14}				P_{15}^A I_{15}				P_{16}^A I_{16}			
	B_1	B_2	B_3	B_4	B_1	B_2	B_3	B_4	B_1	B_2	B_3	B_4	B_1	B_2	B_3	B_4
A_1	0	1	0	0	0	0	0	1	0	1	1	1	1	0	0	0
A_2	1	0	1	1	0	1	1	1	1	1	0	1	0	0	1	1
A_3	1	1	1	1	1	0	1	1	1	1	1	1	0	1	1	1

表 7.6 企业的匹配度矩阵

指标\主体	P_1^B I_1				P_2^B I_2				P_3^B I_3				P_4^B I_4			
	B_1	B_2	B_3	B_4	B_1	B_2	B_3	B_4	B_1	B_2	B_3	B_4	B_1	B_2	B_3	B_4
A_1	0	1	0	0	0	0	0	0	1	1	1	1	0	1	0	0
A_2	1	0	1	1	1	1	1	1	0	0	0	1	1	0	1	1
A_3	1	1	0	0	0	0	1	1	1	0	1	1	1	0	0	1

指标\主体	P_5^B I_5				P_6^B I_6				P_7^B I_7				P_8^B I_8			
	B_1	B_2	B_3	B_4	B_1	B_2	B_3	B_4	B_1	B_2	B_3	B_4	B_1	B_2	B_3	B_4
A_1	1	1	1	1	1	1	1	1	1	1	0	1	1	0	1	0
A_2	0	0	1	0	0	1	1	0	0	1	0	1	0	1	1	1
A_3	0	0	1	0	0	1	0	0	1	1	0	1	0	1	1	1

表 7.7 高校的综合匹配度矩阵

指标\主体	P_A			
	B_1	B_2	B_3	B_4
A_1	0.45	0.8	0.55	0.65
A_2	0.65	0.5	0.85	0.7
A_3	0.6	0.65	0.85	0.9

表 7.8 企业的综合匹配度矩阵

指标\主体	P_B			
	B_1	B_2	B_3	B_4
A_1	0.45	0.75	0.35	0.45
A_2	0.4	0.45	0.75	0.8
A_3	0.55	0.45	0.5	0.7

4. 多目标优化模型与求解

依据综合匹配度矩阵 P_A 和 P_B 及匹配约束条件,构建多目标优化模型(7.7);不妨假设在合作匹配过程中高校和企业所处的地位相同,即为 $w_A = w_B = 0.5$,则模型(7.7)可简化为模型(7.8),其中系数矩阵 $Q = [q_{ij}]_{3 \times 4}$(如表 7.9 所示), $q_{ij} = 0.5 w_A + 0.5 w_B$。

求解模型(7.8),可得匹配方案为 $\mu = \{(A_1, B_2), (A_2, B_3), (A_3, B_4), (B_1, B_1)\}$,即为: A_1 与 B_2 匹配, A_2 与 B_3 匹配, A_3 与 B_4 匹配, B_1 未匹配。

表 7.9 系数矩阵

主体 \ 指标	$Q = [q_{ij}]_{3 \times 4}$			
	B_1	B_2	B_3	B_4
A_1	0.45	0.78	0.4	0.55
A_2	0.53	0.48	0.8	0.75
A_3	0.58	0.55	0.67	0.8

7.3.2 基于累积前景理论的主体伙伴选择数值算例

2014 年国家中小企业知识产权托管工程正式启动,江苏某地成立了高校与企业的知识产权产学研合作开展知识产权活动。该产学研合作打破地域限制,集成了知识产权申请、交易、维权等功能,有效降低了企业专利交易成本。在最近开展的一次专利交易活动中共有 3 件专利(分属 3 个高校)提供给 4 家中小企业(一个企业只能选择 1 件专利),即 $m = 3, n = 4$。

1. 建立高校和企业的评价指标体系

高校作为专利的供给方,企业更加关注其专利价值,包括专利的技术价值、法律价值和经济价值等。结合专利的特点,本例参照国家知识产权局和中国技术交易所等提出的专利价值分析体系[210],选取专利稳定性、实施可规避性、专利侵权可判定性、先进性等指标作为法律价值(LVD),选取适用范围、配套技术依存度、可替代性等指标作为技术价值(TVD),选取市场规模前景作为经

第 7 章 不同心理下产学研合作知识协同主体伙伴选择分析

济价值(EVD)的衡量指标。专利价值(PVD)由两方面组成:一方面由专家评定高校专利三个价值维度(LVD、TVD、EVD)的得分;另一方面由各个企业主体决策者根据心理期望分别给出参数 α、β、γ 的值作为三个价值维度的权重,即 $PVD=\alpha \cdot LVD+\beta \cdot TVD+\gamma \cdot MVD$,$\alpha+\beta+\gamma=1$。高校专利价值评估体系的指标评价标准和分值如表 7.10、表 7.11 所示。

表 7.10 高校的专利价值评价体系

指标	评价标准
稳定性	本专利及同族专利经过复审、无效程序,或涉及诉讼的结果;同族专利授权情况;权利要求特征多少
专利侵权可判定性	首先将独立权要求的每个特征分解出来,对每个分解特征进行评估,然后再对该权利要求的所有特征的可规避性的评分求平均分,进而获得专利侵权可判定性的分值
可规避性	首先将独立权要求的每个特征分解出来,对每个分解特征进行评估,然后再对该权利要求的所有特征的可规避性的评分求平均分,进而获得可规避性的分值
先进性	行业技术更新速度;相关科技成果学术论文发表数量;专利报告中创新点数量;与本领域主流技术的比较优势
适用范围	专利独立权利要求数量;专利族大小(不同国家申报);专利保护范围;专利应用领域(宽度)
配套技术依存度	专利独立度;依赖配套技术数量;依赖技术的法律状态信息及剩余保护期限
可替代性	解决相同问题或类似问题的其他技术方案替代度;是核心专利或外围专利
市场规模前景	相同领域专利的当前市场规模;专利应用的目标(技术升级、开发产品、产业升级、技术标准);销售国别;行业特征;市场需求量

表 7.11 高校的评价指标分值

指标	分值含义				
	10 分	8 分	6 分	4 分	2 分
稳定性	特别稳定	非常稳定	稳定	不太稳定	很不稳定
专利侵权可判定性	特别易于判定	很易于判定	难于判定	比较难于判定	很难于判定

(续表)

指标	分值含义				
	10分	8分	6分	4分	2分
可规避性	很难规避	—	较难规避	—	可以规避
先进性	非常先进	先进	一般	落后	非常落后
适用范围	宽广	比较宽泛	一般	比较狭窄	受极大约束
配套技术依存度	独立使用	依赖个别其他技术	依赖较少其他技术	比较依赖其他技术	很依赖其他技术
可替代性	不存在替代技术	—	存在替代技术,但本技术占优势	—	存在替代技术,且比本技术有优势
市场规模前景	极大(1亿元以上)	比较大(5千万~1亿元)	一般(1千万~5千万元)	比较小(5百万~1千万元)	很小(5百万元以下)

注:其中"—"表示根据专利价值评价体系并无该项分值。

企业作为专利的需求方,高校更加关注其专利运营能力,体现在企业的产业化能力、市场营销能力和资本投入能力[211,212]上。借鉴相关学者的研究,本例选取产业化规模、产业化效率作为产业化能力(EIC)的评价指标,市场需求量、市场占有率和利润分成率作为市场营销能力(EMC)的评价指标,选取物质资本投入、研发资本投入和人力资本投入作为资本投入能力(CIC)的评价指标。专利运营能力(POC)由两方面组成:一方面由专家评定企业专利运营三个能力维度(EIC、EMC、CIC)的得分;另一方面由各个高校主体决策者根据心理期望分别给出参数 a、b、c 的值作为三个能力维度的权重,即 $POC = a \cdot EIC + b \cdot EMC + c \cdot CIC, a+b+c=1$。企业专利运营能力评价体系的指标评价标准和分值如表7.12、表7.13所示。

表7.12 企业的专利运营能力评价体系

指　标	评　价　标　准
产业化规模	产业化规模用企业的生产总值或产出量来表示
产业化效率	产业化效率用企业在专利技术的投入成本与产出效益之间的比例来衡量
市场需求量	根据企业的专利技术产品在市场的销售量进行评判
市场占有率	企业专利技术产品的销售量（或销售额）在市场同类产品中占有比例
利润分成率	根据企业的总体利润分成率的平均水平进行评价
物质资本投入	评估企业的物质资本投入，包括机器、设备、厂房、建筑物、交通运输设施等
研发资本投入	计算企业在专利运营方面投入的研发金额总数
人力资本投入	评估企业专利运营人才队伍的综合素质，包括职称、学历等

表7.13 企业的评价指标分值

指　标	分值含义				
	10分	8分	6分	4分	2分
产业化规模	非常大	比较大	一般	较小	很小
产业化效率	非常高	比较高	一般	较低	很低
市场需求量	非常多	比较多	一般	较少	很少
市场占有率	很大	较大	一般	较小	很小
利润分成率	很高	较大	一般	较低	很低
物质资本投入	非常多	比较多	一般	较少	很少
研发资本投入	非常多	比较多	一般	较少	很少
人力资本投入	非常多	比较多	一般	较少	很少

2. 给出高校和企业的评价信息、期望信息与指标权重

不妨设定，经过初步的筛选，共有3件专利（分属3个高校）和4家中小企业（一个企业只能选择1件专利）入围最终的交易匹配阶段，即此时 $m=3, n=4$。首先，由主体或专家根据相应指标的评价标准和分值对高校（A_1, A_2, A_3）和企业（B_1, B_2, B_3, B_4）进行评分，对每个指标的评分按照去掉一个最高分、去掉一个最低

分的原则,取其平均值作为该指标的评分;接着对于三个指标维度的评分,取其所包含的所有指标分值的平均值作为评分,如表 7.14、表 7.15 所示;进一步地,为体现处于交易匹配状态的高校和企业主体决策者的主观意愿,由 3 所高校分别给出企业专利运营能力三个能力维度指标的权重,由 4 家企业分别给出高校专利价值三个价值维度的权重,如表 7.16、表 7.17 所示。

据此,由上述表格(表 7.14～7.17)计算以及高校和企业给出的期望值,分别得到企业对于高校的决策矩阵即完全序值矩阵 H 和期望值矩阵 T,如表 7.18 所示,以及高校对企业的决策矩阵即完全序值矩阵 F 和期望值矩阵 R,如表 7.19 所示。

表 7.14　高校评价值信息

高校 \ 指标	LVD	TVD	MVD
A_1	6.3	6.5	8.2
A_2	6.0	5.8	7.2
$A3$	7.0	6.3	6.7

表 7.15　企业评价值信息

企业 \ 指标	EIC	EMC	CIC
B_1	6.2	7.3	7.0
B_2	6.7	7.4	6.8
B_3	7.2	6.7	8.1
B_4	5.8	6.9	7.8

表 7.16　企业决策矩阵 H 和 T

企业 \ 高校	H_j	A_1	A_2	A_3	T
B_1	H_1	1	3	2	2
B_2	H_2	1	2	3	1
B_3	H_3	1	3	2	1
B_4	H_4	1	2	2	2

表 7.17　高校决策矩阵 F 和 R

高校＼企业	F_i	B_1	B_2	B_3	B_4	R
A_1	F_1	1	2	3	4	3
A_2	F_2	3	2	1	4	2
A_3	F_3	3	2	1	4	2

7.3.3　基于累积前景理论的前景值矩阵和匹配方案

依据式(7.9)建立高校主体决策者对企业相对于期望值的益损矩阵 V，建立企业主体决策者对高校相对于期望值的益损矩阵 W，如表 7.18、表 7.19 所示。

表 7.18　益损矩阵 V

企业＼高校	A_1	A_2	A_3
B_1	$\frac{1}{3}$	$-\frac{1}{3}$	0
B_2	0	$-\frac{1}{3}$	$-\frac{2}{3}$
B_3	0	$-\frac{2}{3}$	$-\frac{1}{3}$
B_4	$\frac{1}{3}$	0	0

表 7.19　益损矩阵 W

高校＼企业	B_1	B_2	B_3	B_4
A_1	1	$\frac{1}{2}$	0	$-\frac{1}{2}$
A_2	$-\frac{1}{2}$	0	$\frac{1}{2}$	-1
A_3	$-\frac{1}{2}$	0	$\frac{1}{2}$	-1

依据益损矩阵 V 和 W，分别建立前景矩阵 P_A 与 P_B，据相关研究可知，α_i、β_i 和 θ_i 的取值采用文献[165]中的实验数据时与现

实较为一致,即 $\alpha_i = \beta_i = 0.88$, $\theta_i = 2.25$。依据前景矩阵 P_A 与 P_B,运用式(7.10)、式(7.11)、式(7.12)、式(7.13)计算规范化前景矩阵 $\bar{P}_A$ 与 $\bar{P}_B$,如表 7.20 和表 7.21 所示。

根据模型(7.15),不妨设 $w_A = w_B = 0.5$(高校与企业在匹配的过程中主体地位相等),运用软件 Lingo 11.0 求解匹配方案,可得匹配结果:$\mu = \{(A_1, B_1), (A_2, B_2), (A_3, B_3), (B_4)\}$,即 A_1 与 B_1 匹配,A_2 与 B_2 匹配,A_3 与 B_3 匹配,B_4 未匹配,其中系数矩阵 $C = [c_{ij}]_{3 \times 4}$,如表 7.22 所示。

表 7.20 规范化前景矩阵 $\bar{P}_A$

$\bar{P}_A$	A_1	A_2	A_3
B_1	0.17	−0.38	0
B_2	0	−0.38	−0.70
B_3	0	−0.70	−0.38
B_4	0.17	0	0

表 7.21 规范化前景矩阵 $\bar{P}_B$

$\bar{P}_B$	B_1	B_2	B_3	B_4
A_1	0.44	0.24	0	−0.54
A_2	−0.54	0	0.24	−1
A_3	−0.54	0	0.24	−1

表 7.22 系数矩阵 C

c_{ij}	A_1	A_2	A_3
B_1	0.31	−0.46	−0.27
B_2	0.11	−0.19	−0.35
B_3	0	−0.23	−0.07
B_4	−0.19	−0.5	−0.5

7.4 本章小结

本章分析了产学研合作知识协同主体的心理行为,根据不同的心理行为构建了主体的伙伴选择匹配模型,包括基于 0-1 匹配度的主体选择匹配模型和基于累积前景理论的主体选择匹配模型,并通过数值算例进行了验证,证明了模型的可行性与有效性。在前述章节的基础上,本章分析了在相对确定的环境下考虑主体心理行为的伙伴选择问题,完成了以下工作:

(1)对产学研合作内高校和企业的有限理性行为特征进行描述,包含主体的行为偏好、对待收益与损失的不同风险态度等,通过序值信息、优序信息等数学语言对主体心理行为进行量化表示,并进一步探讨了主体的心理期望与伙伴选择匹配目标的关系。

(2)针对主体的不同心理行为,运用 0-1 匹配度信息对主体的评价信息与期望信息的关系进行描述,刻画主体的收益与损失状态。为更好地分析主体面对收益与损失的感受程度和选择行为,基于累积前景理论构建前景矩阵,能较为全面地分析主体的心理行为活动。

(3)通过两个高校和企业的合作伙伴选择实例,分别验证所构建的基于 0-1 匹配度的主体伙伴选择匹配模型和基于累积前景理论的主体伙伴选择匹配模型的有效性与可行性,体现高校和企业在产学研合作内开展知识协同伙伴选择的心理行为活动。

第 8 章
不确定信息下产学研合作知识协同主体伙伴选择分析

第 7 章考虑了主体心理期望,从知识协同主体的角度分析了在产学研合作知识协同过程中主体心理行为对主体伙伴选择的影响。知识特性、知识协同媒介和知识协同情境等因素也会对知识协同产生影响,形成主体选择环境的不确定性,在产学研合作知识协同过程中通过作用于知识协同主体对其选择行为产生影响,产生不确定信息。因此,本章将在第 7 章的基础上,基于主体心理期望考虑主体选择的不确定环境,采用多种形式的不确定信息表示主体匹配需求,进一步优化匹配模型,并通过数值算例进行验证分析。

8.1 主体不确定信息的表述与处理

8.1.1 产学研合作知识协同不确定分析

产学研合作知识协同主体伙伴选择过程中会受到各种影响因素的干扰,充满着不确定性,这一不确定性主要是由于主体自身差异、指标信息和权重信息的模糊性以及主体伙伴选择环境的动态变化等原因所导致的。具体如下：

1. 主体自身差异所导致的不确定性

作为伙伴选择主体的高校和企业，其决策者会根据组织自身发展的战略做出有利于组织的选择决策。作为组织决策代表的主体决策者，需要整合组织内部所有人的意见给出自身的匹配需求。然而，组织成员由于知识背景、专业技能、价值取向等不同，对待合作伙伴选择的标准也不同。若能通过协商的方式达成相对一致的意见时，主体决策者能给出相对清晰的指标信息，但在大多数情况下，主体决策者往往不能整合其内部成员的意见，此时，主体决策者给出的指标信息就具有不确定性。同时，在产学研合作内部的两个不同的主体，其主体决策者对于同一个评价指标往往会给出不同的评价信息，具有较强的主观性，增加了数据处理的难度，形成了复杂多样的数据形式，也在一定程度上导致了不确定性。

2. 指标信息和权重信息的不确定性

指标信息和权重信息的不确定性，源于知识协同主体在知识协同过程中对目标知识特性、不同协同媒介所带来的不确定性。例如，知识的隐性特点使得主体无法准确判断合作伙伴所能带来的技术价值，采用电子媒介的沟通方式的协同效果不如采用面对面的交流方式所带来的效果。因此，在主体根据指标评价体系对合作对象进行评价时，所给出的信息具有较大的不确定性。

针对高校和企业的知识协同主体伙伴选择行为，产学研合作专家建立了一套评价高校和企业主体的指标体系。根据指标的类型，可划分为定量指标与定性指标。在之前的研究中，主要采取定量指标研究主体的伙伴选择问题，例如高校和企业的科研获奖数、专利授权数、研发人员数等，都可以通过调查获取相关数据，一般采取实数的形式表示；而对于少部分的定性指标，如专利运营方面的评价指标，主要是通过打分制的形式给出相对明确的分值。

但在现实的匹配情境中，对于一些定性指标，例如高校的学术影响力、企业的总资产成长性等,通常难以给出准确的评价信息与期望信息,这是由于定性指标本身就具有一定的不确定性所导致的。即使是对于一些定量指标,例如主体协同创新成果转化率,也可能由于数据获取的不易性和变动性,主体难以给出一个准确的数值,这时候就需要增加数据形式,采用一些不确定信息进行较为全面的表述。同时,在之前的研究中,指标的权重由产学研合作专家相对客观地给出或者由主体根据自身的偏好给出,权重信息都是以实数的形式给出。但由于决策者自身的知识能力有限以及复杂环境所限制,权重信息也可能具有一定的不确定性,决策者会以区间数的形式给出指标的权重信息。

3. 主体伙伴选择环境的不确定性

主体伙伴选择环境的不确定性来源于知识协同情境的动态复杂性,随着经济全球化、技术的不断进步以及市场竞争的加剧,使得当前组织的环境由相对稳定的静态环境转向了复杂多变、不稳定的动态环境。正是由于动态变化的环境充满着不确定性,使得产学研合作知识协同主体的高校和企业在面对合作伙伴的选择时,不仅会考虑当前的匹配信息,也会基于组织的战略目标对未来的合作给出相应的预期。这种预期是具有不确定性的,难以通过计量给出准确的数值,是由主体根据现有的合作条件和对未来的合作期望采用不确定信息的数据形式加以表述的。因此,在产学研合作内开展知识协同主体伙伴选择时,要关注环境的不确定性因素对产学研合作主体的选择影响。

8.1.2 主体不确定信息的表述

产学研合作知识协同主体伙伴选择过程中充满不确定性,对于这种不确定性需要采用相应的不确定信息加以量化表述。本章借鉴区间数理论、模糊数理论、语言变量理论和灰数理论等常用的不确定信息理论,采用区间数、三角模糊数、直觉模糊数、语言变量集、区间灰数等五种数据形式给出产学研合作专家对主体评价指标的评价值以及高校、企业对主体评价指标的期望值,并使用区间数的形式来表示主体评价指标体系的指标权重。具体如下:

1. 区间数

区间数代表了一种不确定,区间的左侧表示主体最低的心理期望,区间的右侧体现了主体最高的心理期望,产学研合作主体决策者在面对某个评价指标时可能无法给出准确的数值,但往往能根据自身的经验给出一定的期望范围。例如,某个高校对合作企业将高校的技术转化后市场占有率能达到 30%~50%,即表示为 $[0.3,0.5]$。

2. 三角模糊数

三角模糊数由 Zadeh[213] 在 1965 年提出,主要是为了解决不确定环境下的信息表示方式。设 $a=[a^L,a^M,a^U]$ 为三角模糊数,其中 $0<a^L\leqslant a^M\leqslant a^U$,$a^L$ 为下界,表示主体所期望的最低值;a^U 为上界,表示主体所期望的最大值;a^M 处于中间,表示主体所期望的最可能值。例如,某个企业对高校的中级职称以上人数占科研团队的比例这一指标给出的三角模糊数为 $a=[0.3,0.6,0.8]$,表示企业希望高校的中级职称以上人数占科研团队的比例不低于 30%,最高期望是 80%,但企业觉得高校所能满足这一条件的最可能的比例是 60%。

3. 直觉模糊数

直觉模糊数由 Atanassov[214] 在 1986 年提出,包含了对一个客观事物评价的支持程度、反对程度和犹豫程度,在处理不确定性时更具有灵活性和实用性。设 $b=\langle c,d\rangle$ 为直觉模糊数,其中 $0\leqslant c+d\leqslant 1$,$c$ 表示主体的支持程度,d 表示主体的反对程度,$e=1-c-d$ 为主体的犹豫程度。例如 $b=\langle 0.5,0.3\rangle$ 表示主体对某一事物有 50% 的概率支持,30% 的概率反对,20% 的概率处于犹豫状态。

4. 语言变量集

语言变量是人们将使用的语言短语视为数学变量所建立的一种不确定集合,设语言评价集为 $f=(f_1,f_2,\cdots,f_m)$,其中 m 为奇数,m 一般取值 3,5,7,9 等奇数。在主体无法对某项事物给出准确评价时,语言变量往往能符合人们的决策习惯,给出语言偏好。例如,对于高校的学术影响力,企业可以给出语言集(很高,高,一般,低,很低)中的某一个词来做出判断。

5. 区间灰数

区间灰数是一种表示不确定信息常用的方法,一般将主体只了解某一个事物的大概范围而不清楚其具体数值的数称为灰数,与区间数有着本质的区别。设 $g(\otimes)=[g^L,g^U]$,g^L 为区间灰数的下界,g^U 为区间灰数的上界。例如,当某一个高校对企业的科研投入产出比进行评价时,其期望值为 $g(\otimes)=[0.3,0.5]$,说明该高校基于现有的情况和对未来的预期了解企业的投入产出比大致在 0.3~0.5 之间,但不能确定具体是哪个数值。

8.1.3 主体不确定信息的规范化处理

产学研合作知识协同主体在进行合作对接时,专家和主体都会给出一些不确定信息,对于这类不确定信息需要进行有效的集结,才能更好地根据主体的匹配满意度做出选择判断。然而,由于各类不确定信息的客观存在使得难以对信息进行统一化处理,鉴于评价信息和期望信息存在不同的量纲,在进行信息集结前需要对主体的不确定信息进行规范化处理。

由于指标有不同的属性,分为效益型指标和成本型指标,所以在规范化过程中对于不同的指标属性采取不同的规范化方法。对于区间数和三角模糊数,在指标的两端存在着最大值与最小值,当评价指标为效益型指标时,指标内的值均除以该评价指标所有区间数或三角模糊数内右端点的最大值。例如,某个指标评价值为

三角模糊数 $a = [a^L, a^M, a^U]$，该评价指标的所有评价值的右侧端点最大值为 $a_{\max}^U$，则规范化的三角模糊数 $a' = [a^L/a_{\max}^U, a^M/a_{\max}^U, a^U/a_{\max}^U]$。当评价指标为成本型指标时，需要变动区间内数值的大小顺序，采用 $1-X$ 的数值形式，如 $a'' = [1-a^U/a_{\max}^U, 1-a^M/a_{\max}^U, 1-a^L/a_{\max}^U]$。直觉模糊数的数值区间在 0～1 之间，因此无须做规范化处理。

对于语言变量集，通常采用将语言变量集转化为二元语义[215]的形式加以处理。设基本语言变量集 $R = \{r_1, r_2, \cdots, r_m\}$，$m$ 为奇数，对任意的语言变量集 $r_i \in R$，皆可以表示成二元语义 $(r_\phi, 0)$ 的形式，$r_\phi = \dfrac{r_i - 1}{m - 1}$。例如对于一组语言变量集 $R = (a, b, c, d, e)$，分别表示很差、差、一般、好、很好，对其进行规范化则为 $(0, 0)$，$\left(\dfrac{1}{4}, 0\right)$，$\left(\dfrac{1}{2}, 0\right)$，$\left(\dfrac{3}{4}, 0\right)$，$(1, 0)$，其中 a, b, c, d, e 分别取值 1，2，3，4，5。对于区间灰数 $g(\otimes) = [g^L, g^U]$，通常设 $h = \dfrac{1}{2}(g^L + g^U)$，则规范化的区间灰数 $g'(\otimes) = \left(\dfrac{g^L - h}{h}, \dfrac{g^U - h}{h}\right)$。通过规范化后得到相对统一的数据形式，在同种类型的不确定信息之间对评价信息与期望信息进行比较，集结主体的匹配满意度信息，进而求解主体伙伴选择的匹配方案。

8.2 不确定下主体匹配模型构建

基于上述分析可知，产学研合作知识协同主体伙伴选择过程中存在着不确定性，产学研合作专家、高校和企业在面对评价指标时会给出不确定信息，需要分析在不确定环境下主体伙伴选择问题。因此,本章将在第 7 章研究内容的基础上,充分考虑伙伴选择过程中的确定信息与不确定信息,基于主体心理期望运用灰色系统理论、累积前景理论等较为全面地分析产学研合作知识协同过程中的主体伙伴选择问题。

8.2.1 基于灰色关联的不确定信息主体匹配模型构建

1. 主体多类型信息匹配问题描述

(1) 主体评价信息决策矩阵

设高校主体集合为 $A=\{A_1, A_2, \cdots, A_m\}$,其中 A_i 表示第 i 个高校个体;$C=(C_1, C_2, \cdots, C_n)$ 为高校评价指标的集合,C_j 表示第 j 个评价指标;$W=\{w_1, w_2, \cdots, w_n\}$ 表示评价指标的权重信息的集合,评价指标 C_j 的权重 w_j 不能完全确定,但是可知 $w_j=[w_j^L, w_j^R]$,其中 $i=1, 2, \cdots, m$,$j=1, 2, \cdots, n$,$\sum_{j=1}^{n} w_j^L \leqslant 1$,$\sum_{j=1}^{n} w_j^R \geqslant 1$,$0 \leqslant w_j^L \leqslant w_j^R \leqslant 1$。高校个体 A_i 在评价指标 C_j 下的评价信息为 a_{ij},构成决策矩阵 $A=[a_{ij}]_{m \times n}$。

设企业主体集合为 $B=\{B_1, B_2, \cdots, B_p\}$,其中 B_h 表示第 h 个企业个体;$Q=\{Q_1, Q_2, \cdots, Q_q\}$ 为企业评价指标的集合,Q_l 表示第 l 个评价指标;$Y=\{y_1, y_2, \cdots, y_q\}$ 表示评价指标的权重信息的集合,评价指标 Q_l 的权重 y_l 不能完全确定,但是可知 $Y_l=[Y_l^L, Y_l^R]$,其中 $h=1, 2, \cdots, p$,$l=1, 2, \cdots, q$,$\sum_{l=1}^{q} y_l^L \leqslant 1$,$\sum_{l=1}^{q} y_l^R \geqslant 1$,$0 \leqslant y_l^L \leqslant y_l^R \leqslant 1$。企业个体 B_h 在评价指标 Q_l 下的评价信息为 b_{hl},构成决策矩阵 $B=[b_{hl}]_{p \times q}$。

(2) 主体评价指标的信息类型与属性

由于客观事物的复杂性和决策信息的模糊性、不确定性,考虑

评价指标的信息 a_{ij}、b_{hl} 为区间数、三角模糊数和直觉模糊数三种类型,对定量指标采用区间数(B_1)或三角模糊数(B_2)表示;对定性指标采用直觉模糊数(B_3)表示相关的评价信息。评价信息集 $B = B_1 \cup B_2 \cup B_3$,设 B' 和 B'' 分别表示 B 中的效益型和成本型属性集合。以高校主体指标信息 a_{ij} 为例,其信息类型与属性表示如下:

$$a_{ij} = \begin{cases} [\underline{e}_{ij}, \bar{e}_{ij}], & \text{若 } C_j \in B_1 \\ (f_{ij}, g_{ij}, k_{ij}), & \text{若 } C_j \in B_2 \\ \langle s_{ij}, t_{ij} \rangle, & \text{若 } C_j \in B_3 \end{cases} \quad (8.1)$$

这里的 a_{ij} 为高校个体 A_i 在高校的评价指标 C_j 下的评价值,由产学研合作组织专家给出,产学研合作本着公平、公正、公开的原则有序地开展双方主体的匹配工作,以更好地提高高校主体与企业主体的匹配成功率和匹配满意度。

(3) 主体期望信息决策矩阵

考虑高校和企业主体的心理行为,根据现有的信息和对未来的预期等因素,以企业为例,企业个体 B_h 对高校的评价指标 C_j 的期望构成决策矩阵为 $B' = [a'_{hj}]_{p \times n}$,其中期望值:

$$a'_{ij} = \begin{cases} [\underline{e}'_{hj}, \bar{e}'_{hj}], & \text{若 } C_j \in B_1 \\ (f'_{hj}, g'_{hj}, k'_{hj}), & \text{若 } C_j \in B_2 \\ \langle s'_{hj}, t'_{hj} \rangle, & \text{若 } C_j \in B_3 \end{cases} \quad (8.2)$$

本章考虑的是根据上述的评价值和期望值信息,并在考虑高校与企业的主体心理行为的基础上,通过使用灰色关联决策方法,将高校与企业相匹配,使得双方的满意度尽可能达到最大,实现高校与企业的匹配效益最大化。

2. 基于灰色关联的多类型信息伙伴选择匹配模型

(1) 多类型信息的规范化

为消除不同物理量纲对决策结果的影响,首先需将各指标的评价值和期望值进行规范化[17]处理。以 a_{ij} 为例说明规范化方法。

区间数 $a_{ij}=[\underline{e}_{ij},\bar{e}_{ij}](C_j \in B_1)$ 规范化为：

$$\delta_{ij}=\begin{cases}[\underline{e}_{ij}/\bar{e}_{\max},\bar{e}_{ij}/\bar{e}_{\max}], & 若 C_j \in B' \\ [1-\bar{e}_{ij}/\bar{e}_{\max},1-\underline{e}_{ij}/\bar{e}_{\max}], & 若 C_j \in B''\end{cases} \quad (8.3)$$

三角模糊数 $a_{ij}=(f_{ij},g_{ij},k_{ij})(C_j \in B_2)$ 规范化为：

$$\delta_{ij}=\begin{cases}[f_{ij}/k_{\max},g_{ij}/k_{\max},k_{ij}/k_{\max}], & 若 C_j \in B' \\ [1-k_{ij}/k_{\max},1-g_{ij}/k_{\max},1-f_{ij}/k_{\max}], & 若 C_j \in B''\end{cases}$$
$$(8.4)$$

式(8.3)和式(8.4)中 $\bar{e}_{\max}=\max\{\bar{e}_{ij} \mid i=1,2,\cdots,m\}$，$k_{\max}=\max\{k_{ij} \mid i=1,2,\cdots,m\}$。

直觉模糊数 $a_{ij}=\langle s_{ij},t_{ij}\rangle(C_j \in B_3)$ 本身是介于 0 与 1 之间，无须规范化。类似地，可将 b_{hl}、a'_{hj} 和 b'_{il} 规范化。为简化符号，将 a_{ij}、b_{hl}、a'_{hj} 和 b'_{il} 规范化后的结果仍然分别记为 a_{ij}、b_{hl}、a'_{hj} 和 b'_{il}。

(2) 各指标下主体的灰色关联系数

灰色关联分析的基本思想是根据序列曲线几何形状的相似程度来判断其联系是否紧密。曲线越接近，相应序列之间的关联度就最大，联系也越紧密，反之就越小。期望值代表一方主体对另一方主体的主观需求，反映其心理行为活动，评价值由专家作为一方主体的代表给出对另一方主体的主观评价，较为客观地对主体进行评价。通过比较各个指标下主体的评价值与期望值所构成的两条曲线几何形状的相似程度，得到主体之间的紧密程度。

以高校主体为例，根据灰色关联分析方法，先通过灰色关联系数判断在每一个评价指标下，高校的评价值与企业的期望值接近程度，再通过对每一个评价指标进行加权，整体地判断在所有指标下高校主体与企业主体的关联程度。因此,定义高校 A_i 在指标 C_j 下与企业 B_h 的灰色关联系数如下:

$$\xi_{ih}^j = \frac{\min\limits_{i}\min\limits_{h}|\Delta_{ih}|+\rho\max\limits_{i}\max\limits_{h}|\Delta_{ih}|}{|\Delta_{ih}^j|+\rho\max\limits_{i}\max\limits_{h}|\Delta_{ih}|}$$
$$(i=1,2,\cdots,m;h=1,2,\cdots,p) \tag{8.5}$$

式中,ρ 为分辨系数,$\rho \in [0,1]$,一般取 $\rho=0.5$;Δ_{ih} 定义为规范后的高校 A_i 的评价值与企业 B_h 的期望值之间的距离。

(3) 主体指标信息不同数据类型的距离表示

令 $\Delta_{ih} = d(a_{ij}, a'_{hj})$,其中 Δ_{ih}^j 为在指标 C_j 下的规范化距离,具体定义如下:

若 a_{ij} 和 a'_{hj} 都为区间数,则

$$d(a_{ij}, a'_{hj}) = d([\underline{e}_{ij}, \overline{e}_{ij}], [\underline{e}'_{hj}, \overline{e}'_{hj}])$$
$$= \sqrt[\chi]{\frac{1}{2}(|\underline{e}_{ij} - \underline{e}'_{hj}|^\chi + |\overline{e}_{ij} - \overline{e}'_{hj}|^\chi)} \tag{8.6}$$

式中,$\chi > 0$ 为距离参数。

若 a_{ij} 和 a'_{hj} 都为三角模糊数,则

$$d(a_{ij}, a'_{hj}) = d((f_{ij}, g_{ij}, k_{ij}), (f'_{hj}, g'_{hj}, k'_{hj}))$$
$$= \sqrt[\chi]{\frac{1}{3}(|f_{ij} - f'_{hj}|^\chi + |g_{ij} - g'_{hj}|^\chi + |k_{ij} - k'_{hj}|^\chi)}$$
$$\tag{8.7}$$

若 a_{ij} 和 a'_{hj} 都为直觉模糊数,则

$$d(a_{ij}, a'_{hj}) = d(\langle s_{ij}, t_{ij} \rangle, \langle s'_{hj}, t'_{hj} \rangle)$$
$$= \sqrt[\chi]{\frac{1}{3}(|s_{ij} - s'_{hj}|^\chi + |t_{ij} - t'_{hj}|^\chi + |\eta_{ij} - \gamma'_{hj}|^\chi)}$$
$$\tag{8.8}$$

式中,$\eta_{ij}=1-s_{ij}-s'_{hj}$,$\gamma_{hj}=1-t_{ij}-t'_{hj}$ 为犹豫度。

类似地,定义企业 B_h 对高校 A_i 在指标 Q_l 下的关联系数 ξ^l_{hi} 为:

$$\xi^l_{hi}=\frac{\min\limits_{h}\min\limits_{i}\mid\Delta_{hi}\mid+\rho\max\limits_{h}\max\limits_{i}\mid\Delta_{hi}\mid}{\mid\Delta^l_{hi}\mid+\rho\max\limits_{h}\max\limits_{i}\mid\Delta_{hi}\mid}$$
$$(h=1,2,\cdots,p;\ i=1,2,\cdots,m) \quad (8.9)$$

其中,ρ 为分辨系数,$\rho\in[0,1]$,一般取 $\rho=0.5$;Δ_{hi} 仿效式(8.6)~(8.8)定义为规范后的企业 B_h 的评价值与高校 A_i 的期望值之间的距离 $d(b_{hl},b'_{il})$,即为 $\Delta_{hi}=d(b_{hl},b'_{il})$,其中 Δ^l_{hi} 为在指标 Q_l 下的规范化距离。

(4) 主体的匹配关联度

通过得到的主体的灰色关联系数,根据灰色关联分析方法,对指标加权得到主体的匹配关联度:

计算高校 A_i 对企业 B_h 的匹配关联度:

$$\xi_{ih}=\sum_{j=1}^{n}w_j\xi^j_{ih}(i=1,2,\cdots,m;\ h=1,2,\cdots,p) \quad (8.10)$$

计算企业 B_h 对高校 A_i 的匹配关联度:

$$\xi_{hi}=\sum_{l=1}^{q}y_l\xi^l_{hi}(i=1,2,\cdots,m;\ h=1,2,\cdots,p) \quad (8.11)$$

这里的关联度反映了高校对企业(或者企业对高校)在评价指标下的关联度。如果关联度越大,说明高校对企业(或者企业对高校)的匹配程度就越高,反之,就越低。

同时,由于客观事物的复杂性及人类思维的模糊性,人们往往难以给出明确的指标权重。有时会出现指标权重信息不完全的情形。在这种情况下,需要事先确定指标的权重。

为了使决策具有合理性,评价指标权重的选择应使高校对企业(或者企业对高校)的关联度最大。以高校对企业的匹配关联度 ξ_{ih} 为例,为了得到 ξ_{ih},需要事先确定评价指标权重 w_j,可建立下列多目标最优化模型:

$$\max \xi_{ih} = \sum_{j=1}^{n} w_j \xi_{ih}^j$$

$$\text{s.t. } w_j \in W, \sum_{j=1}^{n} w_j = 1, w_j \geqslant 0$$

$$(i=1, 2, \cdots, m; h=1, 2, \cdots, p; w_j = [w_j^L, w_j^R])$$

(8.12)

同时,各个企业是公平竞争的,因此可建立如下单目标最优化模型:

$$\max \pi = \sum_{i=1}^{m} \sum_{h=1}^{p} w_j \xi_{ih}^j$$

$$\text{s.t. } w_j \in W, \sum_{j=1}^{n} w_j = 1, w_j \geqslant 0$$

(8.13)

从而可以解出权重向量 w,进而计算高校 A_i 对企业 B_h 的匹配关联度 ξ_{ih}。同理,可得出企业 B_h 对高校 A_i 的匹配关联度 ξ_{hi}。

3. 双边匹配决策模型构建

记 $\psi(A_i, B_h) = \xi_{ih}$ 为高校 A_i 对企业 B_h 的匹配关联度, $\psi(B_h, A_i) = \xi_{hi}$ 为企业 B_h 对高校 A_i 的匹配关联度,构建高校与企业的匹配模型如下:

$$\max \sum_{i=1}^{m} \sum_{h=1}^{p} \psi(A_i, B_h) X_{ih}$$

$$\max \sum_{h=1}^{p} \sum_{i=1}^{m} \psi(B_h, A_i) X_{ih}$$

$$\max \sum_{i=1}^{m} \sum_{h=1}^{p} X_{ih}$$

$$\text{s.t.} \quad \sum_{h=1}^{p} X_{ih} = 1$$

$$\sum_{i=1}^{m} X_{ih} \leqslant 1$$

$$X_{ih} \in \{0, 1\}; \ i = 1, 2, \cdots, m; \ h = 1, 2, \cdots, p \quad (8.14)$$

式中，$\sum_{i=1}^{m}\sum_{h=1}^{p}\psi(A_i, B_h)X_{ih}$ 为高校对企业的总体匹配关联度，$\sum_{h=1}^{p}\sum_{i=1}^{m}\psi(B_h, A_i)X_{ih}$ 为企业对高校的总体匹配关联度，$\sum_{i=1}^{m}\sum_{h=1}^{p}X_{ih}$ 为高校与企业成功匹配对数。$\sum_{h=1}^{p}X_{ih}=1$ 的含义是每个高校必须且只能与一个企业匹配，$\sum_{i=1}^{m}X_{ih}\leqslant 1$ 含义是每个企业至多与一个高校匹配，X_{ih} 取值 0 或 1，其中 0 表示高校与企业未匹配，1 表示双方实现匹配。

在双边匹配决策中，在实现高校与企业最佳的匹配效果的基础上，应尽可能使得成功匹配的对数最多，实现高校和企业整体的匹配效益的最大化。为此，可将上述多目标优化模型 (8.14) 进一步化为如下模型：

$$\max \sum_{i=1}^{m}\sum_{h=1}^{p} \Gamma(A_i, B_h) X_{ih}$$

$$\max \sum_{i=1}^{m}\sum_{h=1}^{p} X_{ih}$$

$$\text{s.t.} \quad \sum_{h=1}^{p} X_{ih} = 1$$

$$\sum_{i=1}^{m} X_{ih} \leqslant 1$$

$$X_{ih} \in \{0, 1\}; \ i = 1, 2, \cdots, m; \ h = 1, 2, \cdots, p \quad (8.15)$$

式中，$\Gamma(A_i, B_h) = w_A \psi(A_i, B_h) + w_B \psi(B_h, A_i)$，$w_A$、$w_B$ 表示高校和企业在匹配过程中地位的权重信息。若认为双方主体在匹配过程中所处的地位相同，则 $w_A = w_B = 0.5$，若认为不同，则 $w_A \neq w_B$，此时可以通过产学研合作通过专家评判法确定。模型(8.15)可转化为标准的指派问题模型，可运用匈牙利法进行求解。当模型中的变量和约束条件个数较多时，可采用 Lingo 11.0 等软件设计专门的多项式求解算法编程进行模型的求解。

8.2.2 基于灰靶决策的不确定信息主体匹配模型构建

1. 主体不确定信息伙伴选择问题描述

（1）相关概念

设产学研合作知识协同过程中有 m 个高校和 n 个企业参与伙伴选择活动，分别组成高校主体集合 $A = \{A_1, A_2, \cdots, A_m\}$，其中 A_i 表示第 i 个高校，$i \in \{1, 2, \cdots, m\}$；企业主体集合 $B = \{B_1, B_2, \cdots, B_n\}$，其中 B_j 表示第 j 个企业，$j \in \{1, 2, \cdots, n\}$。

p 个评价指标组成指标集合 $C = \{C_1, C_2, \cdots, C_p\}$ 对高校进行评价，其中 C_k 表示第 k 个指标，$k \in \{1, 2, \cdots, p\}$；对应地，$w = (w_1, w_2, \cdots w_p)$ 为指标集合 C 的权重集合，其中 w_k 表示指标 C_k 的权重，$w_k = [w_k^L, w_k^U]$，且 $\sum_{k=1}^{p} w_k^L \leqslant 1$，$\sum_{k=1}^{p} w_k^U \geqslant 1$，$0 \leqslant w_k^L \leqslant w_k^U \leqslant 1$，$\sum_{k=1}^{p} w_k = 1$。

q 个评价指标组成指标集合 $D = \{D_1, D_2, \cdots, D_q\}$ 对企业进行评价，其中 D_t 表示第 t 个指标，$t \in \{1, 2, \cdots, q\}$；对应地，$W = \{W_1, W_2, \cdots, W_q\}$ 为指标集合 D 的权重集合，其中 W_t 表示指标 D_t 的权重，$W_t = [W_t^L, W_t^U]$，且 $\sum_{t=1}^{q} W_t^L \leqslant 1$，$\sum_{t=1}^{q} W_t^U \geqslant 1$，$0 \leqslant W_t^L \leqslant W_t^U \leqslant 1$，$\sum_{t=1}^{q} W_t = 1$。

(2) 主体的指标信息类型

定义 8.1[216] 既有下界 a^L 又有上界 a^U 的灰数称为区间灰数,记为 $\otimes \in [a^L, a^U]$,其中 $\hat{\otimes} = \frac{1}{2}(a^L + a^U)$ 为灰数的核。设两灰数 $\otimes_1 \in [a_1^L, a_1^U]$, $\otimes_2 \in [a_2^L, a_2^U]$,定义 $d(\otimes_1, \otimes_2) = |\hat{\otimes}_1 - \hat{\otimes}_2| + \frac{1}{2}|l(\otimes_1) - l(\otimes_2)|$ 为 $\otimes_1$ 与 $\otimes_2$ 之间的距离,其中 $|\hat{\otimes}_1 - \hat{\otimes}_2|$ 为两个灰数的核之间的距离,$\frac{1}{2}|l(\otimes_1) - l(\otimes_2)|$ 为两个灰数半区间长度之间的距离。设两区间灰数 $\otimes_1 \in [a_1^L, a_1^U]$,$\otimes_2 \in [a_2^L, a_2^U]$,若 $\hat{\otimes}_1 \geqslant \hat{\otimes}_2$,则 $\otimes_1 \geqslant \otimes_2$。

由于评价信息并非一个具体的精确数,往往是一个区间灰数,高校 A_i 在指标 C_k 的效果样本值 u_{ik} 为区间灰数,记为 $u_{ik}(\otimes) = [x_{ik}^L, x_{ik}^U]$,简记为 $u_{ik}(\otimes)$,其中 x_{ik}^L 和 x_{ik}^U 分别为高校 A_i 在指标 C_k 下的效果样本值的下限和上限;企业 B_j 在指标 D_t 的效果样本值 v_{jt} 为区间灰数,记为 $v_{jt}(\otimes) = [y_{jt}^L, y_{jt}^U]$,简记为 $v_{jt}(\otimes)$,其中 y_{jt}^L 和 y_{jt}^U 分别为企业 B_j 在指标 D_t 下的效果样本值的下限和上限。

(3) 主体效果样本矩阵

高校集合 A 在指标集 C 下的效果样本值矩阵记为 $U = (u_{ik}(\otimes))_{m \times p}$,企业集合 B 在指标集 D 下的效果样本值矩阵记为 $V = (v_{jt}(\otimes))_{n \times q}$,即分别为

$$U = \begin{bmatrix} u_{11}(\otimes) & u_{12}(\otimes) & \cdots & u_{1p}(\otimes) \\ u_{21}(\otimes) & u_{22}(\otimes) & \cdots & u_{2p}(\otimes) \\ \vdots & \vdots & & \vdots \\ u_{m1}(\otimes) & u_{m2}(\otimes) & \cdots & u_{mp}(\otimes) \end{bmatrix} \quad (8.16)$$

$$V = \begin{bmatrix} v_{11}(\otimes) & v_{12}(\otimes) & \cdots & v_{1q}(\otimes) \\ v_{21}(\otimes) & v_{22}(\otimes) & \cdots & v_{2q}(\otimes) \\ \vdots & \vdots & & \vdots \\ v_{n1}(\otimes) & v_{n2}(\otimes) & \cdots & v_{nq}(\otimes) \end{bmatrix} \quad (8.17)$$

本章考虑的是根据上述的产学研合作专家给出的评价信息在考虑高校与企业的主体心理行为的基础上给出期望信息,并通过使用灰靶决策和累积前景理论等方法,将高校与企业相匹配,使得双方的满意度尽可能达到最大,实现高校与企业的匹配满意度最大化,并尽可能使得更多的高校和企业实现合作匹配。

2. 基于灰靶决策的考虑主体期望的伙伴选择模型

(1) 效果样本矩阵的规范化

决策过程中指标集合具有不同的属性和量纲,为了将各种指标进行直接比较,需要将原始效果样本矩阵进行初始化处理。为了更好地体现前景理论中的收益和损失,以高校的效果样本矩阵值 $u_{ik}(\otimes)$ 为例,本章利用 Vague 和集对分析的思想,即将当评价对象指标值优于平均值时,赋正值 1;劣于平均值时,赋负值-1。借鉴奖优罚劣的思想,生成奖优罚劣的[-1,1]线性变换算子对指标进行无量纲化处理。

定义 8.2[110] 令

$$Z_k = \frac{1}{2m}\sum_{i=1}^{m}(x_{ik}^L + x_{ik}^U),\ i=1,2,\cdots,m;\ k=1,2,\cdots,p \quad (8.18)$$

若指标为效益型,则有

$$[g_{ik}^L, g_{ik}^U] = \left[\frac{x_{ik}^L - Z_k}{|Z_k|}, \frac{x_{ik}^U - Z_k}{|Z_k|}\right] \quad (8.19)$$

若指标为成本型,则有

$$[g_{ik}^L, g_{ik}^U] = \left[\frac{Z_k - x_{ik}^U}{|Z_k|}, \frac{Z_k - x_{ik}^L}{|Z_k|}\right] \quad (8.20)$$

变换后的矩阵记为 $G = (g_{ik}(\otimes))_{m \times p}$。得到的 g_{ik}^L 可能小于 -1，g_{ik}^U 可能大于 1。因此，可进一步变换将矩阵 G 规范化，得到规范化决策矩阵

$$R = (r_{ik}(\otimes))_{m \times p} = ([r_{ik}^L, r_{ik}^U])_{m \times p}$$

式中

$$[r_{ik}^L, r_{ik}^U] = \left[\frac{g_{ik}^L}{\max_k(|g_{ik}^L|, |g_{ik}^U|)}, \frac{g_{ik}^U}{\max_k(|g_{ik}^L|, |g_{ik}^U|)}\right]$$
$$(8.21)$$

以上变换称为 $[-1, 1]$ 区间数线性变换算子，易得 $r_{ik}^L, r_{ik}^U \in [-1, 1]$。综上，可对指标值进行上述变换，得到高校 A_i 对指标 C_k 的规范化效果样本矩阵 $R = (r_{ik}(\otimes))_{m \times p}$。同理，可得到企业 B_j 对指标 D_t 的规范化效果样本矩阵，不妨记为 $F = (f_{jt}(\otimes))_{n \times q}$。

(2) 考虑主体心理构建期望矩阵

针对高校和企业存在损失规避、心理感知价值等心理行为特征，选取高校 A_i 对指标 D_t 的效果样本值矩阵 $S = (s_{it}(\otimes))_{m \times q}$ 作为高校的期望灰靶并进行规范化，得到规范化决策矩阵 $S' = (s'_{it}(\otimes))_{m \times q}$，为方便起见，仍记为 $S = (s_{it}(\otimes))_{m \times q}$。相应地，选取企业 B_j 对指标 C_k 的效果样本值矩阵 $H = (h_{jk}(\otimes))_{n \times p}$ 作为企业的期望灰靶并进行规范化，得到规范化决策矩阵 $H' = (h_{jk}(\otimes))_{n \times p}$，为方便起见，仍记为 $H = (h_{jk}(\otimes))_{n \times p}$。

(3) 基于主体益损值构建前景价值矩阵

依据前景理论的思想，给出一方主体(高校或者企业)关于另一方主体(高校或者企业)评价指标的价值函数。以高校为例，将企业关于高校评价指标的期望灰靶作为参照点，根据评价指标的

不同属性给出前景价值函数的构造方法。

在效益型指标 C_k 下,对于高校 A_i,若满足灰靶,则 $r_{ik}(\otimes) \geqslant h_{jk}(\otimes)$,此时企业 B_j 的心理感知为收益,价值函数为 $e_{ji}^{k+} = (d(r_{ik}(\otimes), h_{jk}(\otimes)))^{\alpha}$。若不满足灰靶,则 $r_{ik}(\otimes) \leqslant h_{jk}(\otimes)$,即企业 B_j 的心理收益为损失,相应的价值函数为 $e_{ji}^{k-} = -\lambda (d(r_{ik}(\otimes), h_{jk}(\otimes)))^{\beta}$。

在成本型指标 C_k 下,若满足灰靶,则 $r_{ik}(\otimes) \leqslant h_{jk}(\otimes)$,此时企业 B_j 的心理感知为收益,价值函数为 $e_{ji}^{k+} = (d(r_{ik}(\otimes), h_{jk}(\otimes)))^{\alpha}$。若不满足灰靶,则 $r_{ik}(\otimes) \geqslant h_{jk}(\otimes)$ 即企业 Bj 的心理收益为损失,相应的价值函数为 $e_{ji}^{k-} = -\lambda (d(r_{ik}(\otimes), h_{jk}(\otimes)))^{\beta}$。

其中 e_{ji}^{k+} 表示当指标值落入企业 B_j 内心期望灰靶时,决策者心理感知为收益的正价值,记为中靶;e_{ji}^{k-} 表示当指标值没有落入企业 B_j 内心期望灰靶时心理感知为损失的负价值,记为脱靶;参数 α 和 β 分别表示收益和损失时价值函数(幂函数)的凹凸程度,系数 λ 表示函数中损失区域比收益区域更陡的数学特征,刻画企业 B_j 的损失规避程度的心理特征,当 $\lambda \geqslant 1$ 表示损失厌恶。

(4)考虑损失最小化构建综合前景矩阵

根据给出的前景价值矩阵,得知高校和企业在比较匹配对象的评价值和自身的期望值时具有心理收益和心理损失两种状态,并且倾向于损失规避,即高校和企业主体追求损失的最小化而使得收益最大化。为求得高校和企业心理收益的最大化,必须对指标进行加权,进一步得到综合前景矩阵。以企业 B_j 为例,e_{ji}^{k+} 表示企业 B_j 收益的正价值,e_{ji}^{k-} 表示企业 B_j 损失的负价值。通过指标权重加权使得 e_{ji}^{k+} 最大而 e_{ji}^{k-} 最小,从而得到企业 B_j 的综合前景矩阵。

设企业 B_j 面对收益和损失时的前景权重函数分别为 $\pi^+(w_k)$ 和 $\pi^-(w_k)$,将 e_{ji}^{k-} 和 e_{ji}^{k+} 从小到大进行依次排序,得到 $e_{ji}^{1'-} \leqslant e_{ji}^{2'-} \leqslant \cdots \leqslant 0 \leqslant e_{ji}^{l+1+} \leqslant \cdots \leqslant e_{ji}^{p+}$,$1 \leqslant l \leqslant p$,即企业 B_j 对高校 A_i 的

综合前景矩阵为 $E_{ji} = \sum_{k=1}^{p} \pi^+(w_k)e_{ji}^{k+} + \sum_{k=1'}^{l} \pi^-(w_k)e_{ji}^{k-}$。

对企业主体集合 B，在合作伙伴选择时考虑其主体心理期望、风险规避等行为特征，追求企业主体整体收益的最大化，通过指标权重的加权可得企业主体集合 B 对高校主体集合 A 的综合前景矩阵，记为 E，即：

$$\max E = \sum_{i=1}^{m}\sum_{j=1}^{n}\sum_{k=1}^{l} \pi^+(w_k)e_{ji}^{k+} + \sum_{i=1}^{m}\sum_{j=1}^{n}\sum_{k=l+1}^{p} \pi^-(w_k)e_{ji}^{k-}$$

$$\text{s.t.} \quad \pi^+(w_k) = \frac{(w_k)^\gamma}{((w_k)^\gamma + (1-(w_k)^\gamma)^\gamma)^{\frac{1}{\gamma}}}$$

$$\pi^-(w_k) = \frac{(w_k)^\delta}{((w_k)^\delta + (1-(w_k)^\delta)^\delta)^{\frac{1}{\delta}}}$$

$$a_k \leqslant w_k \leqslant b_k, \ 0 \leqslant a_k \leqslant b_k \leqslant 1$$

$$\sum_{k=1}^{p} w_k = 1, \ w_k \geqslant 0$$

(8.22)

式中，函数 $\pi^+(w_k)$ 和 $\pi^-(w_k)$ 分别是企业 B_j 面对收益和损失时的非线性权重函数；参数 γ 和 δ 主要控制前景权重函数曲线的曲率，即分别表示企业 B_j 面对收益和损失的值。根据文献[164]，当参数 $\alpha=\beta=0.88, \lambda=2.25, \gamma=0.61, \delta=0.69$ 时与经验数据较为一致。

相应地，将高校关于企业评价指标的期望灰靶作为参照点，给出相应的前景价值函数，分别记为 o_{ij}^{t+} 和 o_{ij}^{t-}，函数 $\pi^+(W_t)$ 和 $\pi^-(W_t)$ 分别是高校 A_i 面对收益和损失时的非线性权重函数，不妨设在指标 $D_1 \to D_\theta$ 时高校 A_i 心理感知为收益，在指标 $D_{\theta+1} \to D_q$ 时高校 A_i 的心理感知收益为损失，$1 \leqslant \theta \leqslant q$，即综合前景值为 $O_{ij} = \sum_{t=1}^{l} \pi^+(W_t)o_{ij}^{t+} + \sum_{t=\theta+1}^{q} \pi^-(W_t)o_{ij}^{t-}$。同理，实现高校集合 A

对企业 B 的综合前景值 O 最大化,即:

$$\max O = \sum_{i=1}^{m}\sum_{j=1}^{n}\sum_{t=1}^{l}\pi^{+}(W_t)o_{ij}^{t+} + \sum_{i=1}^{m}\sum_{j=1}^{n}\sum_{t=\theta+1}^{q}\pi^{-}(W_t)o_{ij}^{t-}$$

$$\text{s.t.} \quad \pi^{+}(W_t) = \frac{(W_t)^{\gamma}}{((W_t)^{\gamma}+(1-(W_t)^{\gamma})^{\gamma})^{\frac{1}{\gamma}}}$$

$$\pi^{-}(W_t) = \frac{(W_t)^{\delta}}{((W_t)^{\delta}+(1-(W_t)^{\delta})^{\delta})^{\frac{1}{\delta}}}$$

$$c_t \leqslant W_t \leqslant d_t, \ 0 \leqslant c_t \leqslant d_t \leqslant 1$$

$$\sum_{t=1}^{q} W_t = 1, \ W_t \geqslant 0$$

(8.23)

(5) 基于综合前景矩阵构建伙伴选择匹配模型

记综合前景值 E_{ji} 为企业 B_j 对高校 A_i 的匹配度,综合前景值 O_{ij} 为高校 A_i 对企业 B_j 的匹配度,基于灰靶理论考虑主体期望构建高校与企业的双边匹配模型(8.24),如下:

$$\max \sum_{i=1}^{m}\sum_{j=1}^{n} E_{ji}X_{ij}$$

$$\max \sum_{j=1}^{n}\sum_{i=1}^{m} O_{ij}X_{ij}$$

$$\max \sum_{i=1}^{m}\sum_{j=1}^{n} X_{ij}$$

$$\text{s.t.} \quad \sum_{j=1}^{n} X_{ij} = 1$$

$$\sum_{i=1}^{m} X_{ij} \leqslant 1$$

$$X_{ij} \in \{0, 1\}, \ i = 1, 2, \cdots, m; \ j = 1, 2, \cdots, n \quad (8.24)$$

式中 $\sum_{i=1}^{m}\sum_{j=1}^{n}E_{ji}X_{ij}$ 为高校对企业的综合前景值，$\max \sum_{j=1}^{n}\sum_{i=1}^{m}O_{ij}X_{ij}$ 为企业对高校的综合前景值，$\max \sum_{i=1}^{m}\sum_{j=1}^{n}X_{ij}$ 为高校与企业成功匹配对数。在双边匹配决策中，实现高校与企业最佳的匹配效果的基础上，应尽可能使得成功匹配的对数最多，实现高校和企业整体的匹配效益的最大化。$\sum_{j=1}^{n}X_{ij}=1$ 的含义是每个高校必须且只能与一个企业匹配，$\sum_{i=1}^{m}X_{ij}\leqslant 1$ 含义是每个企业至多与一个高校匹配，X_{ij} 取值 0 或 1，其中 0 表示高校与企业未匹配，1 表示双方实现匹配。

(6) 主体伙伴选择匹配模型的求解

进一步地，考虑到在实际匹配过程中高校和企业所处的地位，设 w_A、w_B 分别表示高校和企业在匹配过程中地位的权重信息。若认为双方主体在匹配过程中所处的地位相同，则 $w_A = w_B = 0.5$；若认为不同，则 $w_A \neq w_B$，此时可以通过产学研合作运用专家评判法确定。令 $\phi_{ij} = w_A E_{ji} + w_B O_{ij}$，记 ϕ_{ij} 为系数矩阵，可进一步简化上述的多目标优化模型(8.24)，即得：

$$\max \sum_{i=1}^{m}\sum_{j=1}^{n}\phi_{ji}X_{ij}$$

$$\max \sum_{i=1}^{m}\sum_{j=1}^{n}X_{ij}$$

$$\text{s.t.} \quad \sum_{j=1}^{n}X_{ij}=1$$

$$\sum_{i=1}^{m}X_{ij}\leqslant 1$$

$$X_{ij}\in\{0,1\},\ i=1,2,\cdots,m;\ j=1,2,\cdots,n \quad (8.25)$$

模型(8.25)可转化为标准的指派问题模型,可运用匈牙利法进行求解。当模型中的变量和约束条件个数较多时,可采用 Lingo 11.0 等软件设计专门的多项式求解算法编程进行模型的求解。

8.3 不确定下主体伙伴选择数值算例

1. 基于灰色关联的主体匹配模型数值算例

2015 年,江苏省科技厅根据科技创新发展需求,组织高校院所和企业进行前瞻性项目联合研究,开展应用为导向的原创性和前瞻性技术开发,突破一批产业关键技术和共性技术,为江苏省未来产业发展提供重要技术支撑和储备。

(1) 评价指标选取与信息表示

设五所高校 $A=(A_1, A_2, A_3, A_4, A_5)$ 和 6 个企业 $B=(B_1, B_2, B_3, B_4, B_5, B_6)$ 通过了初步的筛选,进入了合作匹配阶段。江苏省科技厅组织专家学者选取本科以上科技人员占企业职工总数的比例 Q_1、研究开发费用总额占销售收入总额的比例 Q_2、高新技术产品收入占企业总收入比例 Q_3、企业的研发水平 Q_4、总资产成长性 Q_5 五项指标作为企业的评价标准[217,218],其中,Q_1、Q_2、Q_3 为区间数,Q_4 为三角模糊数,Q_5 为直觉模糊数,三角模糊数的评价值取值[0, 1]。

相应地,江苏省科技厅组织专家学者选取学术影响力 C_1、重大成果投入产出比 C_2、成果转化和推广 C_3 三项指标作为高校的评价标准[219,220],其中,指标 C_1 为直觉模糊数,C_2 为区间数,C_3 为三角模糊数,C_2 为成本型指标。

(2) 高校和企业的评价值与期望值

专家给出高校和企业的评价值,高校给出对企业的期望值,企业给出对高校的期望值,具体见表 8.1~表 8.4。

表 8.1　专家给出的高校的评价值

指标\高校	A_1	A_2	A_3	A_4	A_5
C_1	⟨0.35, 0.5⟩	⟨0.4, 0.5⟩	⟨0.15, 0.6⟩	⟨0.35, 0.4⟩	⟨0.2, 0.6⟩
C_2	[0.2, 0.25]	[0.3, 0.5]	[0.15, 0.2]	[0.2, 0.35]	[0.1, 0.15]
C_3	[0.5, 0.7, 1]	[0.3, 0.4, 0.6]	[0.4, 0.6, 0.8]	[0.5, 0.8, 0.9]	[0.3, 0.5, 0.7]

表 8.2　企业对高校的期望值

指标\企业	B_1	B_2	B_3	B_4	B_5	B_6
C_1	⟨0.25, 0.6⟩	⟨0.15, 0.7⟩	⟨0.15, 0.5⟩	⟨0.25, 0.4⟩	⟨0.25, 0.4⟩	⟨0.3, 0.6⟩
C_2	[0.2, 0.3]	[0.1, 0.3]	[0.15, 0.2]	[0.2, 0.4]	[0.15, 0.3]	[0.2, 0.5]
C_3	[0.4, 0.6, 0.8]	[0.3, 0.5, 0.8]	[0.3, 0.6, 0.8]	[0.4, 0.7, 1]	[0.4, 0.5, 0.8]	[0.4, 0.8, 0.9]

表 8.3　专家给出企业的评价值

指标\企业	B_1	B_2	B_3	B_4	B_5	B_6
Q_1	[0.3, 0.5]	[0.25, 0.4]	[0.3, 0.4]	[0.1, 0.3]	[0.4, 0.5]	[0.15, 0.4]
Q_2	[0.2, 0.3]	[0.1, 0.2]	[0.2, 0.4]	[0.3, 0.5]	[0.2, 0.3]	[0.15, 0.35]
Q_3	[0.4, 0.5]	[0.3, 0.4]	[0.2, 0.3]	[0.6, 0.7]	[0.4, 0.5]	[0.1, 0.2]
Q_4	[0.3, 0.4, 0.7]	[0.5, 0.7, 0.8]	[0.4, 0.5, 0.8]	[0.2, 0.3, 0.5]	[0.4, 0.6, 0.9]	[0.5, 0.8, 1]
Q_5	⟨0.25, 0.7⟩	⟨0.2, 0.5⟩	⟨0.15, 0.6⟩	⟨0.2, 0.7⟩	⟨0.3, 0.4⟩	⟨0.3, 0.5⟩

表 8.4　高校对企业的期望值

指标\高校	A_1	A_2	A_3	A_4	A_5
Q_1	[0.4, 0.6]	[0.3, 0.4]	[0.2, 0.3]	[0.25, 0.35]	[0.15, 0.3]
Q_2	[0.3, 0.5]	[0.2, 0.3]	[0.4, 0.6]	[0.2, 0.4]	[0.15, 0.3]
Q_3	[0.1, 0.3]	[0.2, 0.5]	[0.3, 0.5]	[0.25, 0.4]	[0.2, 0.4]
Q_4	[0.5, 0.6, 0.7]	[0.3, 0.4, 0.6]	[0.2, 0.4, 0.5]	[0.4, 0.7, 0.8]	[0.5, 0.6, 0.8]
Q_5	⟨0.3, 0.6⟩	⟨0.2, 0.7⟩	⟨0.25, 0.5⟩	⟨0.1, 0.8⟩	⟨0.2, 0.65⟩

(3) 高校和企业的灰色关联系数与指标权重

根据式(8.3)和式(8.4)对高校和企业的评价值和期望值即上述表 8.1~表 8.4 进行规范化处理。然后,根据式(8.5)、式(8.9)计算参

第 8 章 不确定信息下产学研合作知识协同主体伙伴选择分析

与主体的评价值与期望值的灰色关联系数,取分辨系数 ρ 为 0.5,取距离参数 χ 为 2,得到高校 A_i 对企业 B_h 在指标 C 下的灰色关联系数 ξ_{ih}^{j} 和企业 B_h 对高校 A_i 在指标 Q 下的灰色关联系数 ξ_{hi}^{l}。

由江苏省科技厅组织专家给出高校的指标权重的不完全信息,即 $w_{c_1} \in [0.20, 0.25]$, $w_{c_2} \in [0.30, 0.40]$, $w_{c_3} \in [0.35, 0.45]$;给出企业的指标权重的不完全信息,即 $y_{Q_1} \in [0.10, 0.15]$, $y_{Q_2} \in [0.25, 0.35]$, $y_{Q_3} \in [0.30, 0.40]$, $y_{Q_4} \in [0.15, 0.25]$, $y_{Q_5} \in [0.10, 0.20]$。根据式(8.12)和式(8.13),运用 Lingo 11.0 软件计算得出指标的权重为:

$w_C = \{0.25, 0.40, 0.35\}$, $y_Q = \{0.10, 0.30, 0, 30, 0.15, 0.15\}$。

(4)高校和企业的匹配关联度

由所得到的灰色关联系数和指标的权重,根据式(8.10)和式(8.11)求得高校与企业在指标下的匹配关联度,如表 8.5、表 8.6 所示。

表 8.5 高校 A_i 对企业 B_h 在指标 C 下的匹配关联度 ξ_{ih}

高校 企业	A_1	A_2	A_3	A_4	A_5
B_1	0.63	0.46	0.52	0.43	0.68
B_2	0.72	0.57	0.68	0.53	0.37
B_3	0.34	0.46	0.62	0.72	0.54
B_4	0.53	0.64	0.68	0.53	0.72
B_5	0.73	0.66	0.33	0.59	0.55
B_6	0.47	0.81	0.73	0.52	0.48

表 8.6 企业 B_h 对高校 A_i 在指标 Q 下的匹配关联度 ξ_{hi}

企业 高校	B_1	B_2	B_3	B_4	B_5	B_6
A_1	0.64	0.76	0.73	0.55	0.49	0.73
A_2	0.63	0.52	0.64	0.72	0.82	0.74
A_3	0.57	0.65	0.63	0.84	0.32	0.53
A_4	0.62	0.43	0.84	0.45	0.76	0.65
A_5	0.55	0.63	0.62	0.56	0.73	0.66

(5) 高校与企业的匹配模型结果与分析

根据高校与企业的匹配效益最大化的原则,取 $w_A = w_B = 0.5$,即专家认为在项目联合研究匹配过程中,高校主体与企业主体所处的地位是平等的,根据模型(8.14)和模型(8.15),利用软件 Lingo 11.0 求解,得出高校与企业最终的匹配结果为 $\{(A_1, B_2), (A_2, B_6), (A_3, B_4), (A_4, B_3), (A_5, B_1), (B_5, B_5)\}$,即 A_1 与 B_2 匹配,A_2 与 B_5 匹配,A_3 与 B_4 匹配,A_4 与 B_3 匹配,A_5 与 B_1 匹配,B_5 未匹配。

考虑模型参数 ρ、χ、w_A、w_B 的变动对匹配模型的影响,其中 ρ 为灰关联度分辨系数,根据灰色系统理论,当 $\rho = 0.5$ 时与经验数据较为一致。χ 为距离参数,衡量一方决策主体的评价值与另一方决策主体对其期望值的心理距离,可以证明,当 χ 变动时,会改变决策者的心理期望,进而影响最终的匹配结果,说明决策者的有限理性行为、损失规避心理对匹配有着重要的影响。分析当 w_A 和 w_B 取不同的值时对匹配结果的影响,为此进行灵敏度分析,如表 8.7 所示。

表 8.7 不同 w_A 和 w_B 的取值及其匹配结果

w_A 和 w_B	最终的匹配结果
$w_A = 0.5$ $w_B = 0.5$	$\{(A_1, B_2), (A_2, B_6), (A_3, B_4), (A_4, B_3), (A_5, B_1)\}$
$w_A = 0.1$ $w_B = 0.9$	$\{(A_1, B_2), (A_2, B_5), (A_3, B_4), (A_4, B_3), (A_5, B_1)\}$
$w_A = 0.2$ $w_B = 0.8$	$\{(A_1, B_2), (A_2, B_5), (A_3, B_4), (A_4, B_3), (A_5, B_1)\}$
$w_A = 0.3$ $w_B = 0.7$	$\{(A_1, B_2), (A_2, B_5), (A_3, B_4), (A_4, B_3), (A_5, B_1)\}$
$w_A = 0.4$ $w_B = 0.6$	$\{(A_1, B_2), (A_2, B_5), (A_3, B_4), (A_4, B_3), (A_5, B_1)\}$

第8章 不确定信息下产学研合作知识协同主体伙伴选择分析

(续表)

w_A 和 w_B	最终的匹配结果
$w_A = 0.6$ $w_B = 0.4$	$\{(A_1, B_2), (A_2, B_6), (A_3, B_4), (A_4, B_3), (A_5, B_1)\}$
$w_A = 0.7$ $w_B = 0.3$	$\{(A_1, B_2), (A_2, B_6), (A_3, B_4), (A_4, B_3), (A_5, B_1)\}$
$w_A = 0.8$ $w_B = 0.2$	$\{(A_1, B_2), (A_2, B_6), (A_3, B_4), (A_4, B_3), (A_5, B_1)\}$
$w_A = 0.9$ $w_B = 0.1$	$\{(A_1, B_2), (A_2, B_6), (A_3, B_4), (A_4, B_3), (A_5, B_1)\}$

当 w_A 和 w_B 取不同的值,原先的匹配结果并没有过多的改变,主要体现在高校个体 A_2 对企业个体的选择,当高校主体的权重 w_A 逐步增大时,匹配结果与原先的结果保持一致。w_A 和 w_B 的取值变化在一定程度上并没有对匹配的结果形成重大的影响,方法模型具有较强的稳定性。

2. 基于灰靶决策的主体匹配模型数值算例

2015年,为推动省级产业技术创新产学研合作发展,促进产学研合作内高校与企业的知识有效协同,省科技厅组织专家参与产业技术创新产学研合作内高校与企业的科技合作对接,共同探讨产业技术产学研多方合作、知识有效协同,实现产学研合作效益最大化的新模式。

设5所高校 $A=(A_1, A_2, A_3, A_4, A_5)$ 和6个企业 $B=(B_1, B_2, B_3, B_4, B_5, B_6)$ 通过了初步的筛选,进入了合作匹配阶段。专家选取了本科以上科技人员占企业职工总数的比例 D_1、每单位产品研发人力成本 D_2(单位:万元)、科技产品收入占企业总收入比例 D_3、自主知识产权数量 D_4(单位:个)、每单位产品研发物资成本 D_5(单位:万元)五项指标作为企业的评价标准[211,212,217,218,221]，其中指标 D_1、D_3、D_4 为效益型指标，D_2、D_5 为成本型指标。专家根据各个企业 2013～2016 年的经营状况和对合作的未来预期给出企业 B 在指标集合 D 下的效果样本值矩阵 $V=(v_{jt}(\otimes))_{6\times 5}$，将企业在各个指标下的年度平均值作为效果样本值的下限，将年度平均值和合作后产生的预期效益值加总作为效果样本值的上限。

相应地，省科技厅组织专家学者选取了科研经费投入产出比 C_1、高职人员数量 C_2（单位：个）、授予发明专利数 C_3（单位：个）、仪器设备投入平均成本 C_4（单位：万元）四项指标作为高校的评价标准[222,223]，其中指标 C_2、C_3 为效益型指标，C_1、C_4 为成本型指标。专家学者根据各个高校 2013～2016 年的运营情况和对合作的未来预期给出高校 A 在指标集合 C 下的效果样本值矩阵 $U=(U_{ik}(\otimes))_{5\times 4}$，将高校的各个指标下的年度平均值作为效果样本值的下限，将年度平均值和合作后产生的预期效益值加总作为效果样本值的上限。

（1）主体的效果样本矩阵与规范化决策矩阵

通过专家评判法得到高校和企业的效果样本矩阵，见表 8.8 和表 8.9。进一步地，利用[−1,1]区间数线性变换算子将其转换成规范化决策矩阵，见表 8.10～表 8.11。

表 8.8　专家给出的高校效果样本矩阵 U

指标＼高校	A_1	A_2	A_3	A_4	A_5
C_1	[0.2, 0.5]	[0.25, 0.4]	[0.1, 0.3]	[0.15, 0.35]	[0.2, 0.3]
C_2	[700, 1 000]	[1 200, 1 600]	[850, 1 000]	[650, 1 000]	[900, 1 200]
C_3	[60, 85]	[70, 80]	[75, 85]	[55, 70]	[60, 75]
C_4	[15, 25]	[20, 25]	[10, 20]	[10, 15]	[15, 20]

表 8.9　专家给出的企业样本效果矩阵 V

企业\指标	B_1	B_2	B_3	B_4	B_5	B_6
D_1	[0.4, 0.6]	[0.3, 0.7]	[0.6, 0.7]	[0.2, 0.6]	[0.4, 0.7]	[0.3, 0.6]
D_2	[0.6, 0.8]	[0.5, 0.75]	[0.4, 0.6]	[0.6, 0.9]	[0.5, 0.8]	[0.5, 0.7]
D_3	[0.2, 0.3]	[0.15, 0.3]	[0.1, 0.2]	[0.2, 0.4]	[0.15, 0.25]	[0.1, 0.3]
D_4	[4, 6]	[6, 10]	[4, 8]	[5, 8]	[4, 7]	[5, 7]
D_5	[10, 15]	[8, 10]	[6, 8]	[8, 12]	[7, 10]	[9, 12]

表 8.10　专家给出的高校规范化决策矩阵 R

高校\指标	A_1	A_2	A_3	A_4	A_5
C_1	[−1, 0.33]	[−0.55, 0.11]	[−0.11, 0.78]	[−0.33, 0.55]	[−0.11, 0.11]
C_2	[−0.53, −0.02]	[0.33, 1]	[−0.28, 0.02]	[−0.62, −0.02]	[−0.19, 0.33]
C_3	[−0.70, 0.83]	[−0.09, 0.52]	[0.22, 0.83]	[−1, 0.09]	[−0.70, 0.22]
C_4	[−1, 0.33]	[−1, 0.33]	[−0.33, 1]	[−0.33, 1]	[−1, 1]

表 8.11　专家给出的企业规范化决策矩阵 F

企业\指标	B_1	B_2	B_3	B_4	B_5	B_6
D_1	[−0.36, 0.30]	[−0.67, 0.61]	[0.30, 0.61]	[−1, 0.30]	[−0.36, 0.61]	[−0.67, 0.30]
D_2	[−0.61, 0.15]	[−0.28, 0.54]	[0.15, 0.62]	[−1, 0.15]	[−0.61, 0.54]	[−0.22, 0.54]
D_3	[−0.11, 0.44]	[−0.39, 0.44]	[−0.67, −0.11]	[−0.11, 1]	[−0.39, 0.17]	[−0.67, 0.44]
D_4	[−0.56, −0.05]	[−0.05, 1]	[−0.56, 0.48]	[−0.31, 0.48]	[−0.56, 0.21]	[−0.31, 0.21]
D_5	[−1, −0.07]	[−0.07, 0.28]	[0.28, 0.65]	[−0.44, 0.28]	[−0.07, 0.47]	[−0.44, 0.11]

（2）考虑主体心理构建期望矩阵并规范化

考虑高校与企业在匹配过程中的损失规避等心理行为，建立高校的期望矩阵 $S=(s_{it}(\bigotimes))_{5\times5}$ 作为每个高校的靶心对企业进行比较分析，建立企业的期望矩阵 $H=(h_{jk}(\bigotimes))_{6\times4}$ 作为每个企业的靶心对高校进行比较分析，见表 8.12 和表 8.13；并进行规范化，见表 8.14 和表 8.15 所示。

表 8.12　高校的期望矩阵 S

高校 指标	A_1	A_2	A_3	A_4	A_5
D_1	[0.3, 0.5]	[0.2, 0.7]	[0.3, 0.6]	[0.4, 0.5]	[0.4, 0.7]
D_2	[0.6, 0.8]	[0.5, 0.6]	[0.4, 0.7]	[0.6, 0.8]	[0.2, 0.5]
D_3	[0.2, 0.3]	[0.1, 0.2]	[0.15, 0.3]	[0.2, 0.4]	[0.1, 0.3]
D_4	[4, 8]	[5, 7]	[5, 6]	[4, 9]	[6, 8]
D_5	[8, 10]	[9, 12]	[7, 10]	[12, 15]	[8, 12]

表 8.13　企业的期望矩阵 H

企业 指标	B_1	B_2	B_3	B_4	B_5	B_6
C_1	[0.3, 0.4]	[0.2, 0.3]	[0.15, 0.3]	[0.1, 0.3]	[0.2, 0.35]	[0.2, 0.4]
C_2	[800, 1 200]	[700, 1 100]	[600, 900]	[1 000, 1 500]	[900, 1 300]	[800, 1 000]
C_3	[75, 90]	[65, 80]	[70, 85]	[55, 75]	[70, 80]	[75, 85]
C_4	[10, 15]	[15, 25]	[15, 20]	[10, 20]	[20, 25]	[10, 25]

表 8.14　高校的规范化期望矩阵 S

高校 指标	A_1	A_2	A_3	A_4	A_5
D_1	[−0.61, 0.16]	[−1, 0.91]	[−0.61, 0.53]	[−0.23, 0.16]	[−0.23, 0.91]
D_2	[−0.62, −0.08]	[−0.08, 0.18]	[−0.35, 0.46]	[−0.62, −0.08]	[0.18, 1]
D_3	[−0.18, 0.41]	[−0.77, −0.18]	[−0.47, 0.41]	[−0.18, 1]	[−0.77, 0.41]
D_4	[−0.78, 0.64]	[−0.30, 0.29]	[−0.30, −0.07]	[−0.78, 1]	[−0.07, 0.64]
D_5	[0.07, 0.48]	[−0.30, 0.28]	[0.07, 0.70]	[−1, −0.37]	[−0.37, 0.48]

表 8.15　企业的规范化期望矩阵 H

企业 指标	B_1	B_2	B_3	B_4	B_5	B_6
C_1	[−0.76, −0.17]	[−0.17, 0.41]	[−0.17, 0.70]	[−0.17, 1]	[−0.48, 0.41]	[−0.76, 0.41]
C_2	[−0.35, 0.42]	[−0.55, 0.23]	[−0.74, −0.15]	[0.04, 1]	[−0.15, 0.60]	[−0.35, 0.04]
C_3	[−0.04, 0.70]	[−0.52, 0.22]	[−0.26, 0.48]	[−1, −0.04]	[−0.26, 0.22]	[−0.04, 0.22]
C_4	[0.33, 1]	[−1, 0.33]	[−0.33, 0.33]	[−0.33, 1]	[−1, −0.33]	[−1, 0.33]

(3) 考虑主体益损值基于损失最小化构建综合前景矩阵

基于获得的决策矩阵，根据不同指标的属性，得到高校和企业的前景价值函数 o_{ij}^t 和 e_{ji}^k，如表 8.16 和表 8.17 所示。进一步地，由

第 8 章　不确定信息下产学研合作知识协同主体伙伴选择分析

表 8.16　高校的前景价值函数 o_{ij}^t

企业＼高校	A_1	A_2	A_3	A_4	A_5
B_1	(0.30, −0.62, 0.10, −1.62, 1.12)	(0.68, 0.50, 0.69, 0.39, −1.79)	(0.30, 0.36, 0.41, −0.69, 1.06)	(0.18, 0.27, −1.35, −2.35, 0.35)	(−1.46, 1.03, 0.69, −1.56, 0.67)
B_2	(0.30, −1.72, −0.57, 0.76, 0.24)	(0.38, −1.14, 0.65, 0.74, −0.62)	(0.10, −0.24, 0.11, 1.06, 0.47)	(0.50, −1.51, −1.35, 0.76, −2.11)	(−1.09, −1.52, 0.43, 0.94, −0.78)
B_3	(0.92, −1.95, −1.27, 0.26, −0.57)	(1.26, −1.31, 0.22, 0.30, −1.39)	(0.92, −1.22, −1.27, 0.59, 0.25)	(0.78, −1.95, −2.25, −1.27, −2.80)	(0.27, 0.43, −1.27, −1.35, −1.54)
B_4	(−0.98, 0.43, 0.63, 0.51, 0.55)	(−1.46, 0.84, 1, 0.23, 0.18)	(−0.98, 0.68, 0.63, 0.59, 0.55)	(−1.79, 0.43, 0.10, −1.27, −1.55)	(−1.79, 1.03, 0.69, 0.28, 0.24)
B_5	(0.50, −1.48, −0.64, −1.07, 0.18)	(0.68, −1.29, 0.43, −0.69, −0.62)	(0.30, 0.31, −0.64, 0.33, 0.35)	(0.50, −1.48, −1.91, −1.83, −2.12)	(−0.78, 0.68, 0.43, −0.40, −0.78)
B_6	(0.18, −1.40, −1.20, 0.51, 0.55)	(−1.46, −1.14, 0.66, −0.79, 0.21)	(−0.62, −0.37, −0.66, 0.33, 0.63)	(−1.09, −1.48, −1.31, −1.83, −1.35)	(−1.46, 0.68, 0.13, −0.85, 0.42)

表 8.17 企业的前景价值函数 e_{ji}^k

高校\企业	B_1	B_2	B_3	B_4	B_5	B_6
A_1	(−1.22, −1.09, −1.56, 1.29)	(0.85, −0.66, 0.65, 0)	(0.85, 0.25, −1.09, 0.70)	(0.85, −2.29, 0.88, 0.70)	(0.56, −1.48, 0.65, −1.56)	(0.28, −0.50, −1.56, 0)
A_2	(−0.75, 0.71, −0.50, 1.29)	(0.43, 0.89, 0.46, 0)	(0.63, 1.13, 0.21, 0.70)	(0.90, 0.34, 0.92, 0.70)	(0.35, 0.52, 0.35, −1.56)	(0.35, 0.96, 0.35, 0)
A_3	(−2.15, −1.00, 0.31, −1.56)	(−0.94, 0.32, 0.85, −1.58)	(−0.24, 0.50, 0.52, −0.87)	(0.26, 0.98, 1.19, 0)	(−0.79, −1.39, 0.65, −2.89)	(−1.54, 0.10, 0.65, −1.58)
A_4	(−1.69, −1.09, −2.17, −1.56)	(0.20, −0.66, −1.18, −1.58,)	(0.20, 0.17, −1.73, −1.58)	(0.50, −2.29, 0.17, 0)	(−0.42, −1.54, −1.72, −2.89)	(−1.07, −0.71, −2.17, −1.58)
A_5	(−1.54, 0.20, −1.56, −2.72)	(0.35, 0.41, −0.50, −1.58)	(0.63, 0.59, −0.59, 1.71)	(0.90, −1.58, 0.35, −1.58)	(−0.94, −0.71, −1.09, −2.89)	(−1.54, 0.34, −1.56, −1.58)

专家给出高校和企业评价指标的权重空间,分别为 $w_1 \in [0.25, 0.30]$, $w_2 \in [0.15, 0.25]$, $w_3 \in [0.30, 0.40]$, $w_4 \in [0.25, 0.30]$ 和 $W_1 \in [0.10, 0.20]$, $W_2 \in [0.20, 0.35]$, $W_3 \in [0.25, 0.35]$, $W_4 \in [0.15, 0.25]$, $W_5 \in [0.15, 0.20]$。通过 Matlab 7.0 遗传算法工具箱编程,结合前景价值函数 o_{ij}^t 和 e_{ji}^k 以及模型(8.21)和模型(8.22),得出高校和企业的评价指标权重值分别为 $w \in [0.25, 0.15, 0.35, 0.25]$ 和 $W \in [0.10, 0.25, 0.30, 0.15, 0.20]$。在得到指标权重后,通过价值函数和指标权重,计算得到高校和企业的综合前景值,如表 8.18 和表 8.19 所示。

表 8.18 高校的综合前景矩阵 O

高校 企业	A_1	A_2	A_3	A_4	A_5
B_1	−0.16	0.21	0.46	−0.69	0.19
B_2	−0.41	−0.05	0.32	−1.19	−0.54
B_3	−0.95	−0.37	−0.43	−2.15	−0.85
B_4	0.44	0.49	0.55	−0.79	0.40
B_5	−0.76	−0.41	0.12	−1.89	−0.02
B_6	−0.57	−0.51	−0.23	0.82	−0.06

表 8.19 企业的综合前景矩阵 E

企业 高校	B_1	B_2	B_3	B_4	B_5	B_6
A_1	0.45	0.43	0.15	0.45	−0.35	−0.64
A_2	0.15	0.53	0.79	1.01	−0.14	0.47
A_3	−1.30	−0.41	−0.05	0.78	−1.23	−0.74
A_4	−2.18	−1.07	−1.13	−0.21	−2.11	−0.80
A_5	−2.00	−0.52	0.70	−0.38	−1.85	−1.60

(4) 基于综合前景矩阵求解匹配方案

根据综合前景矩阵,构建双边匹配决策模型(8.23)。同时,专家学者认为高校与企业在匹配的过程中地位相等,即 $w_A = w_B = 0.5$,得到系数矩阵 ϕ_{ij},见表 8.20。

表 8.20　系数矩阵 ϕ_{ij}

企业\高校	A_1	A_2	A_3	A_4	A_5
B_1	0.15	0.18	-0.42	-1.44	-0.91
B_2	0.01	0.24	-0.05	-1.13	-0.53
B_3	-0.4	0.21	-0.24	-1.64	-0.08
B_4	0.45	0.75	0.67	-0.5	0.01
B_5	-0.56	-0.28	-0.56	-2	-0.94
B_6	-0.61	-0.02	-0.49	0.01	-0.83

利用 Lingo 11.0 软件求解模型(8.24),获得匹配结果为{(A_1, B_1), (A_2, B_2), (A_3, B_4), (A_4, B_6), (A_5, B_3), (B_5, B_5)}, 即 A_1 与 B_1 匹配,A_2 与 B_2 匹配,A_3 与 B_4 匹配,A_4 与 B_6 匹配,A_5 与 B_3 匹配,B_5 未匹配。算例中设定高校与企业的合作地位是相等的,当地位权重变动时,得到的匹配方是一致的,如表 8.21 所示。只有当高校和企业的权重为 0.9 和 0.1 时,匹配的方案出现了一些变动,可以理解为此时高校和企业的合作匹配地位极其悬殊,在现实的高校和企业的项目合作中,这种情况极少出现,因此可以证明该方法具有较强的抗干扰性,能维持匹配方案的稳定性。

表 8.21　不同 w_A 和 w_B 的取值及其匹配结果

w_A 和 w_B	最终的匹配结果
$w_A = 0.5$ $w_B = 0.5$	{(A_1, B_1), (A_2, B_2), (A_3, B_4), (A_4, B_6), (A_5, B_3), (B_5, B_5)}
$w_A = 0.1$ $w_B = 0.9$	{(A_1, B_1), (A_2, B_2), (A_3, B_4), (A_4, B_6), (A_5, B_3), (B_5, B_5)}
$w_A = 0.2$ $w_B = 0.8$	{(A_1, B_1), (A_2, B_2), (A_3, B_4), (A_4, B_6), (A_5, B_3), (B_5, B_5)}
$w_A = 0.3$ $w_B = 0.7$	{(A_1, B_1), (A_2, B_2), (A_3, B_4), (A_4, B_6), (A_5, B_3), (B_5, B_5)}
$w_A = 0.4$ $w_B = 0.6$	{(A_1, B_1), (A_2, B_2), (A_3, B_4), (A_4, B_6), (A_5, B_3), (B_5, B_5)}

(续表)

w_A 和 w_B	最终的匹配结果
$w_A = 0.6$ $w_B = 0.4$	$\{(A_1, B_1), (A_2, B_2), (A_3, B_4), (A_4, B_6), (A_5, B_3), (B_5, B_5)\}$
$w_A = 0.7$ $w_B = 0.3$	$\{(A_1, B_1), (A_2, B_2), (A_3, B_4), (A_4, B_6), (A_5, B_3), (B_5, B_5)\}$
$w_A = 0.8$ $w_B = 0.2$	$\{(A_1, B_1), (A_2, B_2), (A_3, B_4), (A_4, B_6), (A_5, B_3), (B_5, B_5)\}$
$w_A = 0.9$ $w_B = 0.1$	$\{(A_1, B_1), (A_2, B_3), (A_3, B_2), (A_4, B_6), (A_5, B_4), (B_5, B_5)\}$

8.4 本章小结

相比第 7 章考虑在相对确定环境下主体的伙伴选择问题，本章在不确定环境下基于主体心理期望研究主体的选择行为，较为全面地反映了现实生活中高校和企业在产学研合作内的伙伴选择行为。本章分析了产学研合作知识协同的不确定情况，构建了不确定环境下主体的匹配模型，并通过数值算例验证了模型的有效性和可行性，具体所做的工作如下：

（1）对于产学研合作知识协同主体所处环境的不确定进行了分析，包括主体自身差异所导致的不确定性、指标信息和权重信息的不确定性和主体伙伴选择环境的不确定性等，针对这一不确定条件，采用不同的不确定数据形式加以描述，包括区间数、三角模糊数、直觉模糊数、语言变量集和区间灰数等，并为了统一量纲，设计了不确定信息的规范化处理方法。

（2）采用灰色关联分析的方法，度量主体评价信息与期望信息的关联程度来判断高校和企业的匹配程度，并在第 7 章对累积前景理论运用的基础上,采用区间灰数构建灰靶决策模型,综合分析在不确定信息下主体的心理期望的满足程度,从而得到匹配方案。

(3) 通过两个产学研合作内高校和企业合作匹配的案例分析,分别验证基于灰色关联的不确定信息主体匹配模型和基于灰靶决策的不确定信息主体匹配模型的有效性和可行性,体现高校和企业在不确定环境下的伙伴选择行为。

第9章 基于双边匹配的产学研合作知识协同主体伙伴选择研究

产学研合作知识协同是提升企业技术创新能力和市场竞争力的重要组织形式,但产学研合作知识协同过程中存在稳定性低、合作效果不理想等问题,直接影响着协同效应的高低。鉴于低稳定性造成的知识协同合作高失败率问题,以及合作伙伴选择对知识协同稳定合作的重要作用,基于第 6~8 章中所阐述的关于匹配的模式方法以及考虑的相关影响因素,本章以双边视角研究知识协同合作伙伴的选择问题。主要通过主体偏好序解决定性指标评价中的量化问题,考虑主体心理行为,建立兼顾主体满意度和稳定性的双边匹配模型,得到稳定的双边匹配方案,并用实例验证了模型的有效性。

9.1 产学研合作知识协同主体伙伴选择模式

9.1.1 问题提出及匹配模式选择

随着经济与科技全球化进程的加快,技术创新在经济发展中的作用日益凸显,已成为提升产业创新能力和国家科技竞争力的重要手段。而产学研合作知识协同有助于实现企业的技术创新,提升企业的竞争力。据统计,全球500强企业平均每家拥有60个主要合作关系,美国排名前1 000家规模企业16%的年收入来自各种产业技术创新[224]。推动产学研合作知识协同及产学研合作的构建和发展,是整合产业技术创新资源、引导创新要素向企业集聚的迫切要求,是企业提高创新能力、降低创新成本和创新风险的有效途径。虽然产学研合作知识协同会为合作伙伴带来双赢的机会,但它是一项复杂多变的系统工程,在实际运行过程中会出现诸多问题,有着高达50%~60%的失败率[40]。因此,为了取得更为理想的产学研合作知识协同效应,在企业和高校进行产学研合作知识协同的初期,企业和高校首先要选择合适的合作伙伴,然后再进行知识协同。选择合适的合作伙伴有助于提高产学研合作知识协同过程的稳定性,提高产学研合作知识协同的成功率,进而提高知识协同效应。

目前关于合作伙伴的选择,主要分为单向选择匹配和双向选择匹配。已有较多学者从企业单边角度对合作伙伴选择进行了定量研究,如王发明等[40]、戴建华等[225]采用Shapley值法对合作收益的分配来研究产学研合作中企业的合作伙伴选择问题;曹霞等[226,227]以企业为主体,利用群决策分析方法和改进VIKOR法对企业如何选择合作伙伴进行了研究;韩莹等[228]利用Hotelling博弈模型对集群企业合作伙伴选择进行了分阶段研究;李柏洲等[229]基于企业原始创新中与学研合作伙伴选择的影响因素及作用路径,对企业合作伙伴选择进行了实证分析。

而相比单项选择匹配,双向选择匹配更能体现公平性。如郭军灵[23]为企业如何选取合作伙伴提供了标准和方法;Chen等[230]认为战略目标一致、节约成本、互补资源和学习机制是合作伙伴选择的标准;王道平等[24]从技术标准角度出发,对产学研合作伙伴的选取进行了分析研究;龙勇[231]认为应根据自身对核心知识或技术的保护能力来选择合作伙伴,来降低核心知识被盗取的合作风险;郑景丽等[41]研究了学习型资源获取和非学习型资源获取两种产学研合作动机对产学研合作伙伴选择的影响;王进富等[36]基于"3C"理论对产学研战略产学研合作研发伙伴选择影响因素展开了研究。目前高校的选择权利在不断增大,在产学研合作中占有重要的地位,企业选择高校的这种单边的选择模式会影响知识协同的稳定性。因此,在产学研合作知识协同的过程中,企业和高校应该处于同等地位,是一种双向选择的过程。为此采用双边匹配方法研究产学研合作知识协同的合作伙伴选择问题,不仅为产学研合作知识协同主体伙伴选择提供了一种工具,还可以提高产学研合作知识协同的成功率。

9.1.2 产学研合作知识协同合作伙伴选择流程

本章采用双边匹配方法对产学研合作知识协同主体企业和高校进行伙伴选择研究,具体流程如图9.1所示。企业和高校作为

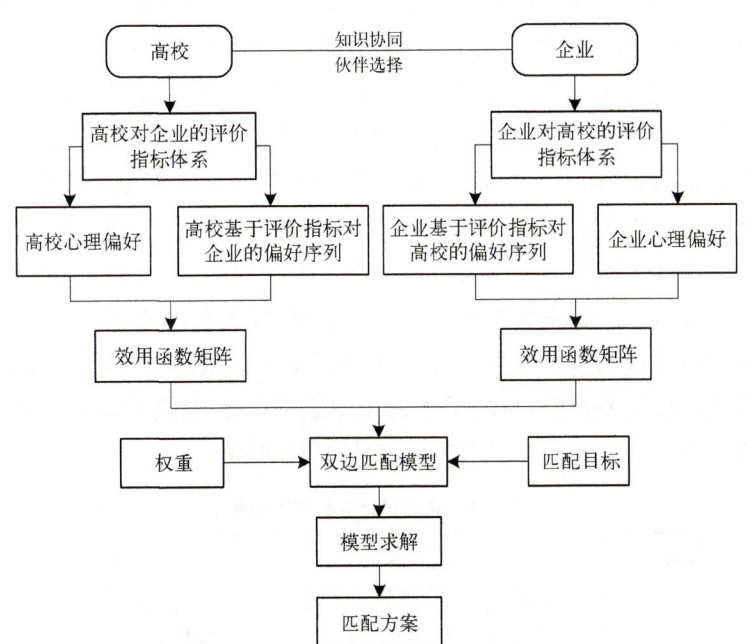

图 9.1 产学研合作知识协同伙伴选择流程

产学研合作知识协同的主体,在进行伙伴选择时,首先依据自身的需求分别构建评价指标体系,其次分别基于评价指标体系对对方主体进行偏好排序,再基于各主体的心理偏好值构建效用函数,计算企业和高校的效用函数矩阵,然后基于效用函数矩阵、匹配目标和各主体的权重构建双边匹配模型,最后对双边匹配模型进行求解,得到匹配方案。

9.2 产学研合作知识协同主体伙伴选择指标体系的构建

9.2.1 高校对企业评价指标体系的构建

产学研合作知识协同合作初期,高校在选择企业进行知识协同时,主要从企业的人力资源、财务资源、文化资源和组织资源四方面进行考察[29,232-236]。其中,人力资源反映了企业对技术创新研发的重视程度、所具备的相关技术研发经验,以及企业人员的沟通吸收能力,从而判断企业能否很好地将研发技术进行成果转化;财务资源反映了企业对合作创新研发的投入经费,也间接反映了企业对应用于某领域的相关技术研发的重视程度;文化资源反映了该企业的创新氛围和声誉,从是否值得信任的角度来判断该企业是否可以成为很好的合作对象;组织资源是判断企业是否值得合作的一个重要指标,反映了该企业的战略目标、优势资源和技术,以及在智能交通方面已有成果,具体指标见表9.1。

表 9.1 高校对企业的评价指标

一级指标	二级指标	指标说明
人力资源	研发人员数 相关技术研发经验 沟通与交流能力	定量指标 定性指标 定性指标

(续表)

一级指标	二级指标	指标说明
财务资源	科研经费数	定量指标
	相关技术研发投入占总科研经费比	定量指标
	融资能力	定性指标
	研发经费管理能力	定性指标
文化资源	是否有合作精神	定量指标,0 表示"否";1 表示"是"
	创新氛围	定性指标
	诚信度和声誉	定性指标
组织资源	相关专利与产品数	定量指标
	战略目标	定性指标
	核心技术与优势资源	定性指标

9.2.2 企业对高校评价指标体系的构建

企业在选择高校进行知识协同时,主要考虑到高校的学科建设、科技资源、文化资源、组织资源四方面[29,232-236]。其中,学科建设主要包括学科排名、博士点数量、是否为"985 工程"和"211 工程"院校,由于这些指标的信息是可以准确获得的,这就在一定程度上影响了决策者的心理行为,使得决策者在心理上更加偏重排名比较靠前的学校,如在面临从未合作过的一所"985 工程"高校和一所普通本科院校对其进行排名时,决策者会更加偏重于"985 工程"院校;科技资源反映了高校的科研基础设施、科研投入、科研成果以及技术开发能力等;文化资源反映了该高校的创新氛围和声誉,是否可以成为值得信任的合作对象;组织资源反映了高校的信息资源和技术特色,具体指标见表 9.2。

表 9.2　企业对高校的评价指标

一级指标	二级指标	指标说明
学科建设	学科排名	定量指标
	博士点数量	定量指标
	是否为"985 工程"和"211 工程"院校	定量指标，0 表示"否"；1 表示"是"
科技资源	相关领域专业排名	定量指标
	科研机构和人员	定量指标
	合作成功案例	定量指标
	科研传统	定性指标
	技术开发能力	定性指标
文化资源	是否有合作精神	定量指标，0 表示"否"；1 表示"是"
	创新氛围	定性指标
	诚信度和声誉	定性指标
组织资源	科研目标	定性指标
	科技优势资源和技术特色	定性指标

9.3　产学研合作知识协同主体伙伴选择的模型构建及求解

9.3.1　双边匹配效用函数的构建

假设进行产学研合作知识协同的主体由 m 所高校和 n 家企业构成。m 所高校 A_i 构成集合 $A=\{A_1,A_2,\cdots,A_m\}$，$i=1,2,\cdots,m$；n 家企业 B_j 构成集合 $B=\{B_1,B_2,\cdots,B_n\}$，$j=1,2,\cdots,n$，满足 $m\leqslant n$。基于表 9.1 的评价指标，高校 A_i 在对 n 家

企业进行评价时,由于一些定量指标的存在,以及决策者本身的心理行为,使得高校在给出 n 家企业的偏好序列时,会出现犹豫和不确定,无法给出精确的排名来表达自己的偏好,出现相同排名的情况[237]。基于此,设高校的偏好序列为 $P=(P_1, P_2, \cdots, P_m)$,$P_i$ 为高校 A_i 对于 n 家企业的偏好序列,如果高校 A_i 对某些企业的偏好程度相同,则将它们用圆括号表示,如高校 A_i 对第 j 家企业 B_j 和第 k 家企业 B_k 有相同的偏好,则表示为 $B'=(B_j, B_k)$;$O=[o_{ij}]_{m\times n}$ 为企业在 P 中的真实序值矩阵,o_{ij} 为 B_j 在 P_i 中的真实序值,$o_{ij}=1, 2, \cdots, n$;$R=[r_{ij}]_{m\times n}$ 为高校对于企业的偏好序值矩阵,r_{ij} 为企业在 P_i 中的偏好序值。

同样,企业 B_j 对 m 所高校进行评价时,首先会着重考虑高校的学科建设,其次综合考虑高校的技术资源和组织资源。记 $Q=(Q_1, Q_2, \cdots, Q_n)$ 为企业对高校的偏好序列,Q_j 为企业 B_j 对于 m 所高校的偏好序列。如果企业 B_j 对某些高校偏好程度相同,则将它们用圆括号表示,如企业 B_j 对第 i 所高校 A_i 和第 k 所高校 A_k 有相同的偏好,则表示为 $A'=(A_i, A_k)$;$S=[s_{ij}]_{m\times n}$ 为高校在 Q 中的真实序值,s_{ij} 为高校 A_i 在 Q_j 中的真实序值,$s_{ij}=1, 2, \cdots, m$;$T=[t_{ij}]_{m\times n}$ 为企业对于高校的偏好序值矩阵,t_{ij} 为高校在 Q_j 中的偏好序值。综上,o_{ij} 与 r_{ij}、t_{ij} 与 s_{ij} 之间的转化公式如下:

$$r_{ij}=\begin{cases} o_{ij}, & B_j \notin B' \\ AVG(B'), & B_j \in B' \end{cases} \quad (9.1)$$

$$t_{ij}=\begin{cases} s_{ij}, & A_i \notin A' \\ AVG(A'), & A_i \in A' \end{cases} \quad (9.2)$$

一般来说,在双边匹配过程中,高校 A_i 希望能与自己偏爱的企业匹配成功,如若不能匹配成功,会感到失望,满意程度会大幅度降低。而且,高校 A_i 对排名第 2 与排名第 3 的两家企业之间满意程度的差距,要比排名第 7 和排名第 8 的两家企业之间的满意程度的差距相对要大。因此,满意程度会随着排名的增加而降低,但随着排名的增加,差距会越来越小。设 $V_A=[\alpha_{ij}]_{m\times n}$ 为高校对企业的满意度矩阵,$V_B=[\beta_{ij}]_{m\times n}$ 为企业对高校的满意度矩阵,α_{ij} 和 β_{ij} 分别为高校 A_i 对企业 B_j 的满意度和企业 B_j 对高校 A_i 的满意度,则高校和企业的满意度函数如下:

$$\alpha_{ij}=\left(\frac{n+1-r_{ij}}{n}\right)^2, i=1,2,\cdots,m; j=1,2,\cdots,n \tag{9.3}$$

$$\beta_{ij}=\left(\frac{m+1-t_{ij}}{m}\right)^2, i=1,2,\cdots,m; j=1,2,\cdots,n \tag{9.4}$$

高校 A_i 会产生自己的心理行为,即对想要合作的企业有一个最高可接受偏好序 f_i^A,一旦企业排名超过这个偏好序 f_i^A,高校 A_i 将会感受到损失,否则,感受为收益。具体来说,若高校 A_i 与企业 B_j 匹配成功,满足:(1)$r_{ij}<f_i^A$,则高校 A_i 感受为收益,r_{ij} 越小,感受到的收益也随之增大;(2)$r_{ij}>f_i^A$,则高校 A_i 感受为损失,r_{ij} 越大,感受到的损失也随之增大。同样,企业 B_j 会产生自己的心理行为,即对想要合作的高校有一个最高可接受偏好序 f_j^B,一旦高校排名超过这个值,企业 B_j 将会感受到损失,否则,感受为收益。若企业 B_j 与高校 A_i 匹配成功,满足:(1)$t_{ij}<f_j^B$,则企业 B_j 感受为收益,t_{ij} 越小,感受到的收益也随之增大;(2)$t_{ij}>f_j^B$,则 B_j 感受为损失,t_{ij} 越大,感受到的损失也随之增大。

将最高可接受偏好序 f_i^A 和 f_j^B 分别通过式(9.3)和(9.4)转化为满意度,分别记为 φ_{ij} 和 ω_{ij}。则 φ_{ij} 和 ω_{ij} 分别称为高校 A_i 和企

业 B_j 的最低可接受满意度。会出现如下三种情况：

(1) 若 $\alpha_{ij}>\varphi_{ij}$ 或 $\beta_{ij}>\omega_{ij}$，则高校 A_i 或企业 B_j 感受为收益，效用为正；

(2) 若 $\alpha_{ij}=\varphi_{ij}$ 或 $\beta_{ij}=\omega_{ij}$，则高校 A_i 或企业 B_j 效用为零；

(3) 若 $\alpha_{ij}<\varphi_{ij}$ 或 $\beta_{ij}<\omega_{ij}$，则高校 A_i 或企业 B_j 感受为损失，效用为负。

设 F_{ij}^A 和 F_{ij}^B 分别为高校 A_i 和企业 B_j 的效用函数，则有：

$$F_{ij}^A=\begin{cases}\alpha_{ij}-\varphi_{ij}, & \alpha_{ij}>\varphi_{ij}\\ 0, & \alpha_{ij}=\varphi_{ij}\\ \varphi_{ij}-\alpha_{ij}, & \alpha_{ij}<\varphi_{ij}\end{cases} \quad (9.5)$$

$$F_{ij}^B=\begin{cases}\beta_{ij}-\omega_{ij}, & \beta_{ij}>\omega_{ij}\\ 0, & \beta_{ij}=\omega_{ij}\\ \omega_{ij}-\beta_{ij}, & \beta_{ij}<\omega_{ij}\end{cases} \quad (9.6)$$

9.3.2 双边匹配模型的构建

1. 双边匹配模型的构建

为了使得产学研合作知识协同主体的总体效用达到最大值，依据效用函数 F_{ij}^A 和 F_{ij}^B 建立使得高校和企业分别获得效用之和最大的目标函数。设 x_{ij} 为一个 0－1 变量，其中 $x_{ij}=1$，表示 $\mu(A_i)=B_j$，即高校 A_i 与企业 B_j 在 μ 中匹配，形成合作伙伴的关系；$x_{ij}=0$，表示 $\mu(A_i)\neq B_j$，即高校 A_i 与企业 B_j 在 μ 中不匹配。基于此，构建如下双边匹配优化模型：

$$\max Z_1=\sum_{i=1}^m\sum_{j=1}^n F_{ij}^A x_{ij} \quad (9.7)$$

$$\max Z_2=\sum_{i=1}^m\sum_{j=1}^n F_{ij}^B x_{ij} \quad (9.8)$$

$$\text{s.t.} \quad \sum_{j=1}^{n} x_{ij} = 1, \ i = 1, 2, \cdots, m \qquad (9.9)$$

$$\sum_{i=1}^{m} x_{ij} \leqslant 1, \ j = 1, 2, \cdots, n \qquad (9.10)$$

$$x_{ij} = 0 \text{ 或 } 1, \ i = 1, 2, \cdots, m; \ j = 1, 2, \cdots n \qquad (9.11)$$

在上述双边匹配模型中,式(9.7)和式(9.8)为目标函数,式(9.7)表示最大化所有高校对于企业的效用之和,式(9.8)表示最大化所有企业对于高校的效用之和;式(9.9)~(9.11)为双边匹配约束条件,式(9.9)表示高校必须与一个企业进行匹配;式(9.10)表示企业最多与一个高校进行匹配。

2. 稳定双边匹配模型的构建

上述模型为一对一双边匹配模型,未考虑双边匹配的稳定性,这将会导致个别主体可以找到新的匹配对象使得该主体和新匹配对象的效用同时超过对各自现有匹配对象的效用,从而放弃现有匹配对象。而且目前知识协同主体选择权利增大,每个协同主体都有权利放弃现有合作对象去寻找满意的合作伙伴。因此,将稳定性考虑到双边匹配中具有现实意义。

基于稳定匹配的定义以及式(9.7)~(9.11),构建如下稳定匹配优化模型:

$$\max Z_1 = \sum_{i=1}^{m} \sum_{j=1}^{n} F_{ij}^{A} x_{ij} \qquad (9.12)$$

$$\max Z_2 = \sum_{i=1}^{m} \sum_{j=1}^{n} F_{ij}^{B} x_{ij} \qquad (9.13)$$

$$\text{s.t.} \quad \sum_{j=1}^{n} x_{ij} = 1, \ i = 1, 2, \cdots, m \qquad (9.14)$$

$$\sum_{i=1}^{m} x_{ij} \leqslant 1, \ j = 1, 2, \cdots, n \qquad (9.15)$$

$$x_{ij} + \sum_{k:\, r_{ik} \leqslant r_{ij}} x_{ik} + \sum_{l:\, t_{lj} \leqslant t_{ij}} x_{lj} \geqslant 1,\ i=1,2,\cdots,m,\ j=1,2,\cdots,n \tag{9.16}$$

$$x_{ij}=0\ 或\ 1,\ i=1,2,\cdots,m;\ j=1,2,\cdots n \tag{9.17}$$

其中式(9.12)~(9.15)及式(9.17)的含义与式(9.7)~(9.10)及式(9.11)相同,式(9.16)为稳定性约束条件。

9.3.3 模型求解

对于稳定双边匹配模型的求解,可对目标函数(9.12)和(9.13)进行线性加权。设 ω_1 和 ω_2 分别为目标 Z_1 和 Z_2 的权重,满足条件 $0<\omega_1,\omega_2<1$ 且 $\omega_1+\omega_2=1$,则双目标优化模型转化为单目标优化模型:

$$\max Z = \omega_1 \sum_{i=1}^{m}\sum_{j=1}^{n} F_{ij}^{A} x_{ij} + \omega_2 \sum_{i=1}^{m}\sum_{j=1}^{n} F_{ij}^{B} x_{ij} = \sum_{i=1}^{m}\sum_{j=1}^{n} c_{ij} x_{ij} \tag{9.18}$$

$$\text{s.t.}\ \sum_{j=1}^{n} x_{ij}=1,\ i=1,2,\cdots,m \tag{9.19}$$

$$\sum_{i=1}^{m} x_{ij} \leqslant 1,\ j=1,2,\cdots,n \tag{9.20}$$

$$x_{ij} + \sum_{k:\, r_{ik} \leqslant r_{ij}} x_{ik} + \sum_{l:\, t_{lj} \leqslant t_{ij}} x_{lj} \geqslant 1,\ i=1,2,\cdots,m,\ j=1,2,\cdots,n \tag{9.21}$$

$$x_{ij}=0\ 或\ 1,\ i=1,2,\cdots,m;\ j=1,2,\cdots,n \tag{9.22}$$

其中 $c_{ij}=\omega_1 F_{ij}^{A}+\omega_2 F_{ij}^{B}$,$\omega_1$ 和 ω_2 实际就是高校和企业在匹配过程中的重要程度。若 $\omega_1=\omega_2$,则高校和企业在匹配过程中同等重要;若 $\omega_1>\omega_2$,则高校在匹配过程中比企业显得重要;若 $\omega_1<\omega_2$,则企业在匹配过程中比高校显得重要。由于高校和企业在匹

配过程中处于同等地位,考虑到匹配双方的公平性,则有 $\omega_1=\omega_2=0.5$。通过 Lingo 软件即可求得该模型的最优解。

9.4 算例分析及结果讨论

9.4.1 算例分析

为贯彻落实国家"2011 计划"的总体要求,进一步提升江苏高校协同创新能力,江苏省根据自身创新战略和发展路径,坚持以协同推进为核心、以创新发展为目标、以产学研结合为主线,鼓励、引导、组织高校突破学科、学校、行业和地区等壁垒,与国内外各类创新主体和创新力量紧密合作,开展协同创新和联合科技攻关,创新体制机制,建设人才、学科和科研三位一体的江苏省高校协同创新中心,促进高等教育与科技、经济、文化的有机结合,提升高校创新能力,支撑创新型省份和人力资源强省建设,引导支持江苏高校申报建设国家"2011 协同创新中心"。因此,本章以江苏省协同创新中心中江苏科技大学牵头的"高技术船舶协同创新中心"为例展开研究,主要研究该协同创新中心的知识协同主体高校和企业如何选择满意的合作伙伴。

现有 4 所高校和 6 家企业在寻求知识协同,包括江苏科技大学(A_1)、哈尔滨工程大学(A_2)、大连理工大学(A_3)、浙江海洋大学(A_4)、上海外高桥造船有限公司(B_1)、中国船舶工业集团公司(B_2)、中国海洋石油总公司(B_3)、中国国际海运集装箱集团公司(B_4)、江苏熔盛重工集团有限公司(B_5)、江苏新时代造船有限公司(B_6)。

1. 基于评价指标的偏好分析

"高技术船舶协同创新中心"产学研合作中的 4 所高校构成集

合 $A=\{A_1,A_2,A_3,A_4\}$，基于表 9.1 的评价指标体系，4 所高校给出它们对企业的偏好序如表 9.3 所示。6 家企业构成集合 $B=\{B_1,B_2,B_3,B_4,B_5,B_6\}$，基于表 9.2 的评价指标，6 家企业给出它们对高校的偏好序如表 9.4 所示。

表 9.3 高校对企业的偏好序 P

高校		偏好序 P
A_1	P_1	$\{B_1,(B_3,B_6),B_2,B_5,B_4\}$
A_2	P_2	$\{B_2,(B_4,B_3),B_1,B_6,B_5\}$
A_3	P_3	$\{B_4,B_1,(B_2,B_3,B_5),B_6\}$
A_4	P_4	$\{(B_2,B_6),B_1,B_4,B_5,B_3\}$

表 9.4 企业对高校的偏好序 Q

企业		偏好序 Q
B_1	Q_1	$\{A_2,(A_1,A_3),A_4\}$
B_2	Q_2	$\{A_1,A_3,(A_2,A_4)\}$
B_3	Q_3	$\{A_4,A_2,A_3,A_1\}$
B_4	Q_4	$\{A_2,A_3,A_4,A_1\}$
B_5	Q_5	$\{(A_1,A_2),A_3,A_4\}$
B_6	Q_6	$\{A_2,A_3,A_1,A_4\}$

依据表 9.3 和表 9.4，得到企业在高校的偏好序列 P 中的真实序值矩阵 O 和高校在企业的偏好序列 Q 中的真实序值矩阵 S。依据表 9.3 和表 9.4，再分别通过式(9.1)和(9.2)，计算得到高校的偏好序值矩阵 R 和企业的偏好序值矩阵 T。具体如下：

$$O=\begin{array}{c}P_1\\P_2\\P_3\\P_4\end{array}\begin{bmatrix}1&4&2&6&5&3\\4&1&3&2&6&5\\2&3&4&1&5&6\\3&1&6&4&5&2\end{bmatrix} \quad R=\begin{array}{c}P_1\\P_2\\P_3\\P_4\end{array}\begin{bmatrix}1&4&2.5&6&5&2.5\\4&1&2.5&2.5&5.5&5.5\\2&4&4&1&4&6\\3&1.5&6&4&5&1.5\end{bmatrix}$$

$$S = \begin{matrix} Q_1 \\ Q_2 \\ Q_3 \\ Q_4 \\ Q_5 \\ Q_6 \end{matrix} \begin{bmatrix} 2 & 1 & 3 & 4 \\ 1 & 3 & 2 & 4 \\ 4 & 2 & 3 & 1 \\ 4 & 1 & 2 & 3 \\ 1 & 2 & 3 & 4 \\ 3 & 1 & 2 & 4 \end{bmatrix} \qquad T = \begin{matrix} Q_1 \\ Q_2 \\ Q_3 \\ Q_4 \\ Q_5 \\ Q_6 \end{matrix} \begin{bmatrix} 2.5 & 1 & 2.5 & 4 \\ 1 & 3.5 & 2 & 3.5 \\ 4 & 2 & 3 & 1 \\ 4 & 1 & 2 & 3 \\ 1.5 & 1.5 & 3 & 4 \\ 3 & 1 & 2 & 4 \end{bmatrix}$$

2. 效用函数的构建

通过对 4 所高校和 6 家企业进行调研,得到它们的最高可接受偏好序分别为 $f_i^A = \{3, 4, 4, 3\}$ 和 $f_i^B = \{2, 2, 3, 2, 3, 2\}$。因此,得到 4 所高校和 6 家企业的效用值(分别见表 9.5 和表 9.6)。

表 9.5　高校的效用函数

F_{ij}^A	B_1	B_2	B_3	B_4	B_5	B_6
A_1	0.555 6	−0.194 4	0.118 1	0.118 1	−0.333 3	−0.416 7
A_2	0	0.75	0.312 5	0.312 5	−0.187 5	−0.187 5
A_3	0.25	−0.194 4	−0.194 4	0.555 6	−0.194 4	−0.416 7
A_4	0	0.395 8	−0.416 7	−0.194 4	−0.333 3	0.395 8

表 9.6　企业的效用函数

F_{ij}^B	A_1	A_2	A_3	A_4
B_1	−0.171 9	0.437 5	−0.171 9	−0.5
B_2	0.437 5	−0.421 9	0	−0.421 9
B_3	−0.187 5	0.312 5	0	0.75
B_4	−0.5	0	0.437 5	−0.312 5
B_5	0.515 6	0.515 6	0	−0.187 5
B_6	−0.312 5	0.437 5	0	−0.5

3. 模型的求解

其系数矩阵 c_{ij} 如表 9.7 所示,根据系数矩阵构建单目标优化模型。

表 9.7　系数矩阵

c_{ij}	B_1	B_2	B_3	B_4	B_5	B_6
A_1	0.191 84	0.121 528	−0.034 72	−0.190 97	0.091 146	−0.364 58
A_2	0.218 75	0.164 05	0.312 5	0.156 25	0.164 063	0.125
A_3	0.039 063	−0.097 22	−0.097 22	0.496 528	−0.097 22	−0.208 33
A_4	−0.25	−0.013 02	0.166 667	−0.253 47	−0.260 42	−0.052 08

通过软件 Lingo 11.0,求得模型的最优解为 $x_{11}=x_{22}=x_{34}=x_{43}$,其余的 $x_{ij}=0$,得到匹配方案 $\mu=\mu_M \bigcup \mu_S=\{(A_1,B_1),(A_2,B_2),(A_3,B_4),(A_4,B_3),(A_5,B_5),(A_6,B_6)\}$,其中 $\mu=\mu_M=\{(A_1,B_1),(A_2,B_2),(A_3,B_4),(A_4,B_3)\}$,$\mu=\mu_S=\{(A_5,B_5),(A_6,B_6)\}$。即高校 A_1 和企业 B_1 匹配,高校 A_2 和企业 B_2 匹配,高校 A_3 和企业 B_4 匹配,高校 A_4 和企业 B_3 匹配,企业 B_5 和 B_6 单身。

9.4.2　结果讨论

从上述匹配结果可以看出,江苏科技大学会选择上海外高桥造船有限公司进行产学研合作知识协同,哈尔滨工程大学会选择中国船舶工业集团公司进行产学研合作知识协同,大连理工大学会选择中国国际海运集装箱集团公司进行产学研合作知识协同,浙江海洋大学会选择中国国际海运集装箱集团公司进行产学研合作知识协同,江苏熔盛重工集团有限公司和江苏新时代造船有限公司未找到合适的知识协同伙伴,选择不合作。以上海外高桥造船有限公司为例,该公司更愿意和哈尔滨工程大学合作,但哈尔滨工程大学有自己的合作意向,综合两者的满意度,该公司选择了江苏科技大学,江苏科技大学也愿意与其合作,三个主体都得到了满足。

因此,产学研合作知识协同主体企业和高校在选择合适的合作伙伴时,需要考虑伙伴选择时评价指标的选取、决策者的偏好和心理行为,以及匹配方案的稳定性等因素对匹配方案的影响,双边匹配方法为产学研合作知识协同主体的合作伙伴选择提供了一种更为有效的方法,为产学研合作知识协同的顺利进行奠定了基础,提高了知识协同的成功率,进一步提升了产学研合作知识协同效应。

9.5　本章小结

合作伙伴选择是影响产学研合作知识协同稳定性的重要方面,是决定协同效应高低的关键,在知识协同初期选择满意的合作伙伴可以有效解决稳定性问题。本章基于双边视角研究产学研合作知识协同主体合作伙伴的选择问题,通过主体偏好序解决定性指标评价中的量化问题,依据主体心理行为,建立兼顾主体满意度和稳定性的双边匹配模型,得到稳定的双边匹配方案,为企业和高校选择了合适的合作伙伴,并用实例验证了模型的有效性。

本章具体的研究内容包括:

(1) 主体评价指标体系的构建。不同的产学研合作知识协同主体对合作伙伴的选择具有不同的要求,且除了一些定量指标外,一些定性指标也值得考量。为此,本章分别建立了高校对企业的评价指标体系和企业对高校的评价指标体系。

(2) 双边匹配模型的构建。依据评价指标体系,企业和高校分别依据自身的偏好对另一方主体进行排序,结合各个主体自身的心理期望,算出高校和企业每个主体的效用函数。并以使得产学研合作知识协同主体的总体效用达到最大值为目标,构建双边匹配模型。

(3) 模型的求解以及算例分析。通过对所构建的双边匹配求解,可以为企业和高校选择满意的合作伙伴。通过以江苏省协同创新中心中江苏科技大学牵头的"高技术船舶协同创新中心"的产学研合作为例,考虑决策者的心理行为,采用双边匹配模型对产学研合作知识协同主体选择合作伙伴展开研究,验证了该模型的适用性。

第10章
基于演化博弈的产学研合作知识协同研究

第9章主要以产学研合作知识协同主体的自身条件为基础,通过双边匹配方法为彼此选择了合适的知识协同伙伴,为产学研合作主体更好地进行知识协同奠定了基础。产学研合作知识协同伙伴选择之后,产学研合作知识协同主体将与其合作伙伴对是否进行知识协同创新进行利益博弈,寻求最优策略。因此,本章主要通过演化博弈方法分析了产学研合作知识协同主体在知识协同过程中的策略选择,并用仿真分析研究了产学研合作知识协同主体选择知识协同所要满足的关键条件。

10.1 演化博弈问题描述

10.1.1 问题提出

企业和高校作为产学研合作知识协同的主要参与者,在进行知识协同伙伴选择之后,企业和高校将对是否进行知识协同创新进行博弈选择。Hu Xianlin[238]基于高校在协同创新过程中存在的问题,建立了产学研协同创新路径博弈模型,为高校的协同创新路径选择提供了依据；王耀德等[239]基于协同创新的技术协同信号博弈模型，发现伪装成本和期望风险成本是协同创新技术协同成功运行的关键因素；Chen Jin 等[240]利用演化博弈和仿真分析对协同创新演化机制、合作的持续性和稳定性进行了博弈分析；武洋[194]通过授权博弈理论构建了包含企业、高校和中介的博弈模型，发现授权发生的基本条件就是中介协调型的产学研合作模式。张华[241]通过构建企业、高校和科研机构之间的协同创新重复博弈模型，发现知识溢出的增加有利于提高协同创新的效率并促进形成稳定的合作关系。

上述研究只考虑了企业和高校，未将在企业和高校知识协同过程中扮演重要角色的政府考虑在内。目前企业和高校在知识协同过程中存在目标认知不一致、缺乏引导和监管等问题，政府作为社会"统筹者"，可以对参与知识协同创新的企业和高校进行引导、协调和监管，在企业和高校知识协同中扮演了重要的角色，也会获得企业和高校研发新产品所产生销售收入的税收收益。戚湧等[242]构建了监管部门、企业和高校之间的博弈模型，指出协同创新的成本和利益是影响各主体行为选择的关键要素；朱怀念等[243]通过构建政府、企业和高校的动态演化博弈模型对协同创新的因素进行了分析，发现协同创新收益、成本、机会主义收益以及政府奖惩对演化路径具有明显影响；刘和东等[244]通过对企业、高校和政府之间的利益博弈分析，发现政府若考虑自身收益，则会降低政产学研协同创新合作的稳定性。

但已有研究还存在如下问题：第一，多数研究都是以企业和高校作为协同创新的博弈主体，只是将政府行为作为外生变量引入博弈模型，并没有将政府作为行为主体与企业和高校进行博弈分析；第二，未对政产学研协同创新中高校牵头的协同创新三方博弈模型进行研究；第三，未对政府参与协同创新的方式进行详细分析，往往只考虑资金支持，而忽略现实中更为重要的政策支持为企业和高校带来的优惠；第四，协同创新主体之间的博弈未考虑参与意愿对策略选择的影响。

同时,在企业牵头、高校参与的政产学研知识协同创新机制中,企业受政府资助时存在投机行为,导致政府引导效应弱化、高校参与知识协同创新动力不足以及协同创新效率低下等问题。鉴于此,本章将政府作为协同创新行为主体加入博弈中,考虑政府资金支持和政策支持对协同创新的影响,运用演化博弈方法研究多主体产学研合作知识协同主体的利益博弈,通过构建政府、高校和企业参与意愿的三方演化博弈模型,分析政府引导、高校牵头、企业参与的政产学研知识协同创新机制,求解不同情形下三方演化博弈的演化稳定策略,并通过数值分析研究影响政产学研知识协同策略选择的外在条件,找出产学研合作知识协同的演化路径。

10.1.2 主体之间的博弈关系

在产学研合作知识协同问题中,产学研合作知识协同的相关参与者是基于各自的利益和价值进行博弈做出策略选择。现阶段政产学研知识协同最主要的模式有:政府主要是为产学研合作设立研发项目、为企业和高校的知识协同提供资金支持和政策支持等,企业和高校进行知识协同。他们之间的博弈关系具体如下:

1. 政府和高校之间

产学研合作知识协同创新作为提升国家和地区自主创新能力的一种全新组织模式,成为当今国际科技创新活动的新趋势和创新理论研究的新焦点,能够实现从知识生产到知识商业化各个环节的相互耦合,是解决教育、科技与经济社会发展联系不紧密问题的首要选择。无论对企业还是高校而言,产学研合作知识协同创新需要以大量资金为基础,且知识协同过程的不确定性增加了产学研合作知识协同成功的风险。为此,在产学研合作知识协同过程中,政府若选择参与知识协同,它会选择为参与产学研合作知识协同创新的企业和高校提供资金支持。为避免企业的投机行为,这部分资金会下发给高校,由高校牵头,去协同企业进行知识协同,政府会定期考核协同创新中心运行绩效以及各参与主体任务完成情况,以此作为后续支持的依据。

2. 政府和企业之间

在产学研合作知识协同过程中,政府和企业之间也存在着博弈关系,表现在若政府参与知识协同,虽然政府提供的资金支持不会直接下发给企业,但政府为知识协同提供的政策支持会使得企业知识协同成本的减少,同时政府也会获得企业研发新产品所产生销售收入的税收收益。若政府选择不参与知识协同,其获得企业研发新产品所产生销售收入的税收收益将会减少,企业的知识协同成本也不会减少,增加了企业不选择知识协同的可能性。

3. 高校和企业之间

企业和高校是知识协同的主要参与者,知识协同创新会提高企业自身竞争力,会促进高校学科的发展。但会存在以下两种情形使得知识协同无法实现:一是当企业和高校觉得知识协同产生的收益达不到期望收益时,都将选择不参与知识协同;二是当企业和高校任何一方觉得单独研发产生的收益可以达到预期收益或预估知识协同创新研发的收益不理想时,这一方将会选择进行单独研发,选择违约。总之,企业和高校之间是在不断博弈中寻求最优策略的。

10.2 产学研合作知识协同主体演化博弈模型构建

10.2.1 模型假设

在我国,产学研合作是产学研合作知识协同的主要表现形式,但除了知识协同的直接参与主体企业和高校外,政府在产学研合作知识协同中也发挥了重要的作用。政府作为实施监督、提供激励的一方,也会获得企业和高校研发新产品所产生销售收入的税收收益。在产学研合作知识协同初期,高校和企业以合同形式明确各自的权利和义务,并以所签署合同为依据,判定违约方应付的违约金。为保证协同创新的顺利实施与成效,政府会定期考核协同创新中心运行绩效以及各参与主体任务完成情况,以此作为后续支持的依据。基于此,给出如下假设:

(1) 参与主体。在政产学研知识协同博弈过程中,一共有三类参与主体,分别是政府(G)、高校(S)和企业(E),政府主要是通过为企业和高校提供不同的激励机制,以及对产学研协同创新进行监督等手段,推动企业和高校的协同创新合作;企业主要负责提供协同创新资源以及协同创新成果的转化;高校主要负责协同创新知识、技术以及人才的输出。而且三方在博弈过程中都是有限理性的,通过进行多次博弈找到最优策略。

(2) 合作策略。在政产学研知识协同博弈过程中,政府可以选择为企业和高校提供协同创新的优惠政策以及监督企业和高校的协同创新过程,也可以选择不提供优惠政策以及不监督企业和高校的协同创新过程,其策略集合为(参与,不参与);高校和企业可以按照自身的需要选择进行协同创新,也可以选择不进行协同创新,其选择策略集合为(协同,不协同)。

(3) 合作成本。政府虽然不会直接参与知识协同的过程,但会为企业和高校的知识协同创新制定优惠政策,并且对企业和高校的知识协同过程进行监督,产生的总成本为 G_1;企业和高校作为知识协同的主要参与主体,必然会投入一定的人力、物力和财力,产生的总成本为 C,当政府选择参与产学研知识协同时,政府所提供的优惠政策会使得企业和高校在知识协同创新过程中投入的总成本 C 减小,减少的成本量用 S 表示,此时企业和高校所支付的总成本就变为 $C-S$。记企业和高校的成本分摊比例系数为 t,则企业所支付的成本为 tC 或 $t(C-S)$,高校所支付的成本为

$(1-t)C$ 或 $(1-t)(C-S)$。

(4) 合作收益。用 R_1 表示政府选择"参与"策略时所获得的收益，b 表示政府选择"不参与"策略所获得的收益占政府选择"参与"策略所获得的收益的比例，则政府选择"不参与"策略所获得的收益为 bR_1，b 的取值范围在 $0\sim1$ 之间。用 R_2 和 R_3 分别表示企业和高校进行知识协同创新之前的初始收益，当企业和高校都选择知识协同创新时，知识协同创新会为企业和高校带来额外收益 R，这部分收益的分摊比例系数为 a，即企业获得的协同创新收益为 aR，高校获得的知识协同创新收益为 $(1-a)R$。当高校选择知识协同创新而企业选择单独研发时，企业单独研发所获得的收益为 L_1；当企业选择知识协同创新而高校选择单独研发时，高校单独研发所获得的收益为 L_2。除此之外，政府对积极参与知识协同创新的高校会给予资金支持为 G_2。

(5) 惩罚。在政府的监督下，为避免企业和高校参与协同创新出现违约的情况，当企业选择进行协同创新而高校选择不进行协同创新时，高校需要向企业支付一定的惩罚，记为 W；当高校选择进行协同创新而企业选择不进行协同创新，即企业违约时，企业需要向高校支付一定的惩罚，记为 K。

10.2.2 模型构建

在模型中，政府、企业和高校依据自身意愿进行策略选择，政府的政策支持所带来成本的减少、政府直接的资金支持以及知识协同创新收益等因素激励企业和高校参与知识协同创新，而知识协同创新产生的社会收益会激励政府参与。此外，合同中所规定的违约金会对企业和高校参与知识协同创新的意愿产生影响。假设政府选择参与知识协同创新的意愿即参与知识协同创新的概率为 x，则政府选择不参与知识协同创新的意愿为 $1-x$；企业选择进行知识协同创新的意愿为 y，则企业选择不进行知识协同创新

的意愿为 $1-y$；高校选择进行知识协同创新的意愿为 z，则高校选择不进行知识协同创新的意愿为 $1-z$，其中 $x,y,z\in[0,1]$。并根据以上5点假设，得到政产学研知识协同创新博弈的支付矩阵如表10.1和表10.2所示。

表10.1　政府参与下产学研协同创新博弈支付矩阵

企业 \ 高校	协同(z)	不协同($1-z$)
协同(y)	$R_1-G_1-G_2$, $R_2+aR-t(C-S)$, $R_3+(1-a)R-(1-t)(C-S)+G_2$	R_1-G_1, $R_2-t(C-S)+W$, R_3-W+L_2
不协同($1-y$)	$R_1-G_1-G_2$, R_2+L_1-K, $R_3-(1-t)(C-S)+K+G_2$	R_1-G_1, R_2, R_3

表10.2　政府不参与下产学研协同创新博弈支付矩阵

企业 \ 高校	协同(z)	不协同($1-z$)
协同(y)	bR_1, $R_2+aR-tC$, $R_3+(1-a)R-(1-t)C$	bR_1, R_2-tC+W, R_3-W+L_2
不协同($1-y$)	bR_1, R_2-K+L_1, $R_3-(1-t)C+K$	bR_1, R_2, R_3

10.3　模型求解及稳定性分析

10.3.1　演化稳定策略求解

1. 收益期望函数构建

根据表10.1和表10.2可知，政府在博弈时选择"参与"策略的

期望收益 U_{g1}、选择"不参与"策略的期望收益 U_{g2} 和平均期望收益 $\bar{U}_g$ 分别为：

$$U_{g1} = yz(R_1 - G_1 - G_2) + y(1-z)(R_1 - G_1) + (1-y)z(R_1 - G_1 - G_2) + (1-y)(1-z)(R_1 - G_1)$$

$$U_{g2} = yzbR_1 + y(1-z)bR_1 + (1-y)zbR_1 + (1-y)(1-z)bR_1$$

$$\bar{U}_g = xU_{g1} + (1-x)U_{g2}$$

企业在博弈时选择"协同"策略的期望收益 U_{e1}、选择"不协同"策略的期望收益 U_{e2} 和平均期望收益 $\bar{U}_e$ 分别为：

$$U_{e1} = zx[R_2 + aR - t(C-S)] + (1-z)x[R_2 - t(C-S) + W] + z(1-x)(R_2 + aR - tC) + (1-z)(1-x)(R_2 - tC + W)$$

$$U_{e2} = zx(R_2 + L_1 - K) + (1-z)xR_2 + z(1-x)(R_2 - K + L_1) + (1-z)(1-x)R_2$$

$$\bar{U}_s = zU_{s1} + (1-z)U_{s2}$$

高校在博弈时选择"协同"策略的期望收益 U_{s1}、选择"不协同"策略的期望收益 U_{s2} 和平均期望收益 $\bar{U}_s$ 分别为：

$$U_{s1} = xy[R_3 + (1-a)R - (1-t)(C-S) + G_2] + x(1-y)[R_3 - (1-t)(C-S) + K + G_2] + (1-x)y[R_3 + (1-a)R - (1-t)C] + (1-x)(1-y)(R_3 - (1-t)C + K)$$

$$U_{s2} = xy(R_3 - W + L_2) + x(1-y)R_3 + (1+x)y(R_3 - W + L_2) + (1-x)(1-y)R_3$$

$$\bar{U}_s = zU_{s1} + (1-z)U_{s2}$$

2. 运用复制动态方程的演化稳定策略求解

通过上面的分析，得到政府的复制动态方程为：

$$F(x) = \frac{\mathrm{d}x}{\mathrm{d}t} = x(U_{g1} - \bar{U}_g) = x(1-x)[yz((1-b)R_1 - G_1 - G_2) + y(1-z)((1-b)R_1 - G_1) + (1-y)z((1-b)R_1 - G_1 - G_2) + (1-y)(1-z)((1-b)R_1 - G_1)]$$
$$= x(1-x)[(1-b)R_1 - G_1 - zG_2] \quad (10.1)$$

企业的复制动态方程为：

$$F(y) = \frac{\mathrm{d}y}{\mathrm{d}t} = y(U_{c1} - \bar{U}_c) = y(1-y)\{xz[aR - t(C-S) - L_1 + K] + x(1-z)[W - t(C-S)] + (1-x)z(aR - tC + K - L_1) + (1-x)(1-z)(W - tC)\}$$
$$= y(1-y)[xtS - tC + z(aR + K - L_1 - W) + W] \quad (10.2)$$

高校的复制动态方程为：

$$F(z) = \frac{\mathrm{d}z}{\mathrm{d}t} = z(U_{s1} - \bar{U}_s) = z(1-z)\{xy[(1-a)R - (1-t)(C-S) + G_2 - L_2 + W] + x(1-y)(K + G_2 - (1-t)(C-S)) + (1-x)y[(1-a)R - (1-t)C + W - L_2] + (1-x)(1-y)[K - (1-t)C]\}$$
$$= z(1-z)\{x[(1-t)S + G_2] + y[(1-a)R + W - L_2 - K] + K - (1-t)C\} \quad (10.3)$$

将式(10.1)、式(10.2)和式(10.3)联立，得到政府、企业和高校的复制动力系统如下：

$$\begin{cases} F(x) = x(1-x)[(1-b)R_1 - G_1 - zG_2] \\ F(y) = y(1-y)[xtS - tC + z(aR + K - L_1 - W) + W] \\ F(z) = z(1-z)\{x[(1-t)S + G_2] + y[(1-a)R + W - L_2 - K] + K - (1-t)C\} \end{cases}$$
$$(10.4)$$

按照 Friedman 提出的方法,微分方程系统的演化稳定策略(ESS)可由该系统的雅克比矩阵的局部稳定性分析得到,由式(10.4)得到该系统的雅克比矩阵为[245]:

$$J = \begin{bmatrix} (1-2x) \cdot [(1-b)R_1 - G_1 - zG_2] & 0 & -x(1-x)G_2 \\ y(1-y)tS & (1-2y)[xtS - tC + z(aR + K - L_1 - W) + W] & y(1-y)(aR + K - L_1 - W) \\ z(1-z) \cdot [(1-t)S + G_2] & z(1-z)[(1-a)R + W - L_2 - K] & (1-2z)\{x[(1-t)S + G_2] + y[(1-a)R + W - L_2 - K] + K - (1-t)C\} \end{bmatrix}$$

(10.5)

在系统(10.4)中,令 $F(x)=F(y)=F(z)=0$,可以得到局部均衡点为 $E_1(0,0,0)$, $E_2(0,0,1)$, $E_3(0,1,0)$, $E_4(0,1,1)$, $E_5(1,0,0)$, $E_6(1,0,1)$, $E_7(1,1,0)$, $E_8(1,1,1)$。依据演化博弈理论,满足雅克比矩阵的所有特征值都为非正时的均衡点为系统的演化稳定点(ESS)。

10.3.2 均衡点的稳定性分析

下面首先分析均衡点为 $E_1(0,0,0)$ 的情况,此时雅克比矩阵为:

$$J_1 = \begin{bmatrix} (1-b)R_1 - G_1 & 0 & 0 \\ 0 & -tC + W & 0 \\ 0 & 0 & K - (1-t)C \end{bmatrix}$$

可以看出,此时对应的雅可比矩阵的特征值为 $\lambda_1 = (1-b)R_1 - G_1$, $\lambda_2 = -tC + W$, $\lambda_3 = K - (1-t)C$。以此类推,将8个均衡点分别代入雅可比矩阵(10.5)中,可以分别得到均衡点所对应的雅可比矩阵的特征值,如表10.3所示。

表10.3 雅克比矩阵的特征值

特征值 均衡点	λ_1	λ_2	λ_3
$E_1(0,0,0)$	$(1-b)R_1 - G_1$	$-tC + W$	$-(1-t)C + K$
$E_2(0,0,1)$	$(1-b)R_1 - G_1 - G_2$	$aR + K - L_1 - tC$	$-[-(1-t)C + K]$
$E_3(0,1,0)$	$(1-b)R_1 - G_1$	$-(-tC + W)$	$(1-a)R + W - L_2 - (1-t)C$
$E_4(0,1,1)$	$(1-b)R_1 - G_1 - G_2$	$-(aR + K - L_1 - tC)$	$-[(1-a)R + W - L_2 - (1-t)C]$
$E_5(1,0,0)$	$-[(1-b)R_1 - G_1]$	$-t(C-S) + W$	$G_2 - (1-t)(C-S) + K$
$E_6(1,0,1)$	$-[(1-b)R_1 - G_1 - G_2]$	$aR + K - L_1 - t(C-S)$	$-[G_2 - (1-t)(C-S) + K]$
$E_7(1,1,0)$	$-[(1-b)R_1 - G_1]$	$-[W - t(C-S)]$	$(1-a)R + W - L_2 + G_2 - (1-t)(C-S)$
$E_8(1,1,1)$	$-[(1-b)R_1 - G_1 - G_2]$	$-[aR + K - L_1 - t(C-S)]$	$-[(1-a)R + W - L_2 + G_2 - (1-t)(C-S)]$

为了便于分析不同均衡点所对应特征值的符号,且不失一般性,假设 $(1-b)R_1 - G_1 - G_2 > 0$;$aR + K - L_1 - tC > 0$;$(1-a)R + W - L_2 - (1-t)C > 0$ 时,即政府、企业和高校进行知识协同创新所带来的净收益大于不进行知识协同创新的净收益,由于模型中的参数很多且复杂,下面分三种情形对演化博弈稳定策略进行讨论。

情形1:当 $G_2 + K - (1-t)(C-S) < 0$ 且 $W - t(C-S) <$

0时,即企业选择单独研发对高校支付的惩罚与政府对高校给予的资金之和小于高校在政府参与知识协同创新时所付出的知识协同创新的成本,且高校选择单独研发对企业支付的惩罚小于企业在政府参与知识协同创新时所支付的成本,此时由表10.4可以看出均衡点 $E_5(1,0,0)$ 和 $E_8(1,1,1)$ 所对应的雅可比矩阵的特征值都是非正的,则此情形下系统有两个稳定点(1,0,0)和(1,1,1),其对应的演化策略为(参与,不协同,不协同)和(参与,协同,协同)。

情形2:当 $K-(1-t)C>0$ 或 $W-tC>0$ 时,即企业选择单独研发对高校支付的惩罚大于高校在政府不参与知识协同创新时所付出的知识协同创新的成本;或者高校选择单独研发对企业支付的惩罚大于企业在政府不参与知识协同创新时所支付的成本,此时由表10.4可以看出均衡点 $E_8(1,1,1)$ 所对应的雅可比矩阵的特征值都是非正的,则此情形下系统有一个稳定点(1,1,1),其对应的演化策略为(参与,协同,协同)。

情形3:当 $G_2+K-(1-t)(C-S)>0$ 且 $K-(1-t)C<0$ 或 $W-t(C-S)>0$ 且 $W-tC<0$ 时,即企业选择单独研发对高校支付的惩罚与政府对高校给予的资金之和大于高校在政府参与知识协同创新时所付出的知识协同创新的成本,且企业选择单独研发对高校支付的惩罚小于高校在政府不参与知识协同创新时所付出的知识协同创新的成本,或者高校选择单独研发对企业支付的惩罚大于企业在政府参与知识协同创新时所支付的成本,且高校选择单独研发对企业支付的惩罚小于企业在政府不参与知识协同创新时所支付的成本。此时由表10.4可以看出均衡点 $E_8(1,1,1)$ 所对应的雅可比矩阵的特征值都是非正的,则此情形下系统有一个稳定点(1,1,1),其对应的演化策略为(参与,协同,协同)。

表 10.4　均衡点局部稳定性(情形 1、2、3)

均衡点	情形 1				情形 2				情形 3			
	λ_1	λ_2	λ_3	稳定性	λ_1	λ_2	λ_3	稳定性	λ_1	λ_2	λ_3	稳定性
$E_1(0,0,0)$	+	−	+,−	非稳定点	+	+	+	鞍点	+	−	−	非稳定点
$E_2(0,0,1)$	+	+	+,−	鞍点	+	+	−	非稳定点	+	+	+	鞍点
$E_3(0,1,0)$	+	+	+	鞍点	+	−	+	非稳定点	+	+	+	鞍点
$E_4(0,1,1)$	+	−	−	非稳定点	+	−	−	非稳定点	+	−	−	非稳定点
$E_5(1,0,0)$	−	−	−	ESS	−	+	+	非稳定点	−	+	+	非稳定点
$E_6(1,0,1)$	−	+	+	非稳定点	−	+	−	非稳定点	−	+	−	非稳定点
$E_7(1,1,0)$	−	+	+	非稳定点	−	−	+	非稳定点	−	−	+	非稳定点
$E_8(1,1,1)$	−	−	−	ESS	−	−	−	ESS	−	−	−	ESS

10.4　产学研合作知识协同条件分析

10.4.1　数值分析

江苏省协同创新中心主要依托高校,广泛协同企业进行协同创新。政府相关部门为协同创新中心设立协同创新计划专项资金以及其他优惠政策以减少协同创新的成本,以此来引导企业和高校参与协同创新中心。目前,江苏省协同创新中心已取得了显著的成果,其中获授权发明专利 5 281 件,含国际发明专利 142 件;突破重大理论、科学问题和关键核心技术 530 个,开辟新领域和新方向 272 个;转化应用成果 1 659 项,产生经济效益约 860 亿元。在协同创新过程中,协同创新中心的企业和高校对其违约行为也要承担一定的惩罚,以此来约束企业和高校的行为。

根据江苏省协同创新中心实际情况,对支付矩阵中的参数初始值给出如下假设,统一单位为百万元。政府参与知识协同创新的收益 $R_1=40$,政府政策制定以及监督的成本 $G_1=5$,使得知识协同创新成本减少量为 $S=8$;政府对高校的资金支持为 $G_2=8$;政府选择不参与所获收益占政府选择参与所获收益的比例为 $b=0.5$;企业和高校参与知识协同创新带来的收益为 $C=45$,分摊比例为 $t=0.5$,知识协同收益为 $R=100$,分摊比例为 $a=0.5$;企业和高校选择单独研发的收益分别为 $L_1=25$ 和 $L_2=30$,此时的惩罚分别为 $K=5$ 和 $W=5$。并且政府、企业和高校的初始参与意愿 $x=y=z=0.5$。

通过以上分析以及初始值的设置,本章运用 Matlab 软件对政府、企业和高校不同初始状态下其策略选择的动态进化过程进行仿真,根据仿真分析结果,对参与主体的初始参与意愿、政府的优惠政策、惩罚力度、利益分配系数进行讨论。

1. 协同主体意愿对协同结果的影响

图 10.1 是在其他参数不变的情况下,政府、企业和高校参与知识协同的初始意愿变化对知识协同策略影响的仿真。假设政府、企业和高校三方的初始意愿相同,即 $x=y=z$。由图 10.1 可知,三方的初始意愿的临界值都在 0.4~0.5 之间,当初始意愿 x,y,z 都小于该临界值时,x 收敛于 1,y,z 收敛于 0,最终平衡点趋向于(1,0,0),此时受市场行为影响的企业的参与意愿的收敛速度相比高校很快;当初始意愿 x,y,z 都大于该临界值时,x,y,z 都收敛于 1,最终平衡点趋向于(1,1,1);但当三方的参与意愿都处于中等水平时,政府的参与意愿在不断上升,高校的参与意愿也在缓慢上升,而企业的参与意愿却在下降,但随着政府和高校

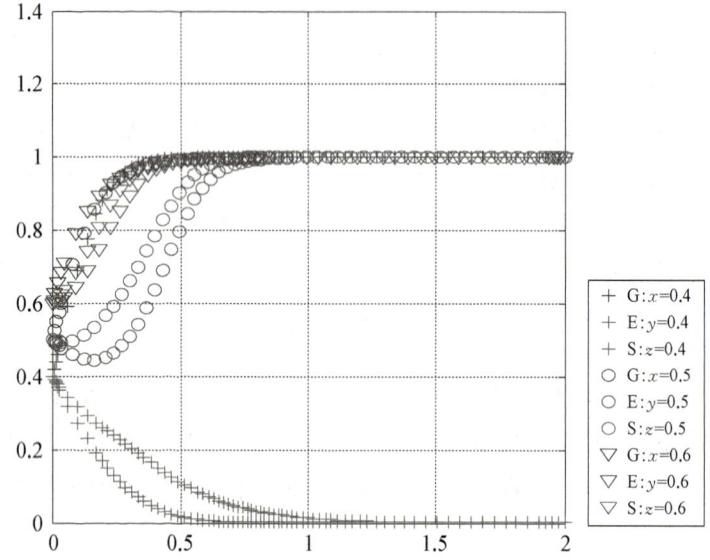

图 10.1　参与意愿 x, y, z 同时变化的演化结果

的参与意愿的增大,企业的参与意愿也开始上升,而且在政府完全选择参与时,企业和高校参与意愿的上升幅度增大,最终都选择参与;当三方的参与意愿都很大时,政府、企业和高校的参与意愿会直接上升,收敛于稳定点(1, 1, 1)。

仿真结果表明,随着初始意愿 x, y, z 的增加, x 收敛于 1 的速度减慢, y, z 收敛于 1 的速度加快,最终三方都趋向于参与知识协同创新,这是因为在江苏省协同创新中,当企业和高校参与知识协同的意愿不是很强烈时,政府会很快发挥其主导作用,在外部合理引导,完善知识协同创新运行机制,推动企业和高校的合作。

图 10.2 是在其他参数不变的情况下,政府初始参与意愿 x 变化对高校和企业参与协同创新策略影响的仿真。由图 10.2 可以看出,企业和高校参与的初始意愿 y, z 处于一个中等状态,政府初始参与意愿 x 的临界值在 0.3~0.4 之间,当 x 小于该临界值

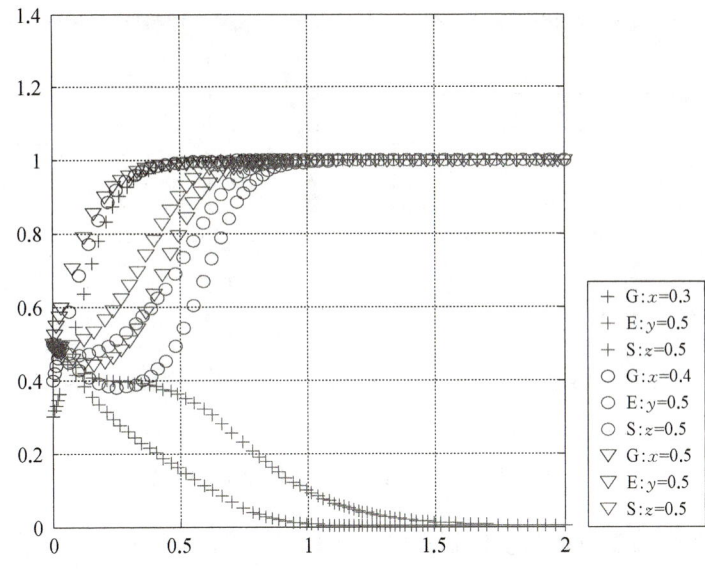

图 10.2　参与意愿 x 变化的演化结果

时，y，z 收敛于 0，最终平衡点收敛于 (1, 0, 0)，此时 x 的增加使得 y，z 的收敛速度减慢，且 z 的收敛速度小于 y；当 x 大于该临界值时，y，z 收敛于 1，最终平衡点收敛于 (1, 1, 1)，此时 x 的增加使得 y，z 的收敛速度加快，且 z 的收敛速度大于 y。

仿真结果表明，随着政府初始参与意愿 x 的增加，企业和高校的参与意愿逐渐强烈，且高校的参与意愿受政府的影响比较大，这是由于在江苏省协同创新中心，政府将补助资金直接给予了高校而非企业，所以高校是否参与协同创新受政府的影响较大，而企业更多受到市场行为的影响，在政府和高校的参与意愿不是很强烈时，参与意愿会下降。

图 10.3(a) 是在其他参数不变的情况下，企业初始参与意愿 y 变化对政府和企业参与协同创新策略影响的仿真。由图 10.3(a) 可以看出，政府和高校参与的初始意愿 x，z 处于一个中等状态，

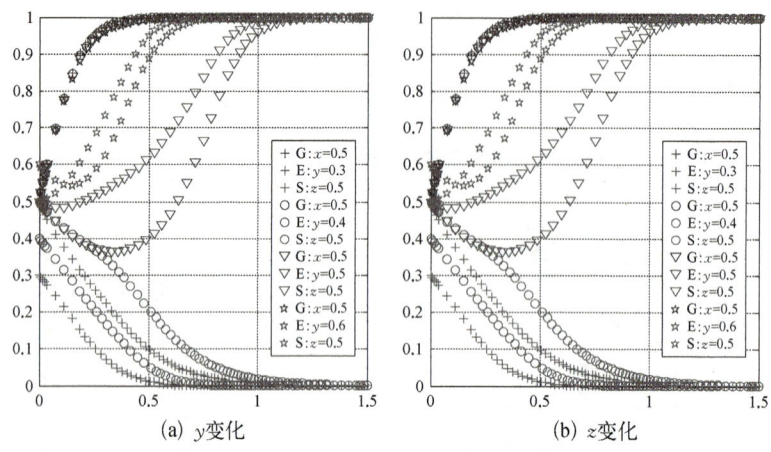

图 10.3 参与意愿 y 或 z 变化的演化结果

企业初始参与意愿 y 的临界值在 0.4~0.5 之间,当 y 小于该临界值时,x 收敛于 1,y,z 收敛于 0,最终平衡点趋向于 (1,0,0),此时 y 的增加使得 z 的收敛速度减慢;当 y 大于该临界值时,x 收敛于 1,y,z 收敛于 1,最终平衡点趋向于 (1,1,1),此时 y 的增加使得 z 的收敛速度加快,且 z 的收敛速度快于 y。

图 10.3(b) 是在其他参数不变的情况下,高校初始参与意愿 z 变化对政府和企业参与协同创新策略影响的仿真。由图 10.3(b) 可以看出,政府和企业参与的初始意愿 x,y 处于一个中等状态,高校初始参与意愿 z 的临界值在 0.4~0.5 之间,当 z 小于该临界值时,x 收敛于 1,y,z 收敛于 0,最终平衡点收敛于 (1,0,0),此时 z 的增加使得 y 的收敛速度减慢,企业的收敛速度明显高于高校;当 z 大于该临界值时,x 收敛于 1,y,z 收敛于 1,最终平衡点趋向于 (1,1,1),此时 z 的增加使得 y 的收敛速度加快,x 的收敛速度减慢,说明随着高校初始参与意愿 z 的增加,企业的参与意愿逐渐强烈,而政府的参与意愿将会减慢,但最终都选择参与。

图 10.3 的仿真结果表明,随着企业初始参与意愿 y 或高校初

始参与意愿 z 的增加,高校的参与意愿或企业的参与意愿逐渐强烈,最终都选择参与协同创新,企业受高校参与意愿的影响较大。这是由于在江苏省协同创新中心,高校主要是汇聚创新资源来进行协同创新,当企业的参与意愿增大时,高校的参与意愿自然会提升。而只有当高校的参与意愿比较强烈时,企业的参与意愿才会上升。

图 10.4 是在其他参数不变的情况下,当企业和高校的初始参与意愿 y,z 都很高时,即使政府初始参与意愿 x 很低时,y,z 都会收敛于 1,即企业和高校最终都会选择参与协同创新;当企业和高校的初始参与意愿 y,z 都很低时,即使政府初始参与意愿 x 很高时,y,z 都会收敛于 0,即企业和高校最终都会选择不参与协同创新。而且从图中可以看出,企业和高校都选择不参与协同创新时,y 收敛于 0 的速度明显高于 z,x 会很快收敛于 1。

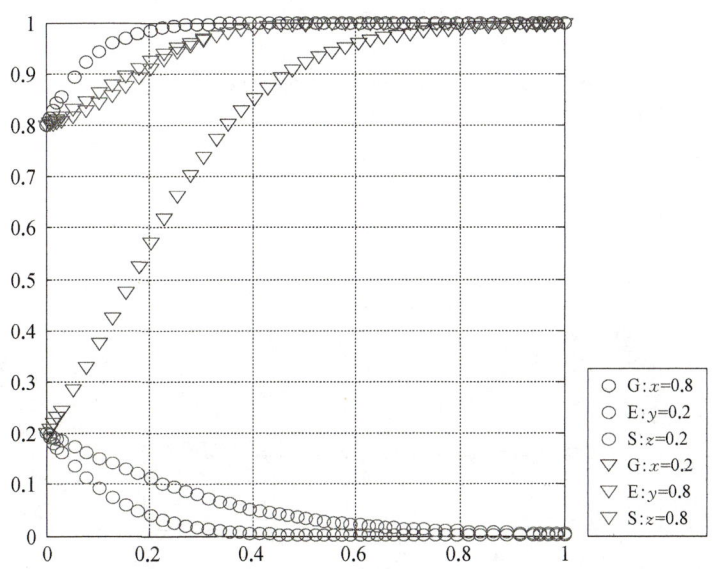

图 10.4 参与意愿 y,z 同时变化的演化结果

仿真结果表明,政府参与协同创新给予的优惠力度不是很大时,这时政府参与或者不参与协同创新对企业和高校的影响将不会很大,市场导向成为影响企业策略选择的关键因素,而且高校受政府参与意愿的影响相对于企业较大。在江苏省协同创新中心,当企业在政府支持力度较小但可以通过协同创新获得不错的收益时,企业参与协同创新的意愿将会很强烈,最终选择协同策略;当企业在政府支持力度较小且通过协同创新带来的收益不能满足企业心理期望时,企业参与协同创新的意愿将会很低,最终会选择不协同策略。

图 10.5 是在其他参数不变的情况下,在政府初始参与意愿 x 不变的情况下,当高校的初始参与意愿 z 很高时,即使企业初始参与意愿 y 很低,x,y,z 都会收敛于 1,此时高校的参与意愿首先会有小幅度的下降,但企业参与意愿上升的速度明显高于高校下

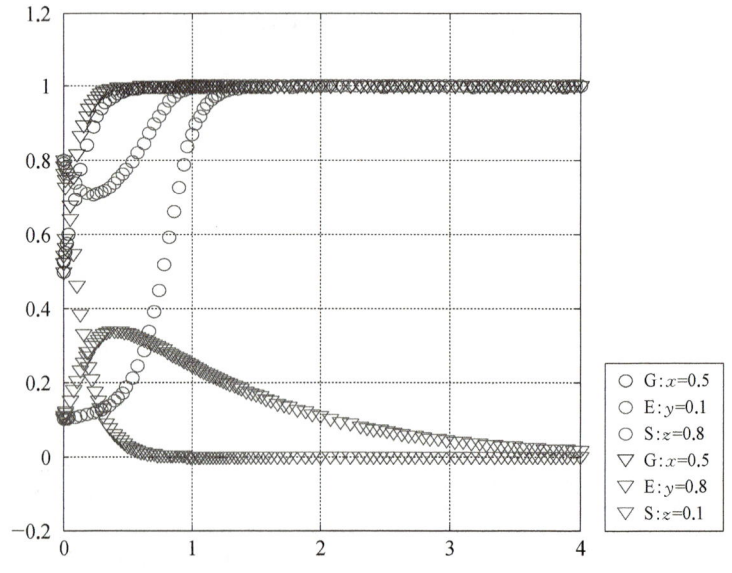

图 10.5 参与意愿 x 不变的演化结果

降的速度,当企业的参与意愿上升到一定值时,高校参与意愿也会随之上升,使得高校和企业最终都选择参与协同创新;而当企业的初始参与意愿 y 很高,高校初始参与意愿 z 很低时,y,z 都收敛于 0,此时高校的参与意愿会上升,企业的参与意愿会下降,且企业参与意愿下降的速度明显高于高校上升的速度,使得高校和企业最终都选择不协同创新。

仿真结果表明,在政府参与意愿不变的情况下,高校参与意愿对企业的影响程度比企业参与意愿对高校的影响程度大,这是因为高校作为协同创新的牵头方,是协同创新过程中知识、人才、技术的主要提供者,而企业主要是负责协同创新的成果转化,导致企业对高校的参与意愿比较敏感,只有高校参与意愿比较强烈时,企业参与意愿才会提升,否则就会下降。

2. 政府政策支持和资金支持对协同结果的影响

政府参与意愿主要表现在两方面:一是政策支持,这将会促使企业和高校在参与协同创新时总成本的减少;二是资金奖励,在"2011 计划"中政府直接把资金奖励支付给高校而非企业。图 10.6(a)是在其他参数不变的情况下,政府对协同创新所提供的政

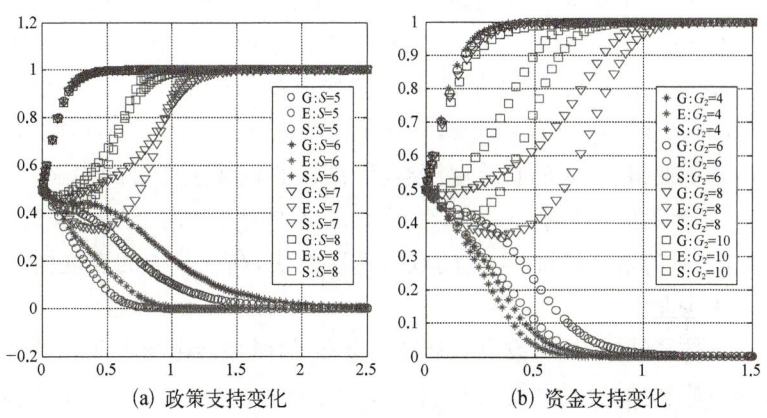

(a) 政策支持变化　　　　(b) 资金支持变化

图 10.6　政府支持变化的演化结果

策支持所带来的协同创新成本减少量 S 变化对高校和企业参与协同创新策略影响的仿真。由图 10.6(a) 可以看出,成本减少量 S 的临界值在 6~7 之间,当 S 小于该临界值时,y,z 收敛于 0,最终平衡点趋向于 (1, 0, 0),此时 S 的增加使得 y,z 的收敛速度减慢,y 的收敛速度快于 z 的收敛速度;当 S 大于该临界值时,y,z 收敛于 1,最终平衡点趋向于 (1, 1, 1),此时 S 的增加使得 y,z 的收敛速度加快,y 的收敛速度依然快于 z 的收敛速度,说明随着 S 的增加,企业和高校的参与意愿逐渐强烈,而且企业在 S 不是很大时,其参与意愿会有一个下降的过程,但随着政府和高校的参与意愿不断增大,使得企业的参与意愿也开始上升,最终选择协同创新。

仿真结果表明,成本减少量 S 的变化会影响企业和高校最终策略的选择,且对企业的影响程度大于高校。这是由于当政府参与协同创新时,会为企业和高校提供一定的政策支持,使得企业和高校协同创新的成本减少,即企业和高校只需要支付更少的成本,就能带来不错的收益,则企业和高校都会选择参与协同创新。但企业对于利益更加敏感,使得 S 对企业的影响程度更加显著。

图 10.6(b) 是在其他参数不变的情况下,政府对高校的资金补助 G_2 变化对高校和企业参与协同创新策略影响的仿真。由图 10.6(b) 可以看出,资金补助 G_2 的临界值在 6~8 之间,当 G_2 小于该临界值时,y,z 收敛于 0,最终平衡点趋向于 (1, 0, 0),此时 G_2 的增加使得 y,z 的收敛速度减慢,高校的减缓速度更加明显;当 G_2 大于该临界值时,y,z 收敛于 1,最终平衡点趋向于 (1, 1, 1),此时 G_2 的增加使得 y,z 的收敛速度加快,高校收敛的速度同样高于企业。

仿真结果表明,政府的补助资金 G_2 的增加会影响企业和高校的策略选择,且对高校的影响程度大于企业。这是因为江苏省协同创新中心将协同创新的政府补助资金 G_2 全部给了高校,让高校牵头带领企业共同进行同创新,所以,政府的补助资金 G_2 对高校的影响更加大。

3. 违约惩罚对协同结果的影响

图 10.7(a)是在其他参数不变的情况下,企业支付给高校的违约惩罚 K 变化对高校和企业参与协同创新策略影响的仿真。由图 10.7(a)可以看出,违约惩罚 K 的临界值在 5~6 之间,当 K 小于该临界值时,y,z 收敛于 0,最终平衡点趋向于(1,0,0),此时 K 的增加使得 y,z 的收敛速度减慢,而企业的收敛速度快于高校;当 K 大于该临界值时,y,z 收敛于 1,最终平衡点趋向于(1,1,1),此时 K 的增加使得 y,z 的收敛速度加快,同样企业的收敛速度快于高校。

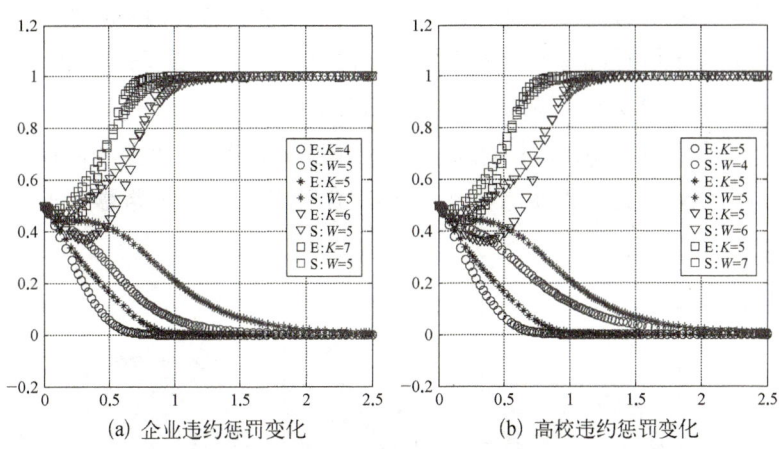

(a) 企业违约惩罚变化　　(b) 高校违约惩罚变化

图 10.7　违约惩罚变化的演化结果

图 10.7(b)是在其他参数不变的情况下,高校支付给企业的违约惩罚 W 变化对高校和企业参与协同创新策略影响的仿真。由图 10.7(b)可以看出,违约惩罚 W 的临界值在 5~6 之间,当 W 小于该临界值时,y,z 收敛于 0,最终平衡点趋向于(1,0,0),此时 W 的增加使得 y,z 的收敛速度减慢,但企业的收敛速度高于高

校；当 W 大于该临界值时，y，z 收敛于 1，最终平衡点趋向于 (1, 1, 1)，此时 W 的增加使得 y，z 的收敛速度加快，同样是企业的收敛速度高于企业。

图 10.7 的仿真结果表明，违约惩罚增加能够促使企业和高校参与意愿的增强，而惩罚力度对企业的策略选择影响更大。这是因为企业的目标是追求利益，一旦觉得对自己不利，参与意愿就会马上改变。当惩罚较小时，高校出现不协同创新的可能性较大，这时企业的参与意愿将会下降，最后选择不协同创新；当惩罚较大时，如果对高校的惩罚力度大，即使高校不参与协同创新企业也会获得一部分收益，而且此时高校的参与意愿不断上升，致使企业的参与意愿也会上升，如果对企业的惩罚力度大时，企业自然会选择参与协同创新，但起初其参与意愿会缓慢上升，直至高校的参与意愿上升到一定值时，企业的参与意愿才会快速上升，最终选择协同创新。

4. 收益分配系数对协同结果的影响

图 10.8 的两张图是在其他参数不变的情况下，企业和高校的协同创新收益分配系数 a 变化对联合开发新产品策略影响的仿

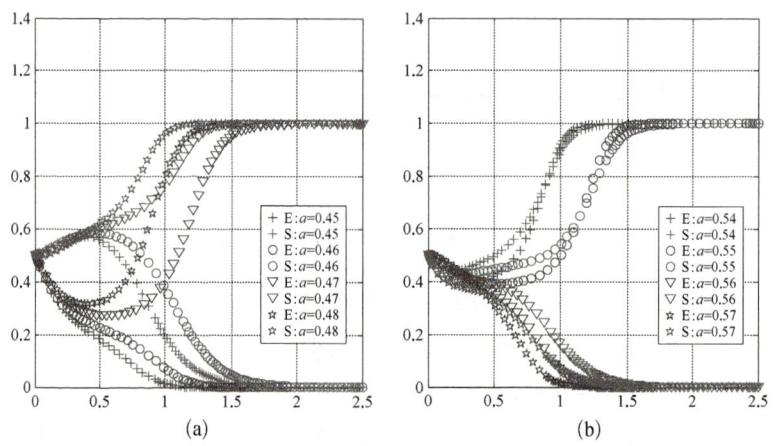

图 10.8　收益分配系数变化的演化结果

真。由图 10.8(a)和图 10.8(b)可知,当成本不变,且成本分摊系数为 0.5 时,收益分配系数 a 有两个临界值 0.46~0.47 和 0.55~0.56。这时候有三种情况,① 当收益分配系数 a 小于 0.46~0.47 时,y,z 收敛于 0,最终企业和高校都选择不协同创新,但由于此时高校所分得利益大于企业,高校参与意愿会先上升,随后会随着企业参与意愿的下降而下降;② 当收益分配系数 a 大于 0.55~0.56 时,y,z 收敛于 0,且收益分配系数 a 越偏离 0.5,y,z 收敛于 0 的速度越快,最终企业和高校都选择不协同创新;③ 当收益分配系数 a 在 0.47~0.55 之间时,y,z 收敛于 1,且收益分配系数 a 越接近 0.5,y,z 收敛于 1 的速度越快,当 a 在 0.5 的左侧时,企业所获利益小于高校,此时企业的意愿会先下降,随后才会上升;当 a 在 0.5 的右侧时,企业所获收益大于高校,此时高校和企业参与意愿会有小幅度下降,但随之会上升,而企业的收敛速度高于高校,最终企业和高校都选择协同创新。

仿真结果表明,收益分配系数 a 变化会影响企业和高校的最终策略选择,而企业对收益的分配更加敏感。在协同创新过程中,企业追求最大利润,则企业受分配系数的影响更大。由于企业和高校在协同创新时选择按 0.5 的比例分摊成本,为体现合理性和公平性,收益分配系数越接近 0.5,企业和高校越能接受,越趋向于选择协同创新,否则,终会因企业或高校一方不满意分配比例而不愿意参加协同创新。

10.4.2 结果讨论

通过对多主体的产学研合作知识协同演化博弈进行研究分析,得到如下结论:

(1) 政府、企业和高校对彼此参与意愿的影响程度不同。主要体现在两个方面:① 企业的行为受政府和高校参与意愿的影响较小,主要受到市场行为的影响,而高校受政府参与意愿的影响较大。如江苏省协同创新中心中,高校参与数量远高于企业参与数量。② 企业和高校对彼此的影响是不对称的,企业对高校参与协同的意愿变化更加敏感。如江苏省协同创新中心中,起初高校参与数量多,企业参与数量少,但随着高校参与数量的增多,企业参与数量也不断增多。

(2) 企业对政府政策支持更加敏感,高校对政府资金支持更加敏感。政府在江苏省协同创新中心中的合理引导表现在政策支持和资金支持两方面。成果转化、税收优惠和政府购买等政策支持降低了企业协同创新的成本和新产品的销售风险,提高了新技术的转化率,吸引了更多企业加入协同创新中心;而资金支持也促进了高校学科建设、研究生和博士后的培养以及对外的交流合作等方面的发展,吸引了更多高校参与到协同创新中心。

(3) 企业比高校对惩罚力度和收益分配的敏感程度更大。企业追求经济利益最大化,违约金和收益分配的变化会引起其参与意愿的快速变化;高校则以人才培养、科学研究和社会服务为目标,对经济利益的敏感程度低于企业。

10.5　本章小结

本章以博弈方有限理性为前提,运用演化博弈理论建立了政府引导、高校牵头、企业参与的产学研合作知识协同博弈支付矩阵,系统分析了政府、企业和高校对于知识协同创新的决策演化过程,并结合数值分析,考察了政府、企业和高校的知识协同创新策略行为以及影响其选择知识协同策略的外在条件。

本章具体的研究内容包括:

(1) 考虑了产学研合作知识协同主体政府、企业和高校之间的关系,构建了政府引导、高校牵头、企业参与的产学研合作知识协同演化博弈机制。

（2）通过各主体之间的利益关系，给出产学研合作知识协同的演化博弈的基本假设，构建了其支付矩阵。

（3）通过求解复制动态方程，求得该模型的均衡点，再分情形对均衡点的稳定性进行讨论，得到不同情形下的演化稳定策略。

（4）以江苏省协同创新中心为例，对政府、企业和高校不同初始状态下其策略选择的动态进化过程进行仿真，根据仿真分析结果，得到参与主体的初始参与意愿、政府的优惠政策、惩罚力度和利益分配系数等条件对产学研合作知识协同的影响。

第11章
产学研合作知识协同效应提升策略研究

在产学研合作知识协同的演化博弈分析结果中,可以看出,在一定条件下,产学研合作知识协同主体(政府、企业、高校)间通过不断地博弈,最终都会选择(参与,协同,协同)的均衡状态。这说明在一定条件下,政府引导、高校牵头、企业参与的产学研合作知识协同机制是合理的。第9章主要研究了产学研合作知识协同主体如何采用双边匹配方法选择满足自身需求的合作伙伴,第10章主要研究了满足怎样的协同条件才能促进产学研合作知识协同主体选择知识协同。本章将对满足前两章条件下的产学研合作知识协同主体合作后所产生的协同效应进行分析研究,并为产学研合作知识协同效应的提升给出相应的策略。

11.1 问题描述与数据处理

11.1.1 问题描述

高校的创新优势决定了其在企业和高校的知识协同中处于主体地位,国家也通过实施以高校牵头,广泛协同企业进行合作创新的"2011 计划"提升合作创新能力。目标是充分发挥高校多学科、多功能的优势,面向企业发展的核心共性问题,依托高校,与企业开展协同研发,通过产学研合作融合,促进教育与科技、经济、文化的融合发展,提高国家整体创新能力和竞争实力。为充分贯彻和落实国家"2011 计划",江苏省通过实施江苏高校协同创新计划,培育组建了一批高校协同创新中心,目前江苏省分别于 2013 年 5 月和 2014 年 1 月分两批共立项建设 59 个高校协同创新中心。在政府的引导和监督下,在江苏省协同创新中心牵头的高校的召集下,企业和高校通过双边匹配方法选择了符合自己需求以及适配自身条件的合作伙伴,与所选的知识协同伙伴签署的合同应满足协同条件,形成知识协同关系。为研究企业和高校在知识协同后会产生怎样的协同效应,本章利用企业和高校的专利合作数据进行衡量。

专利合作数据记录了两个或多个知识协同主体之间的合作关系,专利号也是当前学界公认的知识或技术的表征元素。Guan Jiancheng 等[246]基于专利数据研究了纳米能源领域知识网络和技术合作网络的颠覆式创新和渐进式创新,研究发现纳米能源领域的知识网络和技术合作网络是分离的,两种网络的结构特征对组织颠覆式创新和渐进式创新的影响是不同的;刘凤朝等[247]通过分析纳米技术的演化路径,表明纳米技术起步于纳米化学、纳米材料和纳米制造,其演化路径为技术领域交叉、新技术领域形成和新技术领域相对独立发展并走向成熟三个阶段;Hochull Choe[248]等利用专利数据对韩国产学研合作网络进行了网络拓扑结构、节点中心性和模块度分析,分析发现高等院校逐渐代替了政府资助的研究机构的中心位置;李雨浓等[249]基于专利数据,采用社会网络分析方法对校企合作进行了分析研究。因此,以专利来衡量产学研合作知识协同效应具有现实意义。

11.1.2 样本选择与数据处理

"2011计划"提出要加强协同创新、促进科教结合和产学研用结合等发展理念,主要以国家重大需求为牵引,以协同创新为载体,进而实现高校和企业之间的产学研合作知识协同。为研究产学研合作知识协同效应,本章选择江苏省协同创新中心牵头的30所高校作为研究样本,由于常州工学院、南京林业大学、南京中医药大学、徐州医科大学、南京艺术学院、南京医科大学和中国人民解放军陆军工程大学主要是面向文化传承创新及区域发展的,未产生产学研合作专利,将其从样本中剔除,因此最终研究样本量为23所高校,23所高校的名称及类别如表11.1所示。这23所高校涵盖了综合类、理工类、农业类、医药类、师范类等类别,本章将农业类、医药类、师范类、艺术类、财经类、农林类统一规定为其他类。

表 11.1 江苏省协同创新中心牵头高校的名称及类别

高校名称	类别	高校名称	类别
南京大学	综合	东南大学	综合
苏州大学	综合	江南大学	综合
江苏大学	综合	扬州大学	综合
南通大学	综合	南京理工大学	理工
中国矿业大学	理工	河海大学	理工
南京航空航天大学	理工	江苏科技大学	理工
南京信息工程大学	理工	常州大学	理工
盐城工学院	理工	南京邮电大学	理工
南京工业大学	理工	南京财经大学	其他
南京农业大学	其他	中国药科大学	其他
淮阴师范学院	其他	南京师范大学	其他
江苏师范大学	其他		

专利数据来源于PatSnap全球专利数据库,该数据库涵盖欧专、世界知识产权组织、美国、中国等7个国家、地区或组织的全文以及90多个国家或地区的摘要数据,由于一开始高校的专利合作数据

非常少,为此选择了 2008—2017 年的数据作为研究区间,数据查询结果为 23 所牵头高校的 10 年发明专利和实用新型专利的授权数据。在数据筛选的过程中,保留含有 23 所高校的产学研合作专利数据,并在此基础上剔除 23 所高校所建立的研究所和公司的合作专利数据。

2013 年 5 月,江苏省高校协同创新中心立项建设,因此将 2013 年作为这十年的分割点,将 23 所高校的产学研合作知识协同效应分为两个阶段进行对比分析,第一个阶段为 2008—2012 年,第二个阶段为 2013—2017 年。

11.2 产学研合作知识协同效应分析

11.2.1 产学研合作专利数据分析

(1) 产学研合作专利数量分析

以江苏省协同创新中心为载体,高校和企业产学研合作知识协同会对高校专利数量的变化产生怎样的影响? 为此,经过样本数据的处理,得到 23 所牵头高校 2008—2017 年每一年的产学研合作发明和实用新型专利的授权数据,如表 11.2 所示。在表 11.2 的基础上,对所有高校以及不同类别高校的产学研合作授权专利数据的变化趋势进行了分析,如图 11.1 所示。

表 11.2 江苏省协同创新中心牵头高校的授权专利合作数据 单位:个

高校名称	2008	2009	2010	2011	2012	2013	2014	2015	2016	2017
南京大学	2	2	6	2	14	26	14	26	21	16
东南大学	1	4	8	28	34	40	72	65	69	94
苏州大学	4	3	12	7	17	5	7	10	15	16

(续表)

高校名称\年份	2008	2009	2010	2011	2012	2013	2014	2015	2016	2017
江南大学	4	4	11	12	20	35	39	31	39	37
江苏大学	3	9	6	16	15	25	53	36	27	20
扬州大学	11	13	1	4	11	9	10	6	12	9
南通大学	1	0	0	5	6	13	23	79	23	31
南京理工大学	2	5	11	16	8	17	8	12	20	47
中国矿业大学	0	2	9	29	57	59	57	56	61	34
河海大学	0	6	9	6	10	22	50	60	66	70
南京航天航空大学	1	5	5	16	28	28	28	24	36	26
江苏科技大学	0	1	3	0	5	2	15	18	19	28
南京信息工程大学	0	1	1	1	3	4	5	4	9	5
常州大学	0	0	0	11	26	21	31	28	26	17
盐城工学院	0	1	1	0	3	14	3	6	16	13
南京邮电大学	0	4	1	4	7	8	9	9	13	11
南京工业大学	11	9	16	11	24	22	15	58	51	34
南京财经大学	0	0	0	3	3	9	4	0	1	2
南京农业大学	1	0	2	7	18	18	11	11	7	9
中国药科大学	0	8	3	9	11	7	16	9	13	2
淮阴师范大学	2	0	2	0	2	1	1	3	4	3
南京师范大学	4	6	10	8	9	17	18	22	10	15
江苏师范大学	0	0	1	1	0	1	0	3	3	1
总计	50	90	128	215	353	421	520	618	610	568

从表 11.2 可以看出，江苏省协同创新中心立项后，牵头的 23 所高校的发明专利和实用新型专利授权数量明显上升，尤其是东南大学、常州大学和南京师范大学。其中，东南大学和南京师范大学分别牵头了 4 个协同创新中心，常州大学牵头了 2 个协同创新中心，他们以协同创新中心为载体，与所选择的合作伙伴进行产学研合作知识协同，实现技术改进，提升自身创新能力，促进了高校产学研合作专利数量的增长。

第 11 章 产学研合作知识协同效应提升策略研究

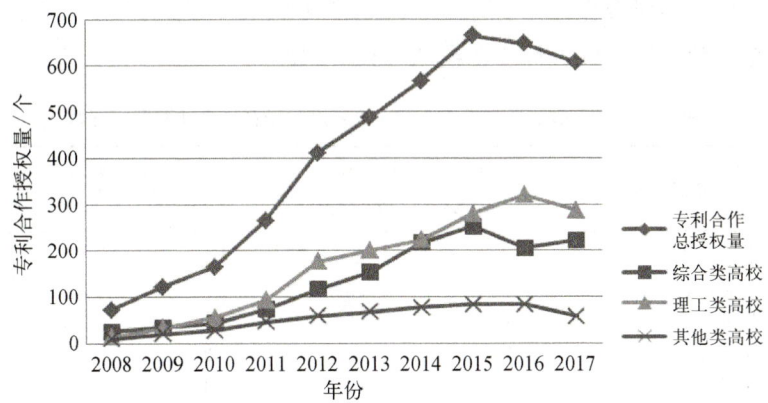

图 11.1 牵头高校的总授权及分类别授权专利合作数据

图 11.1 描述了江苏省协同创新中心牵头的 23 所高校在 2008—2017 年每年的发明专利和实用新型专利合作授权数量的总体变化趋势,以及 23 所高校中综合类高校、理工类高校和其他类高校的专利合作授权数量的变化趋势情况。从图中可以看出,23 所高校的发明专利和实用新型专利合作授权数量基本处于增长的态势,虽然专利合作数量在 2015 年后有所下降,但下降幅度不大。第一个阶段 2008—2012 年,这段时间总体授权专利数据保持增长,最高达 353 件;第二个阶段 2013—2017 年,这段时间总体授权专利数据最高达 618 件,明显高于第一阶段。并且综合类高校、理工类高校和其他类高校的专利合作授权数量的变化趋势与总体趋势基本保持一致。总之,江苏省协同创新中心的建立,使得中心内的高校和企业的产学研合作知识协同产生了积极的协同效应,专利合作授权数量有所提升,进一步提升了高校和企业的创新能力,为行业技术进步提供了支撑。

2. 产学研合作企业和区域分析

江苏省协同创新中心以高校牵头、企业参与的形式,进行产学研合作知识协同,为分析这种机制是否会吸引更多的企业与高校进行产学研合作,为此,对 23 所高校 2008—2017 年的产学研合作企业数和区域数进行了整理,如表 11.3 所示。

表 11.3 江苏省协同创新中心牵头高校产学研合作企业数和区域数

高校名称	产学研合作企业数/家		产学研合作区域数/个	
	2008—2012 年	2013—2017 年	2008—2012 年	2013—2017 年
南京大学	9	24	1	5
东南大学	22	95	2	8
苏州大学	21	22	2	2
江南大学	20	43	3	5
江苏大学	21	41	3	8
扬州大学	14	27	1	2
南通大学	7	46	2	2
南京理工大学	14	28	1	2
中国矿业大学	16	52	2	4
河海大学	11	73	3	7
南京航天航空大学	19	51	4	9
江苏科技大学	6	39	0	4
南京信息工程大学	6	23	1	3
常州大学	15	41	1	1
盐城工学院	6	32	0	5
南京邮电大学	6	26	2	3
南京工业大学	22	52	2	2
南京财经大学	3	6	0	0
南京农业大学	14	26	0	4
中国药科大学	19	26	4	3
淮阴师范大学	5	7	0	0
南京师范大学	13	29	1	2
江苏师范大学	3	7	0	1

从表 11.3 可以看出,江苏省协同创新中心的建立推动了高校和企业之间的产学研合作,与第一阶段 2008—2012 年相比,第二阶段 2013—2017 年牵头的 23 所高校产学研合作的企业数明显增多。其中,综合类高校东南大学第二阶段产学研合作的企业数量达到 95 家,在所有高校中位居第一;理工类高校河海大学第二阶

段产学研合作的企业数量达到 73 家,在所有高校中位居第二,增长比率在所有高校中最高;其他类高校南京师范大学第二阶段产学研合作的企业数量达到 29 家,在其他类高校中位居第一,增长比率也在其他类高校中位居第一。

江苏省协同创新中心的建立还在一定程度上带动了高校的跨区域合作,使得高校不仅限于与本省市的企业进行产学研合作知识协同,还与其他省市的企业进行产学研合作知识协同,打破传统的地理边界,实现知识产学研合作融合。其中,江苏大学、南京航天航空大学和南京林业大学表现最为突出。总之,江苏省协同创新中心不仅带动了更多的企业和高校参与产学研合作知识协同,还进一步推动了高校和企业的跨区域合作,有效地转变了高校和企业的创新方式。

11.2.2　产学研合作技术领域分析

1. 产学研合作专利技术领域分析

高校与企业的产学研合作知识协同主要是围绕协同创新中心的创新方向,如南京大学与其合作伙伴是围绕固态照明与节能电子学展开产学研合作知识协同的。因此,产学研合作知识协同产生的协同效应可以从产学研合作专利技术领域进行分析,分析牵头的 23 所高校在协同创新中心建立前后其关于创新中心协同方向技术领域的变化。

目前,国际专利分类按照部、大类、小类、大组、小组的形式进行专利技术领域的划分,以部进行分析可以从大方向上了解 23 所高校产学研合作专利所属的范畴,以小类进行分析可以将技术领域进一步划分,得到技术领域的具体变化情况。鉴于此,将 23 所高校的产学研合作专利样本数据进行整理和计算,得到 23 所高校基于 8 个部的产学研合作专利技术领域占比,见表 11.4。依据表 11.4,以协同创新中心建立当年为分界点,即 2013 年,得到 23 所

高校两个阶段与协同创新中心协同方向相关技术领域的专利占比的变化情况,如图11.2所示,可以得到高校和企业在协同创新中

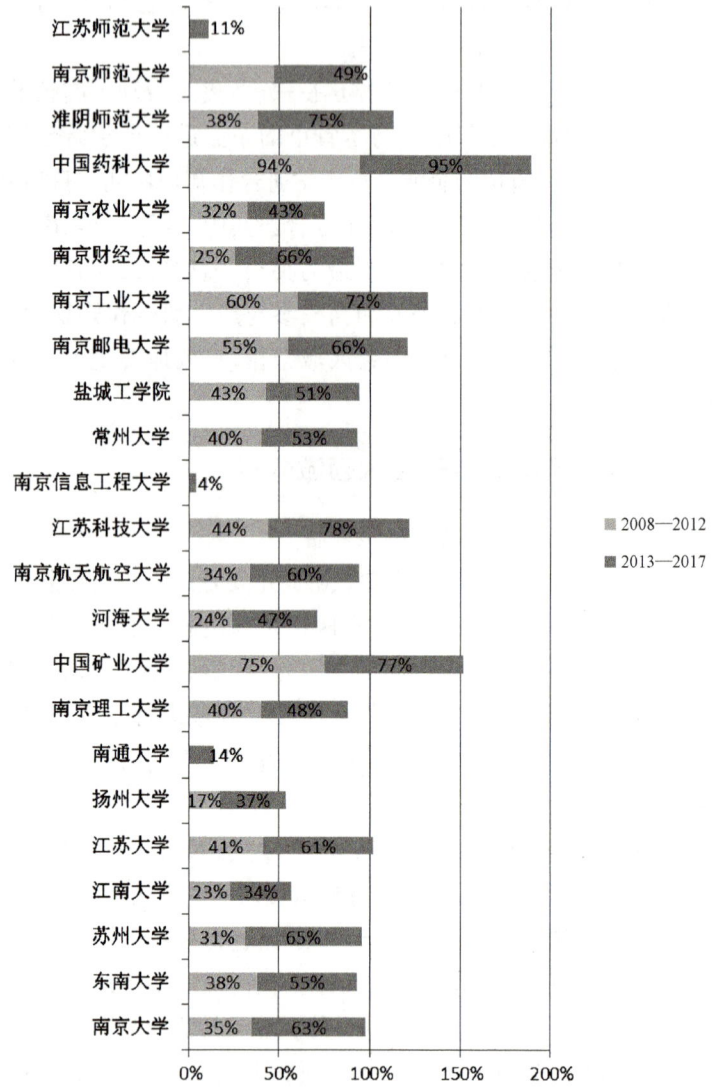

图11.2　与协同创新中心相关技术领域的专利占比变化

心的知识协同对其相关技术领域的影响。为进一步分析相关技术领域的具体变化，以小类进行分析，得到23所高校产学研合作专利技术领域的前五名，其中标粗的为与协同创新中心创新方向相关的技术领域，如表11.5所示。

表11.4 江苏省协同创新中心高校的跨界专利合作技术领域占比

(单位：%)

校别	时间段	A部	B部	C部	D部	E部	F部	G部	H部
南京大学	2008—2012年	19	6	6			3	26	40
	2013—2017年	4	18	12		1	13	32	20
东南大学	2008—2012年	10	13	3	2	11	8	19	33
	2013—2017年	1	10	4		20	7	28	31
苏州大学	2008—2012年	8	6	33	15		17	17	4
	2013—2017年	24	9	14	9		6	32	6
江南大学	2008—2012年	63	4	19	7			7	
	2013—2017年	36	10	24	6	4	5	15	
江苏大学	2008—2012年	3	30	21	10		23	8	5
	2013—2017年	7	33	19	1	7	16	14	3
扬州大学	2008—2012年	12		66	5		5	5	7
	2013—2017年	22	15	17	2	10	4	15	15
南通大学	2008—2012年	8	17		25		17	25	8
	2013—2017年	10	14	14	7	24	6	16	9
南京理工大学	2008—2012年	2	28	12	2	10	7	29	10
	2013—2017年		37	11		2	8	25	17
中国矿业大学	2008—2012年	3	37	2		35	3	12	8
	2013—2017年	6	46	2		28	3	11	4
河海大学	2008—2012年		3			26	18	50	3
	2013—2017年	2	10	6		14	7	39	22
南京航空航天大学	2008—2012年	1	42	13	6	4	3	15	16
	2013—2017年	1	28	7		4	7	25	28

(续表)

校别	时间段	A部	B部	C部	D部	E部	F部	G部	H部
江苏科技大学	2008—2012年	22	44	34					
	2013—2017年	5	45	5		12	14	15	4
南京信息工程大学	2008—2012年		16					67	17
	2013—2017年	4						89	7
常州大学	2008—2012年	2	17	26	5		36	14	
	2013—2017年	4	26	37	2	6	5	16	4
盐城工学院	2008—2012年	14		29			14	43	
	2013—2017年	2	20	26	11	18	5	12	6
南京邮电大学	2008—2012年							45	55
	2013—2017年	4					5	25	66
南京工业大学	2008—2012年		18	45	3	15		8	10
	2013—2017年	1	13	32		40	8	6	1
南京财经大学	2008—2012年	25		13				38	24
	2013—2017年	56	10	29					5
南京农业大学	2008—2012年	68	6	26					
	2013—2017年	51	16	27				3	3
中国药科大学	2008—2012年	57		37				3	3
	2013—2017年	49	1	46	3			1	
淮阴师范学院	2008—2012年	13	25	25					38
	2013—2017年	17	8	50				8	17
南京师范大学	2008—2012年	30	18	17			26	7	2
	2013—2017年	28	16	21			22	10	3
江苏师范大学	2008—2012年	25		50		25			
	2013—2017年	22	44	22				11	

注：A部——人类生活必需 B部——作业；运输 C部——化学；冶金 D部——纺织；造纸 E部——固定建筑物 F部——机械工程；照明；加热；武器；爆破 G部——物理 H部——电学

第 11 章 产学研合作知识协同效应提升策略研究 | 221

表 11.5 江苏省协同创新中心高校产学研合作专利主要合作技术领域

高校名称	2008—2012 年	2013—2017 年	与江苏省协同创新中心的协同方向相关技术领域的排名变化
南京大学	A61M, **H04L**, G01N, C02F, G01D	G01N, **H01M**, C02F, **H01L**, F15B	2013—2017 年，用于直接转变化学能为电能的方法或装置（H01M）、半导体器件（H01L）进入前五
东南大学	H04L, A63B, E04B, **G01N**, **H04W**	**H02J**, H01Q, **E01D**, **G01R**, H04W	2013—2017 年，供电或配电的电路装置或系统（H02J）、桥梁（E01D）以及分析及测量控制技术（G01R）进入前五
苏州大学	F24H, **C23C**, A61K, C12Q, D06M	G06F, **A61P**, A61K, **A61L**	2013—2017 年，化合物或药物制剂的特定治疗活性（A61P）、消毒的一般方法或装置（A61L）进入前五
江南大学	A23L, A23B, C12P, **C12N**, **C12R**	A23L, **C12N**, **C12R**, C12P	2013—2017 年，与现代工业发酵相关的生物化学和酶学（C12N、C12R继续位于前五；微生物装置（C12M）进入前五
江苏大学	**D06B**, F16F, B05B, **B23K**, C22C	**B23K**, **F02M**, C02F, F15B, E02D	2013—2017 年，钎焊或脱焊（B23K）排名上升到第一位，一般燃烧发动机可燃混合物的组成部分（F02M）进入前五
扬州大学	C22B, C07C, C01F, A01G, **C12Q**	A01B, H01M, **A01K**, B01D, **C12N**	2013—2017 年，动物的新品种（A01K）、微生物或酶（C12N）进入前五
南通大学	D04H, F04C, A61B, A61N	**G01N**, E04G, A4D, E02D	2013—2017 年，借助于测定材料的化学或物理性质来测试材料（G01N）排名上升，防护服（A41D）进入前五
南京理工大学	G07C, **B28C**, B60R, E01F, G07B	**B01D**, B23K, H02J, **B01J**	2013—2017 年，物理或化学的方法或装置（B01）进入前五

（续表）

高校名称	2008—2012 年	2013—2017 年	与江苏省协同创新中心的协同方向向相关技术领域的排名变化
中国矿业大学	**B66B**、**E21F**、**E21D**、**E21C**	**B66B**、**E21F**、**E21D**、**A01G**、**B65G**	2013—2017 年，新型矿山智能采掘装备技术领域运输装置（B65G）进入前五
河海大学	**G01N**、E02B、**F03B**、**G09F**、**G01R**	H02J、**G01N**、**G01R**、**B66B**、**B66D**	2013—2017 年，测量和测试（G01）保持前五，供电或配电的电路装置或系统（H02J）提升和牵引（B66）进入前五
南京航空航天大学	**C01F**、B09B、**B23Q**、B62D、**G01B**	**G01B**、**H02N**、H01P、**H02J**、**H02K**	2013—2017 年，不规则的表面或轮廓的计量（G01B），发电（H02）进入前五
江苏科技大学	**B65F**、C09J、A01K、A23F、**B60F**	**B23K**、**B63H**、E04B、**B23Q**	**B29C**	2013—2017 年，一些新型船舶技术领域钎焊或脱焊（B23K），船舶的推进装置（B63H），塑料的成型或连接（B29C）进入前五
南京信息工程大学	**G01N**、B05C、**G06F**、H04L	**G01N**、**G01R**、**G01D**、**G01F**	G08C	2013—2017 年，测量；测试（G01）技术领域进入前五
常州大学	F24J、G01K、C02F、C07C	**B01J**、**B65H**、C07C、E02D	C01B	2013—2017 年，化学或物理方法（B01J），细丝状材料（B65H）进入前五
盐城工学院	G01N、A23K、**C02F**、C08K、C08L	**C12N**、**C12R**、D01C、E01F	**C02F**	2013—2017 年，污水或污泥的处理（C02F）保持前五，一些新的环境保护技术领域微生物或酶（C12N、C12R）进入前五
南京邮电大学	**H04L**、G01J、**H01B**、**H01P**	**H04L**、**H04W**、**H02K**、**H01P**	**G06K**	2013—2017 年，与物联网与电子信息相关的新技术领域无线通信网络（H04W），数据识别（G06K），波导（H02K）进入前五

（续表）

高校名称	2008—2012年	2013—2017年	与江苏省协同创新中心的协同方向相关技术领域的排名变化
南京工业大学	C02F, E02D, C12P, B01D	**C08L**, E01D, E02D, E04G, C04B	**C07C**, 2013—2017年, 无环碳环化合物（C07C）进入前五
南京财经大学	H04W, **A23B**, C08K, G06Q	A61K, **A23L**, A23B, C12P	**C08B**, 2013—2017年, 与粮食流通与保存的新技术领域化合物或药物制剂的特定治疗活性（A23L），保存（C08B）进入前五
南京农业大学	**C12N, A01G**, C05F, A01P	**A01N**, C12N, A01G, A01N, A61P	**A23L**, 2013—2017年, 化合物制剂的特定治疗活性（A61P）进入前五, 其他技术领域依然保持前五
中国药科大学	**A61K, A61P, C12N, C12R**	**C07D**, A61K, A61P, C12N, C12R	**C07D**, 2013—2017年, 相关技术领域继续保持前五
淮阴师范学院	H01L, B01J, A01K, **C11B**	**C07C**, H01F, A01P, A23F	**A01N**, 2013—2017年, 无环碳环化合物（C07C）排名第一, 人体、动植物体或其局部的保存（A01N）进入前五
南京师范大学	**A61K, A61P**, A23L, C07F	F24F, G01M, **B33Y**, F24F	**F25B**, G01N, A23N, 2013—2017年, 一些传统的医学技术（A61K, A61P）排名下降, 制冷机（F25B），附加制造（B33Y）进入前五
江苏师范大学	A61K, A61P, C07C, E02B	C02F, A61C, **G06F**, B60R	B66B, A01C, A01G, 2013—2017年, 电数字数据处理（G06F）进入前五

图 11.2 和表 11.5 中都是关于 23 所高校在协同创新中心建立前后其关于创新中心协同方向技术领域的变化，从中发现：

首先，从整体看，江苏省协同创新中心的建立推动了高校技术领域的发展。第一阶段 2008—2012 年，高校和企业的专利合作多数集中于传统技术领域，如农业、食品和基础化学等，第二阶段 2013—2017 年，江苏省协同创新中心的建立，使得高校和企业的产学研合作以国家重大需求为牵引，专利合作技术领域发生变化，除了一些传统技术领域外，还涉及较多生物技术、精细有机化学等技术领域，电子信息技术领域的专利也开始变多。紧接着节能环保、信息技术、新材料和高端设备制造业等高新技术成为技术领域的重点发展方向。如综合类高校东南大学，共牵头了 4 家协同创新中心，分别为新型建筑工业化协同创新中心、先进土木工程材料协同创新中心、现代城市交通技术协同创新中心以及公民道德与社会风尚协同创新中心，使得东南大学的技术领域在人类生活必需和化学方面减少，"固定建筑物"和"物理"方面增加，供电或配电的电路装置或系统（H02J）、桥梁（E01D）以及分析及测量控制技术（G01R）技术领域第二阶段进入前五，无线通信网络（H04W）继续列于第五位；理工类高校江苏科技大学牵头了高技术船舶协同创新中心，2013 年以后，产学研专利合作技术领域有所拓展，技术领域得到了深化，一些新型船舶技术领域钎焊或脱焊（B23K）、船舶的推进装置（B63H）和塑料的成型或连接（B29C）进入前五；其他类高校江苏师范大学牵头了先进激光技术与新兴产业协同创新中心，通过在中心的产学研合作知识协同，江苏师范大学的专利合作技术领域电数字数据处理（G06F）有所进展。

其次，江苏省协同创新中心的建立，使得高校的合作专利技术领域得到了发展，进而为高校学科发展提供了支撑，多所高校在教育部、财政部、国家发展改革委 2017 年 9 月公布的世界一流大学和一流学科（简称"双一流"）建设高校名单中。如综合类高校南京大学专利合作技术领域在第一阶段主要涉及生物医药技术领域(A61M)、加工工程技术领域(C02F)和仪器仪表技术领域(G01N、G01D)等,在第二个阶段除了对第一阶段涉及的技术领域进行了深化,还涉及新材料技术领域(B01J)、电子信息技术领域(H01M、G06F)和仪器仪表(H01L)使得物理学、化学、化学工程与技术、环境科学与工程等学科成为南京大学的一流学科;理工类高校中国矿业大学最初的专利合作技术领域主要集中于建筑和采矿(E21F、E21B、E21D、E21C)、搬运及印刷(B66B)等,但单纯地进行采矿方面的研究已跟不上技术的发展,更多的企业需要新的技术突破,如采矿中需要的新型的测量技术和设备,使得中国矿业大学的技术领域发生改变,优势学科的巩固,新学科的快速发展,使得矿业工程和安全科学与工程学科发展为该校的一流学科;其他类高校由于高校的性质,其产学研合作专利的技术领域一直比较集中,主要集中于农业和食品(A23、A01)、生物技术(C12、C07)等技术领域,通过产学研合作技术领域在不断发展,推动了高校的学科建设,如中国药科大学的医药学、南京农业大学的作物学都发展为一流学科。

2. 技术领域的广度和深度分析

在进行技术领域的广度和深度分析时,对技术领域的划分归纳到小类,产学研合作专利技术领域的广度越大表示该产学研合作专利所涉及的技术领域越广泛,拥有的技术信息越多;产学研合作专利技术领域的深度越大表示该高校在这些技术领域的综合能力越强。产学研合作专利技术领域的广度和深度的计算公式如下:

$$广度 = 该高校产学研合作专利所涉及的所有技术领域的小类数目$$

$$深度 = 该高校所涵盖的所有合作技术领域的合作次数 \div 广度$$

计算结果如表 11.6 所示。

表 11.6 产学研合作专利技术领域的广度和深度

高校名称	2008—2012 年		2013—2017 年	
	广度	深度	广度	深度
南京大学	20	1.95	57	2.35
东南大学	45	2.56	85	5.35
苏州大学	43	1.58	43	1.86
江南大学	18	3.78	60	4.40
江苏大学	46	1.67	73	2.82
扬州大学	19	2.58	35	1.74
南通大学	9	1.44	82	3.29
南京理工大学	38	1.74	63	2.21
中国矿业大学	45	2.73	65	4.86
河海大学	19	2.32	76	4.55
南京航天航空大学	45	2.02	78	2.29
江苏科技大学	6	1.67	38	2.47
南京信息工程大学	4	1.50	19	1.74
常州大学	26	2.23	62	2.90
盐城工学院	8	1.13	44	1.86
南京邮电大学	10	2.30	20	3.55
南京工业大学	47	2.49	71	3.77
南京财经大学	11	1.09	17	1.65
南京农业大学	20	2.90	40	2.43
中国药科大学	14	5.21	20	5.90
淮阴师范大学	5	1.80	13	1.31
南京师范大学	26	2.58	53	2.36
江苏师范大学	5	1.00	8	1.25
均值	23.00	2.19	48.78	2.91

从表 11.6 可以看出，总体上，江苏省协同创新中心的建立显著推动了牵头高校技术领域的拓展，并对技术领域进行了深化，综合能力提高。综合类高校所涉及的专利技术合作领域的范围较广，其次是工科类高校，最后是其他类高校，这与现实情况是相符的，综合类高校包含的学科范围比较广，工科类高校是以解决生产等产业需求为基础的应用型学科，其他类高校学科比较单一，更加具有学科特色。但某些高校的技术领域的深度的提高速度跟不上

广度的增加,应该对技术领域进行深化。

为进一步进行分析,可以将江苏省协同创新中心所牵头的23所高校分为四种类型:① 专利合作技术领域的高广度-高深度类型(HH),这种类型说明高校专利合作的技术领域比较广泛,且这些技术领域的合作强度比较大,表示这类高校的综合能力较强;② 专利合作技术领域的高广度-低深度类型(HL),这种类型说明高校专利合作的技术领域比较广泛,但这些技术领域的合作强度比较小;③ 专利合作技术领域的低广度-高深度类型(LH),这种类型说明高校专利合作的技术领域相对较少,但这些技术领域的合作强度比较大,表示这类高校研究领域相对集中;④ 专利合作技术领域的低广度-低深度类型(LL),这种类型说明高校专利合作的技术领域相对较少,且这些技术领域的合作强度比较小,表示这类高校综合能力比较弱。由于高校数量相对较多,为便于观察,按照综合类高校、理工类高校、其他类高校三种类别分别构建了合作专利技术领域广度和深度的二维矩阵图,如图11.3～图11.5所示。其中专利合作技术领域广度和深度的界定标准为江苏省协同创新中心所牵头的23所高校的平均值,图中正值表示高于平均值,负值表示低于平均值。

从图11.3中可以看出,综合类高校在2008—2012年只有东南大学位于产学研合作专利技术领域的HH区域;苏州大学和江苏大学位于产学研合作专利技术领域的HL区域;扬州大学和江南大学位于产学研合作专利技术领域的LH区域;南京大学和南通大学位于产学研合作专利技术领域的LL区域。在2013—2017年,综合类高校产学研合作专利技术领域的广度和深度得到了改善,东南大学的广度和深度继续提升,位于产学研合作专利技术领域的HH区域;南京大学、江南大学、南通大学的产学研合作专利技术领域的广度都有明显提升,江苏大学和南通大学的产学研合作专利技术领域的深度也得到了改善。总之,江苏省协同创新中

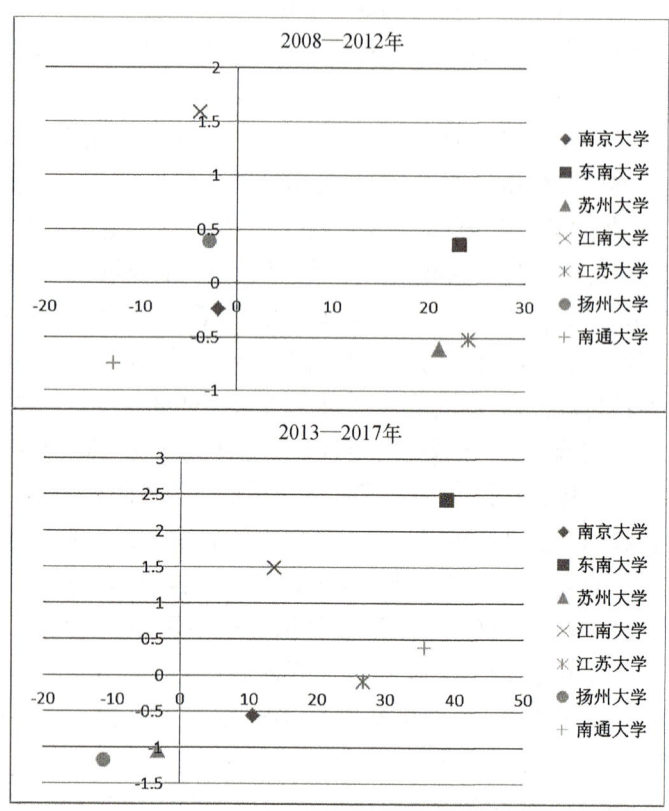

图 11.3　综合类高校专利合作技术领域的广度和深度

心中产学研合作知识协同的发生,使得大多数综合类高校产学研合作专利的技术领域的广度和深度都有所提高,综合能力变强。

从图 11.4 中可以看出,理工类高校在 2008—2012 年的产学研合作专利技术领域的广度和深度都比较低,有 3 所高校处于 LL 区域,综合能力相对较弱。在 2013—2017 年,这 3 所高校的广度和深度都有所提高,但低于平均水平。总之,理工类高校未充分发挥其优势学科,专利合作技术领域的深度一直比较低,广度也不够。

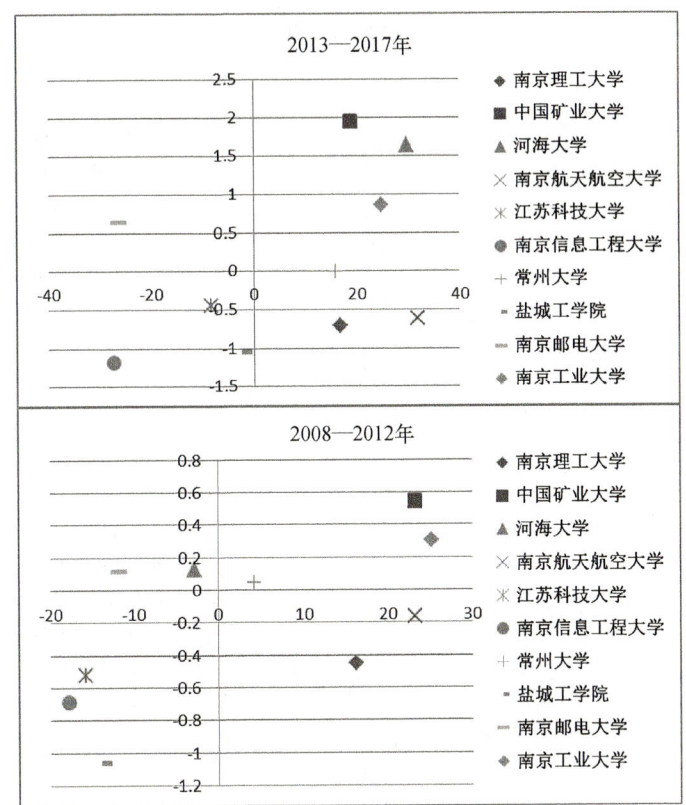

图 11.4　理工类高校专利合作技术领域的广度和深度

从图 11.5 中可以看出，其他类高校在 2008—2012 年的产学研合作专利技术领域的广度和深度都有所下降，广度下降较为明显。2013 年以后，虽然江苏省协同创新中的产学研合作知识协同使得其他类高校的广度和深度都有所提高，但增长幅度较小，增长速度远小于综合类高校和理工类高校。总之，其他类高校的产学研合作专利技术领域涉及的范围相对较少。

总之，江苏省协同创新中心的建立使得 23 所高校产学研合作专利的广度和深度都有所提高，即产学研合作专利所涉及的技术

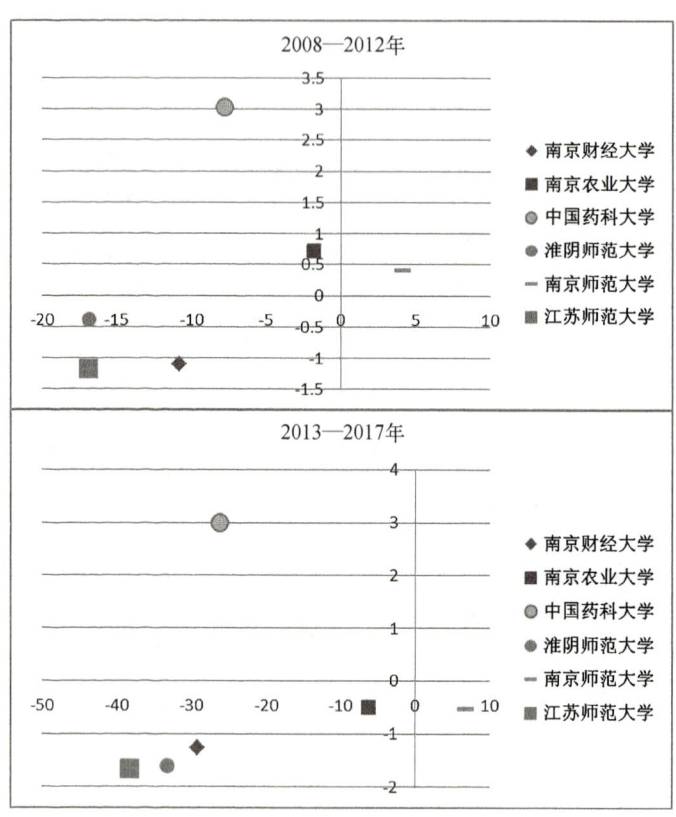

图 11.5 其他类高校专利合作技术领域的广度和深度

领域越来越广泛,并且与企业进行产学研合作的次数也越来越多。但与 23 所高校的均值相比,综合类高校、理工类高校、其他类高校的产学研合作专利的广度和深度均表现出了不同的特点,在 2013—2017 年,综合类高校合作广度和深度基本呈现上升趋势,理工类高校的合作深度有所下降,其他类高校的广度下降也比较明显。

11.2.3 结果讨论

本章以江苏省协同创新中心所牵头的 23 所高校的授权专利

合作数据为基础，从产学研合作专利授权数量、跨区域合作、产学研合作技术领域等方面对产学研合作知识协同效应进行了分析，产学研合作主体合作后所产生的协同效应体现在以下几个方面：

（1）产学研合作知识协同在江苏省协同创新中心取得显著成效。江苏省协同创新中心为高校和企业的产学研合作知识协同提供了载体，在政府的支持下，牵头高校以国家重大需要以及行业产业的发展为牵引，吸纳企业和高校，企业和高校通过双边匹配方法进行合作伙伴选择，并在满足知识协同条件的基础上进行产学研合作知识协同，使得发明和实用新型专利合作授权数量呈现上升趋势，产学研合作专利所涉及的技术领域越来越广泛，与企业进行产学研合作的次数也越来越多，还在一定程度上带动了高校的跨区域合作。

（2）产学研合作知识协同有力推动了技术领域的发展。江苏省协同中心立项后，牵头高校以及其合作伙伴将会围绕与创新中心相关的技术领域进行研究深化，而协同创新中心的建立是以发展战略新兴产业和改造传统产业为目标，使得高校和企业的专利合作不再局限于传统技术领域，还涉及较多生物技术、精细有机化学、电子信息技术等技术领域，以及节能环保、新材料和高端设备制造业等高新技术领域。

（3）产学研合作知识协同对于高校优势学科的形成具有支撑作用。高校优势学科的形成不是自发的，受到了高校技术研发领域的影响，随着产学研合作专利越来越多，江苏省协同创新中心所牵头的23所高校的专利合作技术领域也呈现出明显的阶段特征，学科也在技术研发领域的演变中得到了支撑，如南京大学的物理学、东南大学的信息与通信工程、中国矿业大学的安全科学与工程等都入选一流学科建设高校名单中，这些学科所对应的技术研发领域都是这些高校产学研合作专利较多的领域。

11.3　产学研合作知识协同效应提升策略

产学研合作知识协同对提升企业和高校的创新能力以及其自身发展具有正向作用，产学研合作知识协同效应的产生依托知识协同过程中每个环节的相互配合。产学研合作知识协同的发生是由于主体存在知识协同需求，拥有协同需求的主体去选择知识协同合作伙伴，明确协同条件并营造协同环境进行知识流动与集聚，知识协同主体之间再进行知识共享与交互，最后完成知识创造，达到知识协同目标。为此，针对产学研合作知识协同过程中主体的合作伙伴选择和所要满足的协同条件，提出以下策略：

1. 建立科学、高效的产学研合作知识协同合作平台

建立良好的合作关系是维系产学研合作知识协同的纽带，是实现协同效应最大化的重要保障。建立产学研合作知识协同合作平台，为需要进行知识协同的企业和高校选择满意的合作伙伴提供了支撑，企业和高校可以在该平台注册，发布自己的知识协同需求，并提供自己对合作伙伴的偏好信息，由平台综合考虑这些信息为他们进行匹配。

平台首先筛选出需求相似的高校和企业形成一个双边匹配系统，然后分别为企业和高校制定评价指标体系，目前所构建的评价指标体系多为定量指标，而忽视了对影响知识协同稳定性的一些重要定性指标的考量，如企业的沟通与交流能力、研发经费管理能力及诚信度和声誉等，高校的技术开发能力、科研目标及科技优势资源和技术特色等，因此，平台在构建评价指标体系时应该全面反映主体特征。基于建立的评价指标体系，平台在进行匹配时应该考虑协同主体的偏好和心理行为，即双边匹配系统内的每一个协同主体应该依据自身的条件和偏好，通过综合考量指标信息，向平

台提供对其他主体的排名和自身的心理可接受范围,最后平台依据这些信息通过双边匹配方法为协同主体进行合作伙伴的选择。

因此,科学、高效的产学研合作知识协同合作平台的建立,为需要进行知识协同的企业和高校采取双边匹配模式提供了支撑,可以同时兼顾企业和高校双方的需求和利益等,有利于知识协同主体在该平台选择满意的合作伙伴,从而有利于产学研合作知识协同的稳定运行,提高产学研合作知识协同效应。

2. 政府应长期提供多元的支持方式对产学研合作知识协同进行引导

为避免企业的投机行为,提升高校知识协同的积极性,以及产学研合作知识协同的效率,政府在进行知识协同引导时,可以采用高校牵头,广泛协同企业参与的机制,并充分利用现有的资源和条件,为产学研合作知识协同营造良好市场环境的同时发挥政府的导向作用。

经过第 10 章的演化博弈分析得知企业对政府政策支持更加敏感,高校对政府资金支持更加敏感,政府可以针对企业和高校的这种特点为其制定特色化的支持方式来引导企业和高校进行产学研合作知识协同。一般来说,政府的支持方式主要表现在政策支持和资金支持两方面,可以为企业提供税收优惠、成果转化和政府购买等政策支持,减小企业的风险成本,使得企业更愿意进行产学研合作知识协同,为高校提供科研经费等资金支持。多元的支持方式可以同时提升企业和高校参与知识协同的积极性和意愿以及产学研合作知识协同的效率,进而提升产学研合作知识协同效应。

经过第 11 章的分析发现江苏省协同创新中心的建立使得产学研合作专利所涉及的技术领域越来越广泛,但技术领域深度的增加速度低于其广度的增加速度,部分高校和企业与协同创新中心相关的技术领域得不到进一步的发展。为此,政府应该对高校和企业的产学研合作知识协同给予长期支持,鼓励高校和企业开展深度合作,对关键技术领域进行深化,取得实质性成果,从而将其转化为企业的核心竞争力。

3. 企业和高校应该制定合理的利益分配机制和惩罚机制

利益分配机制关系到产学研合作知识协同主体进行知识协同的意愿和所愿意付出的努力程度,惩罚机制关系到产学研合作知识协同主体是否会出现违约情况。一般来说,企业追求经济利益最大化,违约金和收益分配的变化会引起其参与意愿的快速变化;高校则以人才培养、科学研究和社会服务为目标,对经济利益的敏感程度低于企业,企业比高校对惩罚力度和收益分配的敏感程度更大。

因此,适当加大对企业的惩罚力度,制定合理的惩罚机制,通过负向激励作用来引导企业进行产学研合作知识协同;制定合理的收益分配机制,通过正向激励作用来提升企业和高校知识协同的积极性,进而提高产学研合作知识协同主体的协同意愿,促进产学研合作知识协同效应的提升。

11.4 本章小结

本章主要以江苏省协同创新中心所牵头的 23 所高校作为研究样本,在第 9 章和第 10 章的基础上,对这 23 所高校产学研合作协同后所产生的协同效应进行了分析研究,并给出了协同效应的提升策略。

本章具体的研究内容包括:

(1) 对本章的研究问题进行了详细的阐述,选择江苏省协同创新中心所牵头的 23 所高校作为研究样本,收集了 23 所高校 10 年的产学研合作专利数据,并对所获得的数据进行了处理,将整个阶段分为江苏省协同创新中心立项前和立项后两个阶段。

(2）通过23所高校的产学研合作专利数据，从产学研合作专利授权数量、产学研合作区域数、产学研合作技术领域等方面进行分析研究，得到了产学研合作知识协同效应的具体体现。

（3）通过对产学研合作知识协同效应的分析，给出了产学研合作知识协同效应的提升策略。

参考文献

[1] Teece, D. Technology transfer by multinational firms: the resource cost of transferring technological know-how[J]. The Economic Journal, 1977(87): 242-261.

[2] Zhuge, H. A knowledge flow model for peer-to-peer team knowledge sharing and management[J]. Expert Systems with Applications, 2002, 23(1): 23-30.

[3] Fang, S. C, Lin, J. L, Hsiao, L. Y. C, et al. The relationship of R&D units in Taiwan and Taiwanese knowledge-flow system[J]. Technovation, 2002, 22(6): 371-383.

[4] Edward U Bond, Mark B H, Yihui T. Establishing a High-technology Knowledge Transfer Network: The Practical and Symbolic Roles of Identification[J]. Industrial Marketing Management. 2008, 37(6): 641-652.

[5] 王建刚,吴洁,张青,等.基于知识演化的企业知识流研究[J].情报理论与实践,2011,34(3): 30-34.

[6] 吴洁,王建刚,张运华,等.技术创新联盟中知识转移价值增值影响因素的实证研究[J].中国管理科学,2014(S1): 531-538.

[7] 王欣,刘蔚,李款款.基于动态能力理论的产学研协同创新知识转移影响因素研究[J].情报科学,2016(7): 36-40.

[8] 张向先,李昆,郭顺利,等.知识生态视角下企业员工隐性知识转移过程及影响因素研究[J].情报科学,2016(10): 134-140.

[9] Caldera A, Debande O. Performance of Spanish universities in technology transfer: An empirical analysis [J]. Research Policy,

2010(39): 1160 - 1173.

[10] 李柏洲,徐广玉,苏屹.团队知识转移风险对知识转移绩效的作用路径研究——知识网络的中介作用和团队共享心智模式的调节作用[J].科研管理,2014(2): 127 - 135.

[11] 张红兵.知识转移对联盟企业创新绩效的作用机理——以战略柔性为中介[J].科研管理,2015(7): 1 - 9.

[12] Carayannopoulos. External knowledge sourcing in biotechnology through acquisition versus alliance: A KBV approach[J]. Original Research Article, 2010, 39(2): 254 - 267.

[13] Carolin Haeussler, Holger Patzelt, Shaker A. Zahra. Strategic alliances and product development in high technology new firms: The moderating effect of technological capabilities[J]. Journal of Business Venturing, 2012, 27(2): 217 - 233.

[14] 曹兴,宋娟.技术联盟知识转移影响因素的实证分析[J].科研管理,2011,32(2): 1 - 9.

[15] 刁丽琳,朱桂龙.产学研联盟契约和信任对知识转移的影响研究[J].科学学研究,2015,33(5): 723 - 733.

[16] 龙勇,游博.目标企业学习意图对联盟知识转移的影响机制研究[J].研究与发展管理,2016(2): 82 - 91.

[17] Lee S C, Liang H, Liu C Y. The effects of absorptive capacity, knowledge sourcing strategy, and alliance forms on firm performance[J]. The Service Industries Journal, 2010, 30(14): 2421 - 2440.

[18] 张睿,于渤.组织公民行为对技术联盟知识转移效果的影响研究[J].情报杂志,2011(1): 136 - 140,145.

[19] 孙卫,王彩华,刘民婷.产学研联盟中知识转移绩效的影响因素研究[J].科学学与科学技术管理,2012,33(8): 58 - 65.

[20] 张红兵,张素平.技术联盟知识转移有效性影响因素的实证研究[J].科学学研究,2013,31(7): 1041 - 1049.

[21] 赵炎,王琦,郑向杰.网络邻近性、地理邻近性对知识转移绩效的影响[J].科研管理,2016(1): 128 - 136.

[22] Keith J E, Jackson D W, Crosby L A. Effects of alternative types of influence strategies under different channel dependence structures[J]. Journal of Marketing, 1998, 54(3): 30 - 41.

[23] 郭军灵.技术联盟中合作伙伴的选择研究[J].企业改革与管理,2008,24

(4):109-113.
[24] 王道平,韦小彦,方放.基于技术标准特征的标准研发联盟合作伙伴选择研究[J].科研管理,2015,36(01):81-89.
[25] 徐小三,赵顺龙.知识基础互补性对技术联盟的形成和伙伴选择的影响[J].科学学与科学技术管理,2010(3):101-106.
[26] Tobias Buchmann, Andreas Pyka. The evolution of innovation networks: The case of the German Automotive Industry[R]. FZID Discussion Papers, 2013.
[27] 喻金田,胡春华.技术联盟协同创新的合作伙伴选择研究[J].科学管理研究,2015(1):13-16.
[28] 殷群,李丹.产业技术创新联盟合作伙伴选择研究[J].河海大学学报(哲学社会科学版),2014(2):62-66,82,92.
[29] 林向义,张庆普,罗洪云.知识创新联盟合作伙伴选择研究[J].中国管理科学,2008(S1):404-408.
[30] Wu C, Barnes D. Formulating partner selection criteria for agile supply chains: A Dempster-Shafer belief acceptability optimization approach [J]. International Journal of Production Economics, 2010, 125(2): 284-293.
[31] 薛伟贤,张娟.高技术企业技术联盟互惠共生的合作伙伴选择研究[J].研究与发展管理,2010(1):82-89,113.
[32] 曹兴,龙凤珍,秦耀华.基于知识转移的技术联盟合作伙伴选择机制[J].系统工程,2011(8):79-85.
[33] Faulkner D, Child J. Strategies of Cooperation: Managing Alliances, Networks and Joint Ventures[M]. Oxford: Oxford University Press, 1998:67-89.
[34] 杨斌,万田力.高校战略联盟伙伴选择指标体系研究[J].教育与现代化,2010(4):11-15.
[35] 袁文榜.高校战略联盟动因、分类及问题分析[J].高校教育管理,2012(2):46-50.
[36] 王进富,魏珍,刘江南,等.以企业为主体的产学研战略联盟研发伙伴选择影响因素研究——基于3C理论视角[J].预测,2013(4):70-74,80.
[37] Wassmer U, Dussauge P. Network resource stocks and flows: How do alliance portfolios affect the value of new alliance Formations? [J]. Strategic Management Journal, 2012, 33(7):871-883.

[38] 武艳君.高校协同创新合作伙伴选择的特征[J].学术交流,2015(3):164-167.
[39] 邓渝.市场还是关系依赖?联盟伙伴选择导向对企业技术创新的作用机制研究[J].外国经济与管理,2016(5):18-31,43.
[40] 王发明,刘丹.产业技术创新联盟中焦点企业合作共生伙伴选择研究[J].科学学研究,2016,34(2):246-252.
[41] 郑景丽,龙勇.知识保护能力对联盟伙伴关系选择的影响——基于不同联盟动机的分析[J].科研管理,2016,37(4):102-109.
[42] Gale D, Shapley L S. College admission and the stability of marriage[J]. American Mathematical Monthly, 1962, 69:9-14.
[43] Roth A E. Common and conflicting interests in two-sided matching markets[J]. European Economic Review, 1985, 27(1):75-96.
[44] Goodman S A, Svyantek D J. Person-organization fit and contextual performance: Do shared values matter[J]. Journal of Vocational Behavior, 2009, 55(2):54-75.
[45] 绍祖峰,胡斌,张金隆.人岗匹配动态过程定性模拟研究[J].管理科学,2009,19(1):35-41.
[46] Yashiv E. Labor search and matching in macroeconomics[J]. European Economic Review, 2012, 51(8):159-195.
[47] Korkmaz İbrahim, Hadi Gökçen, Tahsin etinyokuş. An analytic hierarchy process and two-sided matching based decision support system for military personnel assignment[J]. Information Sciences, 2008, 178(14):2915-2927.
[48] 邹树梁,武良鹏.基于区间 Vague 集的人-岗动态匹配模型[J].统计与决策,2016(19):37-41.
[49] 曹国华,胡义.风险投资家和创业者的双边匹配模型研究[J].科技进步与对策,2009(5):28-31.
[50] Sorensen M. How smart is smart money? A two-sided matching model of venture capital[J]. Journal of Finance, 2009, 62(6):25-62.
[51] 陈希,樊治平.基于公理设计的风险投资商与风险企业双边匹配[J].系统工程,2010(6):9-16.
[52] 樊治平,乐琦.基于完全偏好序信息的严格双边匹配方法[J].管理科学学报,2014(1):21-34.
[53] 万树平,李登峰.具有不同类型信息的风险投资商与投资企业多指标双

边匹配决策方法[J].中国管理科学,2014(2):40-47.
[54] 吴凤平,朱玮,程铁军.互联网金融背景下风险投资双边匹配选择问题研究[J].科技进步与对策,2016(4):25-30.
[55] 张振华,汪定伟.电子中介中的交易匹配研究[J].控制与决策,2008,20(8):17-20.
[56] Janssen M, Verbraeck A. Comparing the mechanisms for the transport market strengths and weaknesses of Internet-based matching [J]. Transportation Research Part E, 2011, 44(3):75-90.
[57] 蒋忠中,樊治平,汪定伟.电子中介中具有模糊信息且需求不可分的多属性商品交易匹配问题[J].系统工程理论与实践,2011,31(12):2355-2366.
[58] 盛莹,蒋忠中,樊治平.电子中介中具有模糊信息的多属性商品交易匹配方法研究[J].运筹与管理,2011,20(6):73-81.
[59] 梁海明,姜艳萍.一种考虑中介交易态度的买卖双边匹配决策方法[J].运筹与管理,2013,22(5):128-133.
[60] Sarne D, Kraus S. Managing parallel inquiries in agents' two-sided search[J]. Artificial Intelligence, 2008, 172(4):541-569.
[61] 刘章发.大数据背景下跨境电子商务信用评价体系构建[J].中国流通经济,2016(6):58-64.
[62] 朱镇,李霞.传统企业电子商务战略启动:阶段特征与决策行为差异[J].管理科学,2016(6):39-51.
[63] Karlenzig W, Patrick J. Tap into the power of knowledge collaboration [J]. Customer Inter, 2002, 20(11):22.
[64] Anklam Patti. Knowledge management: The collaboration thread [J]. Bulletin of the Association for Information Science & Technology, 2002, 28(6):8-11.
[65] Bo Bernhard Nielsen. The role of knowledge embeddedness in the creation of synergies in strategic alliances[J]. Journal of Business Research, 2005, 58(9):1194-1204.
[66] Faraj S, Jarvenpaa S L, Majchrzak A. Knowledge collaboration in online communities[J]. Social Science Electronic Publishing, 2017, 22(5):1224-1239.
[67] Jun Wang, Wei Wei, Liting Ding, Junpeng Li. Method for analyzing the knowledge collaboration effect of R&D project teams based on

Bloom's taxonomy[J]. Computers & Industrial Engineering, 2017, 103 (C): 158 – 167.
[68] Noni Ivan De, Andrea Ganzaroli, Luigi Orsi. The impact of intra- and inter-regional knowledge collaboration and technological variety on the knowledge productivity of European regions [J]. Technological Forecasting & Social Change, 2017, 117: 108 – 118.
[69] 樊治平,冯博,俞竹超.知识协同的发展及研究展望[J].科学学与科学技术管理,2007,28(11):85 – 91.
[70] 吴绍波,顾新.知识链组织之间合作的关系强度研究[J].科学学与科学技术管理,2008,29(2):113 – 118.
[71] 陈建斌,郭彦丽,徐凯波.基于资本增值的知识协同效益评价研究[J].科学学与科学技术管理,2014(5):35 – 43.
[72] 徐少同.科技体制改革背景下的科研管理知识协同框架研究[J].情报科学,2015(1):25 – 29.
[73] 佟泽华.知识协同及其与相关概念的关系探讨[J].图书情报工作,2012,56(8):107 – 112.
[74] 李全喜,张鹏,王楠.供应链企业知识协同过程研究[J].情报科学,2015(7):150 – 154.
[75] 崔蕊,霍明奎.产业集群知识协同创新网络构建[J].情报科学,2016,34(1):155 – 159,166.
[76] 杨坤,胡斌,吴莹.分布式创新网络知识协同空间:概念、系统模型及研究展望[J].科技进步与对策,2016,33(15):126 – 132.
[77] 储节旺,李章超.网络协同创新的作用框架研究[J].情报理论与实践,2017,40(6):57 – 62.
[78] 何郁冰,张迎春.网络嵌入性对产学研知识协同绩效的影响[J].科学学研究,2017,35(9):1396 – 1408.
[79] 余维新,顾新,熊文明.产学研知识分工协同理论与实证研究[J].科学学研究,2017,35(5):737 – 745.
[80] 沈丽宁.企业协同知识管理框架构建与策略研究[J].情报理论与实践,2007,30(6):833 – 836.
[81] 常玉,王莉,李雪玲.市场知识与技术知识协同的影响因素研究[J].科技进步与对策,2011,28(6):138 – 141.
[82] 魏想明,舒曼.影响研发联盟的知识协同效应因素探究[J].科技创业月刊,2012(6):14 – 16.

[83] Gao Shuli, Yanli Guo, Jianbin Chen, Lin Li. Factors affecting the performance of knowledge collaboration in virtual team based on capital appreciation[J]. Information Technology & Management, 2016, 17(2): 119-131.

[84] 罗琳,魏奇锋,顾新.产学研协同创新的知识协同影响因素实证研究[J].科学学研究,2017,35(10).

[85] 倪渊,张健.协同知识管理实践的影响因素及作用效果[J].科学学研究,2015,33(11):1687-1699.

[86] 顾美玲,毕新华.移动环境下开放式创新社区知识协同的影响因素识别与分析——基于知识生态视角[J].图书情报工作,2017,61(13):99-107.

[87] Qiu Shumin, Xielin Liu, Taishan Gao. Do emerging countries prefer local knowledge or distant knowledge? Spillover effect of university collaborations on local firms[J]. Research Policy, 2017, 46(7): 1299-1311.

[88] Silva Muthu De, Federica Rossi. The effect of firms' relational capabilities on knowledge acquisition and co-creation with universities[J]. Technological Forecasting & Social Change, 2018, 113: 72-84.

[89] Wei Wei, Jun Wang, Xuanyi Chen, et al. Psychological contract model for knowledge collaboration in virtual community of practice: An analysis based on the game theory[J]. Applied Mathematics and Computation, 2018, 329: 175-187.

[90] Rubart Jessica, Weigang Wang, Jörg M. Haake. A Meta-modeling Environment for Cooperative Knowledge Management[C]// Metainformatics, International Symposium, MIS 2002, Esbjerg, Denmark, August 7-10, 2002. Revised Papers. 2002: 18-28.

[91] John Michael, Ronald Melster. Knowledge Networks — Managing Collaborative Knowledge Spaces[M]. Springer-Verlag Berlin Heidelberg, 2004.

[92] Samaddar Subhashish, Savitha S. Kadiyala. An analysis of interorganizational resource sharing decisions in collaborative knowledge creation[J]. European Journal of Operational Research, 2006, 170(1): 192-210.

[93] Nagurney Anna, Qiang Qiang. A knowledge collaboration network

model across disciplines [C]//International Conference on Social Computing, Behavioral Modeling, and Prediction. 2010: 138-148.

[94] Clauss Thomas, Tobias Kesting. How businesses should govern knowledge-intensive collaborations with universities: An empirical investigation of university professors [J]. Industrial Marketing Management, 2017, 62: 185-198.

[95] 佟泽华.知识协同的内涵探析[J].情报理论与实践,2011,34(11):11-15.

[96] 吴悦,顾新.产学研协同创新的知识协同过程研究[J].中国科技论坛,2012(10):17-23.

[97] 于曦.基于知识协同的嵌入式服务模型的构建[J].情报理论与实践,2015,38(8):100-105.

[98] 孟潇,张庆普.跨组织科研合作中知识协同过程模型研究[J].科技进步与对策,2016,33(12):130-137.

[99] 杨坤.分布式创新网络知识协同空间的系统模型及运行载体探析[J].中国科技论坛,2017(4):40-47.

[100] Mckelvey Maureen, Håkan Alm, Massimo Riccaboni. Does co-location matter for formal knowledge collaboration in the Swedish biotechnology-pharmaceutical sector? [J]. Research Policy, 2003, 32(3):483-501.

[101] Ohira Masao, Naoki Ohsugi, Tetsuya Ohoka, Kenichi Matsumoto. Accelerating cross-project knowledge collaboration using collaborative filtering and social networks[J]. Acm Sigsoft Software Engineering Notes, 2005, 30(4):1-5.

[102] Adam O, Hofer A, Zang S, Hammer C, Jerrentrup M, Leinenbach S. A Collaboration Framework for Cross-enterprise Business Process Management[C]//ACM Transactions on Programming Languages and Systems. 2005:499-510.

[103] 刘勇军.基于语义网的物流知识协同模式研究[J].武汉理工大学学报(信息与管理工程版),2006,28(9):11-14.

[104] 梁孟华.创新型国家电子政务知识协同服务研究[J].情报理论与实践,2009,32(2):14-16.

[105] 邓卫华,易明,王伟军.虚拟社区中基于Tag的知识协同机制——基于豆瓣网社区的案例研究[J].管理学报,2012,9(8):1203-1210.

[106] Liew M. S., T. N. Tengku Shahdan, E. S. Lim. Strategic and tactical approaches on university-industry collaboration[J]. Procedia — Social and Behavioral Sciences, 2012, 56(3): 405-409.

[107] 张少杰,马蔷,郭洪福,程宏建.面向知识联盟的网络化协同研发工作平台构建与知识协同管理[J].情报科学,2013(8): 32-36.

[108] 涂振洲,顾新.基于知识流动的产学研协同创新过程研究[J].科技进步与对策,2013,31(15): 1381-1390.

[109] 魏奇锋,顾新.基于知识流动的产学研协同创新过程研究[J].科技进步与对策,2013(15): 133-137.

[110] 项杨雪,梅亮,陈劲.基于高校知识三角的产学研协同创新实证研究——自组织视角[J].管理工程学报,2014,28(3): 100-109.

[111] 陆克斌,王永凯.基于知识协同的应用型本科院校教师教学创新研究与实践[J].淮南师范学院学报,2015(2): 118-121.

[112] 陈威莉,陈志新,王彩杰.知识协同下京津冀公共图书馆区域联盟构建[J].合作经济与科技,2016(12): 174-175.

[113] 王兴鹏,吕淑然.基于知识协同的跨区域突发事件应急协作体系研究[J].科技管理研究,2016(8): 216-221.

[114] Ii Suzanne Sayuri, Louise Fitzgerald, Megan M. Morys-Carter, Natasha L. Davie, Richard Barker. Knowledge translation in tri-sectoral collaborations: An exploration of perceptions of academia, industry and healthcare collaborations in innovation adoption[J]. Health Policy, 2018, 122(2): 175-183.

[115] Celis Sergio, Jeongeun Kim. The making of homophilic networks in international research collaborations: A global perspective from Chilean and Korean engineering[J]. Research Policy, 2018, 47(3): 573-582.

[116] Smith J M. The theory of games and the evolution of animal conflicts[J]. Journal of Theoretical Biology, 1974, 47(1): 209-221.

[117] Smith J. Maynard, G. R Price. The logic of animal conflict[J]. Nature, 1973, 246(11): 5-5.

[118] 郭本海,方志耕,刘卿.基于演化博弈的区域高耗能产业退出机制研究[J].中国管理科学,2012,20(4): 79-85.

[119] 高明,郭施宏,夏玲玲.大气污染府际间合作治理联盟的达成与稳定——基于演化博弈分析[J].中国管理科学,2016,24(8): 62-70.

[120] Alexeev Alexander, David H. Good, Kerry Krutilla. Environmental taxation and the double dividend in decentralized jurisdictions[J]. Ecological Economics, 2016, 122: 90–100.

[121] 陈真玲,王文举.环境税制下政府与污染企业演化博弈分析[J].管理评论,2017,29(5):226–236.

[122] Cohen Maxime C, Ruben Lobel, Georgia Perakis. The Impact of Demand Uncertainty on Consumer Subsidies for Green Technology Adoption[J]. Social Science Electronic Publishing, 2016, 62(4): 868–878.

[123] Wu Bin, Pengfei Liu, Xuefei Xu. An evolutionary analysis of low-carbon strategies based on the government-enterprise game in the complex network context[J]. Journal of Cleaner Production, 2017, 141: 168–179.

[124] 刘枚莲,李宗活,张婕.基于前景理论的政企低碳策略演化博弈分析[J].科技管理研究,2017(20).

[125] Mahmoudi Reza, Morteza Rasti-Barzoki. Sustainable supply chains under government intervention with a real-world case study: An evolutionary game theoretic approach[J]. Computers & Industrial Engineering, 2018, 116: 130–143.

[126] 张国兴,高晚霞,管欣.基于第三方监督的食品安全监管演化博弈模型[J].系统工程学报,2015,30(2):153–164.

[127] 李燕凌,丁莹.网络舆情公共危机治理中社会信任修复研究——基于动物疫情危机演化博弈的实证分析[J].公共管理学报,2017(4):91–101.

[128] 申亮,王玉燕.公共服务外包中的协作机制研究:一个演化博弈分析[J].管理评论,2017,29(3):219–230.

[129] Li Yanhui, Lu Xu, Bailing Liu. Evolutionary game analysis on e-commerce personalization and privacy protection[J]. Wuhan University Journal of Natural Sciences, 2018, 23(1): 17–24.

[130] Babu Sujatha, Usha Mohan. An integrated approach to evaluating sustainability in supply chains using evolutionary game theory[J]. Computers & Operations Research, 2018, 89: 269–283.

[131] 龚志文,陈金龙.基于演化博弈的企业集团内部资本转移激励机制研究[J].中国管理科学,2017(4):26–32.

[132] 商淑秀,张再生.虚拟企业知识共享演化博弈分析[J].中国软科学,2015(3):150-157.
[133] 刘旭旺,汪定伟.分组评标专家行为的演化博弈分析[J].管理科学学报,2015(1):50-61.
[134] Xiao Jun. Bargaining orders in a multi-person bargaining game[J]. Games and Economic Behavior, 2018, 107:364-379.
[135] 眭纪刚.技术与制度的协同演化:理论与案例研究[J].科学学研究,2013,31(07):991-997.
[136] Liu Xiao, Kaoru Ota, Anfeng Liu, Zhigang Chen. An incentive game based evolutionary model for crowd sensing networks[J]. Peer-to-Peer Networking and Applications, 2016, 9(4):692-711.
[137] 张钦朋.产学研协同创新政府引导机制研究——基于"2011计划"实施背景[J].科技进步与对策,2014,31(5):96-99.
[138] 刘勇,营利荣,赵焕焕,林益.基于双重努力的产学研协同创新价值链利润分配模型[J].研究与发展管理,2015,27(1):24-34.
[139] 乐琦,樊治平.具有不确定偏好序信息的双边匹配决策问题研究[J].运筹与管理,2012,21(1):57-63.
[140] 樊治平,乐琦.考虑稳定匹配条件的双边满意匹配决策方法[J].中国管理科学,2014,22(4):112-118.
[141] 陈希,樊治平,韩菁.考虑关联性指标的双边匹配决策方法[J].运筹与管理,2012(6):94-99.
[142] Qi Yue. Two-sided Matching Decision with Two-granularity Uncertain and Incomplete Linguistic Terms [J]. International Journal of Multimedia & Ubiquitous Engineering, 2015, 10(2):121-128.
[143] 朱江洪,王睿,李延来.基于不确定语言关联性信息的车货双边匹配决策方法[J].系统科学学报,2018(01):86-91.
[144] Wu Qingyun, Alvin E. Roth. The lattice of envy-free matchings [J]. Games and Economic Behavior, 2018, 109:201-211.
[145] 孔德财,姜艳萍.考虑同群效应的双边匹配决策方法[J].运筹与管理,2016,25(4):5-11.
[146] 陈晔,曹帅,卢波,李一芳.考虑个性化指标的双边匹配决策方法[J].系统工程与电子技术,2016,38(9):2109-2114.
[147] 段歆玮,詹文杰,杨洁.多属性双边匹配模型及其应用研究[J].管理学报,2016,13(6):899-905.

[148] 刘勇,熊晓旋,全冰婷.基于灰色关联分析的双边公平匹配决策模型及应用[J].管理学报,2017(01):86-92.

[149] 乐琦.不确定心理行为下的双边匹配[J].系统工程,2016(5):55-59.

[150] 乐琦,张磊,张莉莉.不确定偏好序信息下考虑主体心理行为的双边匹配决策方法[J].运筹与管理,2015(2):113-120.

[151] 乐琦.基于累积前景理论的具有不确定偏好序信息的双边匹配决策方法[J].系统科学与数学,2013,33(9):1061-1070.

[152] 张振华,贾淑娟,曲衍国,孙婧,汪定伟.基于稳定匹配的电子中介匹配研究[J].控制与决策,2008,23(4):388-391.

[153] 刘学鹏,刘亮,齐二石.基于双重参照点的电子中介买卖双边匹配决策方法研究[J].运筹与管理,2017,26(3):72-77.

[154] Han Jing, Bin Li, Haiming Liang, Kin Keung Lai. A novel two-sided matching decision method for technological knowledge supplier and demander considering the network collaboration effect[J]. Soft Computing, 2018:1-13.

[155] Yashiv Eran. Labor search and matching in macroeconomics[J]. European Economic Review, 2007, 51(8):1859-1895.

[156] Deng Kui Huang, Huan Neng Chiu, Ruey Huei Yeh, Jen Huei Chang. A fuzzy multi-criteria decision making approach for solving a bi-objective personnel assignment problem[J]. Computers & Industrial Engineering, 2009, 56(1):1-10.

[157] 阮拥英,周孝华.创投机构与创业企业双边匹配的实证研究——兼论我国创投市场的匹配效率[J].系统工程,2017,35(3):1-11.

[158] 赵道致,丁琳.云制造平台资源双边匹配机制及稳定性[J].系统工程,2017,35(2):109-115.

[159] 丁斅,盛昭瀚,刘慧敏.基于模糊综合分析和Gale-Shaplev理论的重大工程二阶段招投标机制研究[J].中国管理科学,2017,25(2):147-154.

[160] Li Ken, Maureen F Mcnichols, Aneesh Raghunandan. A Two-Sided Matching Model of the Audit Market for IPO Firms[J]. Social Science Electronic Publishing, 2018.

[161] Liu Feng, Tao Lv, Muhammad Sajid, Xiaoxiao Li. Optimization for China's coal flow based on matching supply and demand sides[J]. Resources, Conservation and Recycling, 2018, 129:345-354.

[162] Janssen Marijn, Alexander Verbraeck. Comparing the strengths and weaknesses of Internet-based matching mechanisms for the transport market [J]. Transportation Research Part E Logistics & Transportation Review, 2008, 44(3): 475-490.

[163] Kahneman, D., Tversky, A. Prospect theory: an analysis of decisions under risk[J]. Econometrica, 1979, 47(2): 263-291.

[164] Tversky, A., Kahneman, D. Advances in prospect theory: cumulative representation of uncertainty[J]. Journal of Risk and Uncertainty, 1992, 5(4): 297-323.

[165] 吴小桔.基于知识转移的联盟企业动态能力提升路径与对策[D].扬州：江苏科技大学,2016.

[166] Krohling R A, de Souza T T M. Combining prospect theory and fuzzy numbers to multi-criteria decision making[J]. Expert Systems with Applications, 2012, 39(13): 11487-11493.

[167] 邓聚龙.灰色控制系统[M].武汉：华中工学院出版社,1985.

[168] 刘思峰,蔡华,杨英杰等.灰色关联分析模型研究进展[J].系统工程理论与实践,2013,33(8): 2041-2046.

[169] 闫书丽.灰靶决策方法及应用研究[D].南京航空航天大学,2014.

[170] 李杰.混合交通流的动力学模型及其基本参数研究[D].武汉：武汉理工大学,2005.

[171] 王福军.计算流体动力学分析：CFD软件原理与应用[M].北京：清华大学出版社,2004.

[172] 黄筑平.连续介质力学基础[M].北京：高等教育出版社,2004.

[173] 程磊.基于计算流体力学的搅拌摩擦焊数值模拟研究[D].上海：上海交通大学,2013.

[174] BELYYSCHKO Ted, LIU Wang Kam, MORAN Brian. Nonlinear Finite Element for Continua and Structure [M]. Johen Wiley & Sons, 2004.

[175] 托马斯·H.达文波特,劳伦斯·普鲁萨克.营运知识：工商企业的知识管理[M].王者,译,南昌：江西教育出版社,1999.

[176] 宜建军,岳琳.基于知识流的产业集群知识管理过程研究[J].情报杂志,2010,29(3): 107-109

[177] 龚艳萍,彭希,彭盾.基于流体力学的创新系统流动分析[J].华东经济管理,2010,24(4): 118-121.

[178] 李梅芳,赵永翔,唐振鹏.产学研合作成效关键影响因素研究——基于合作开展与合作满意的视角[J].科学学研究,2012,30(12):1871-1880.

[179] Duanmu J L, Fai F M. A processual analysis of knowledge transfer: From foreign MNEs to Chinese suppliers[J]. International Business Review, 2007, 16(4): 449-473.

[180] SZ ULANSKIG. The Process of Knowledge Transfer: A Diachronic Analysis o Stickiness[J]. Organizational Behavior and Human Decision Processes, 2000, 82(1): 9-27.

[181] Baykara T, Özbek S, Ceranoğlu A N. A generic transformation of advanced materials technologies: Towards more integrated multi-materials systems via customized R&D and Innovation[J]. Journal of High Technology Management Research, 2015, 26(1): 77-87.

[182] Bočková N, Meluzín T. Electronics Industry: R&D Investments as Possible Factors of Firms Competitiveness[J]. Procedia-Social and Behavioral Sciences, 2016, 220: 51-61.

[183] 李成龙,叶磊.互动视角的产学研合作模式与合作过程研究[J].科技进步与对策,2011,28(24):30-33

[184] 蒋伏心,季柳.产学研合作对企业技术创新的影响——基于门槛回归的实证研究[J].华东经济管理,2017,31(7):132-138.

[185] 林庆藩,戴永务.产学研合作政策对校企技术合作绩效的影响研究[J].中国高教研究,2017(12):71-76.

[186] 冯海燕.高校与企业产学研合作机制创新研究[J].中国高教研究,2014(8):74-78.

[187] 王珊珊,邓守萍,Sarah Yvonne Cooper,等.华为公司专利产学研合作:特征、网络演化及其启示[J].科学学研究,2018(4).

[188] 张艺,陈凯华,朱桂龙.中国科学院产学研合作网络特征与影响[J].科学学研究,2016,34(3):404-417.

[189] 曹霞,于娟.产学研合作创新稳定性研究[J].科学学研究,2015,33(5):741-747.

[190] 陈劲,殷辉,谢芳.协同创新情景下产学研合作行为的演化博弈仿真分析[J].科技进步与对策,2014,31(5):1-6.

[191] 孙舰,任旭,郝生跃.项目合作网络内企业间知识转移与保护的演化博弈研究[J].科技管理研究,2015,35(18):145-151.

[192] 曹霞,刘国巍.资源配置导向下产学研合作创新网络协同演化路径[J].系统管理学报,2015,24(5):769-777.
[193] 王小杨,张雷,杜晓荣.基于惩罚机制的产学研合作演化博弈分析[J].科技管理研究,2017,37(9):118-124.
[194] 武洋.基于授权博弈的中介协调型产学研合作模式研究[J].科学管理研究,2018,36(1):13-16.
[195] 姜广田.考虑决策者心理行为的混合型随机多属性决策方法[J].中国管理科学,2014(6):78-84.
[196] 姜广田.有限理性条件下考虑决策者动态期望的多属性决策方法[J].运筹与管理,2015(3):20-26.
[197] 曹兵兵,樊治平,于淑静.考虑决策者心理行为的证券投资组合决策方法研究[J].运筹与管理,2015(2):178-184.
[198] 刘健,刘思峰,马义中,等.基于心理阈值的多属性决策问题目标调整研究[J].中国管理科学,2015(2):123-130.
[199] 刘健,刘思峰,周献中,等.多属性决策问题的满意度与赋权研究[J].中国管理科学,2011(6):126-132.
[200] 张裕稳,吴洁,李鹏,等.创新能力视角下基于双边匹配的产学研合作伙伴选择[J].江苏科技大学学报(自然科学版),2015(5):488-495.
[201] 乐琦,樊治平.基于累积前景理论的双边匹配决策方法[J].系统工程学报,2013(1):38-46.
[202] Gale D. The two-sided matching problem Origin, development and current issues[J]. International Game Theory Review, 2001(2-3): 237-252.
[203] Echenique F. What matchings can be stable? The testable implications of matching theory[J]. Mathematics of Operations Research, 2008, 33(3): 757-768.
[204] Sengupta A, Pal T K. On comparing interval numbers[J]. European Journal of Operational Research, 2000, 127(1): 28-33.
[205] Song J H, Feng S, Wang Y A. University Innovation Ability Evaluzation Based on AHP-Topsis Method[J]. Applied Mechanics & Materials, 2014, 556-562: 6653-6659.
[206] 戚湧,李千目,孙海华.基于主成分神经网络和聚类分析的高校创新能力评价[J].科学学与科学技术管理,2009(10):112-117.
[207] 邓姝琍,陈梦成.江西丰城市科技型小微企业创新能力评价研究[J].科

研管理,2016(S1):433-436.

[208] 徐立平,姜向荣,尹翀.企业创新能力评价指标体系研究[J].科研管理, 2015(S1):122-126.

[209] Guerrero M, Urbano D, Herrera F. Innovation practices in emerging economies: Do university partnerships matter? [J]. Journal of Technology Transfer, 2017:1-32.

[210] 中国技术交易所.专利价值分析评价指标体系及业务操作手册[M].国家知识产权局委托制定,2012.

[211] 张勇,盛晨,董会停.专利可产业化能力分析——以浙江为例[J].科技进步与对策,2015(7):58-63.

[212] 姜滨滨,匡海波.市场驱动的联盟企业专利策略选择及产出效应[J].科研管理,2017(1):70-80.

[213] L. A. Zadeh. Fuzzy sets[J]. Information and Control, 1965, 8(3): 338-353.

[214] K. Atanassov. Intuitionistic fuzzy sets[J]. Fuzzy Sets and Systems, 1986, 20(1):87-96.

[215] 郭欢,肖新平,Jeffrey Forrest,等.基于二元语义一致性的混合多属性灰关联决策[J].控制与决策,2014,(05):880-884.

[216] 闫书丽,刘思峰.基于前景理论的群体灰靶决策方法[J].控制与决策, 2014,04:673-678.

[217] 柴玮,申万,毛亚林.基于DEA的我国资源型企业科技创新绩效评价研究[J].科研管理,2015,(10):28-34.

[218] Tan Y C, Ndubisi N O. Evaluating supply chain relationship quality, organisational resources, technological innovation and enterprise performance in the palm oil processing sector in Asia[J]. Journal of Business & Industrial Marketing, 2014, 29(6):487-498.

[219] 刘伟,曹建国,郑林昌,等.基于主成分分析的中国高校科技创新能力评价[J].研究与发展管理,2010,(06):121-127.

[220] Kolympiris C, Klein P G. The Effects of Academic Incubators on University Innovation[J]. Strategic Entrepreneurship Journal, 2016, 11(2):1-48.

[221] Guo D D, Feng G Z. Study on Influential Factors of R & D Investment for Pharmaceutical Manufacturing Enterprises in Eastern, Central and Western Regions of China[J]. China Pharmacy, 2015, 42(5):

723-731.
[222] Zhao F, Qin Z, Li J. Evaluation and management of university science and technology [J]. Science Research Management, 2013, 34: 284-289.
[223] Liu S L, Shen X S, Wei L V, et al. University science and technology innovation capability evaluation of research teams [J]. Journal of National University of Defense Technology, 2010, 32(1): 138-141.
[224] Dyer Jeffrey H., Prashant Kale, Harbir Singh. How To Make Strategic Alliances Work[J]. Mit Sloan Management Review, 2001, 42(4): 37-43.
[225] 戴建华,薛恒新.基于 Shapley 值法的动态产学研合作伙伴企业利益分配策略[J].中国管理科学,2004,12(4):33-36.
[226] 曹霞,刘国巍,付向梅.基于偏好和动态直觉的产学研合作伙伴选择群决策分析[J].运筹与管理,2013(4):33-41.
[227] 曹霞,宋琪.基于企业 QFD 和改进 VIKOR 法的产学研合作伙伴选择研究[J].科技管理研究,2016(8):91-97.
[228] 韩莹,陈国宏.基于隐形契约的集群企业知识共享伙伴选择研究[J].中国管理科学,2018(1):179-185.
[229] 李柏洲,罗小芳.企业原始创新中学研合作伙伴的选择——基于影响因素及其作用路径视角的分析[J].科学学研究,2013,31(3):437-445.
[230] Chen Sheu Hua, Pei Wen Wang, Chien Min Chen, Hong Tau Lee. An analytic hierarchy process approach with linguistic variables for selection of an R&D strategic alliance partner [J]. Computers & Industrial Engineering, 2010, 58(2): 278-287.
[231] 龙勇,郑景丽.产学研合作过程管理视角的联盟能力与联盟治理关系研究[J].管理世界,2013(1):182-183.
[232] 胡厚宝,彭灿.知识联盟管理能力的影响因素与提高策略[J].科研管理,2007,28(6):36-41.
[233] Kang Kai, Jing Zhang, Baoshan Xu. Optimizing the Selection of Partners in Collaborative Operation Networks [J]. 2007, 4682: 836-850.
[234] 王雪原,王宏起.基于资源观的 R&D 联盟伙伴组合选择方法研究[J].科研管理,2012,33(6):48-55.

[235] 樊霞,赵丹萍,何悦.企业产学研合作的创新效率及其影响因素研究[J].科研管理,2012,33(2):33-39.
[236] 马永远,江旭.战略联盟伙伴间特征与产学研合作管理实践转移[J].管理科学,2014(5):1-11.
[237] Liu Xiao, Huimin Ma. A Two-Sided Matching Decision Model Based on Uncertain Preference Sequences [J]. Mathematical Problems in Engineering, 2015, 2015(1): 1-10.
[238] Hu Xianlin. Collaborative Innovation Path Selection of Universities Industry-university-research [J]. International Journal of Digital Content Technology & Its Applic, 2014.
[239] 王耀德,艾志红.基于信号博弈的产学研协同创新的技术转移模型分析[J].科技管理研究,2015,v.35;No.334(12):23-27.
[240] Chen Jin, Hui Yin, Fang Xie, School Of Management, Zhejiang University, Department Of Management, Hefei University, Zhejiang Party School. The Evolutionary Game Simulation on Industry-Academy-Research Cooperation in Collaborative Innovation[J]. Science & Technology Progress & Policy, 2014.
[241] 张华.协同创新、知识溢出的演化博弈机制研究[J].中国管理科学,2016,24(2):92-99.
[242] 戚湧,张明,丁刚.基于博弈理论的协同创新主体资源共享策略研究[J].中国软科学,2013(1):149-154.
[243] 朱怀念,张光宇,张成科,刘贻新,杨诗炜.机会主义下协同创新行为的演化博弈仿真分析[J].科技管理研究,2016,36(4):13-18.
[244] 刘和东,陶渊.政产学研协同创新的演化博弈分析[J].科技管理研究,2016(8):8-13.
[245] Friedman Daniel. Evolutionary Games in Economics [J]. Econometrica, 1991, 59(3):637-666.
[246] Guan Jiancheng, Na Liu. Exploitative and exploratory innovations in knowledge network and collaboration network: A patent analysis in the technological field of nano-energy[J]. Research Policy, 2015, 45(1):97-112.
[247] 刘凤朝,马荣康,孙玉涛.基于专利技术共现网络的纳米技术演化路径研究[J].科学学研究,2012,30(10):1500-1508.
[248] Choe Hochull, Duk Hee Lee. The structure and change of the research

collaboration network in Korea (2000 - 2011): network analysis of joint patents[J]. Scientometrics, 2017, 111(1): 1-23.

[249] 李雨浓,王博,张永忠,姚星.校企专利合作网络的结构特征及其演化分析——以"985高校"为例[J].科研管理,2018,39(03):132-140.